中国科学技术大学创新创业丛书
编委会

主　任　舒歌群　包信和
副主任　周丛照
委　员　朱东杰　李思敏　吴　强　刘　淇

中国科学技术大学研究生教育创新计划项目经费支持

科创独角兽

中国科大创新创业案例集

主　　编　朱东杰
执行主编　赵　征
副 主 编　鲁金茗　骆念武
编　　委　陶妍妍　刘启斌
　　　　　宋红彪　李津徽

中国科学技术大学出版社

内容简介

本书由中国科学技术大学和合肥市人民政府共同举办的首届"全球科大人创新创业大赛"部分优秀比赛项目内容汇编而成，所选的近百个案例涵盖了制造业、信息技术服务、生态环境等多个行业及领域。每篇案例设计了项目"背景""技术""产品""市场""案例""IP""团队"等多个栏目，以期让更多人了解比赛项目内容，帮助更多参赛团队打开思路，为聚焦校友创新创业项目、集聚创新创业人才、汇聚创新创业资源，激发在校师生和校友的创新创业热情提供有益参考。

图书在版编目(CIP)数据

科创独角兽：中国科大创新创业案例集/朱东杰主编. —合肥：中国科学技术大学出版社，2022.9

ISBN 978-7-312-05533-1

Ⅰ.科… Ⅱ.朱… Ⅲ.大学生—创业—案例 Ⅳ.G647.38

中国版本图书馆 CIP 数据核字(2022)第 179737 号

科创独角兽：中国科大创新创业案例集
KECHUANG DUJIAOSHOU: ZHONGGUO KEDA CHUANGXIN CHUANGYE ANLI JI

出版	中国科学技术大学出版社
	安徽省合肥市金寨路 96 号,230026
	http://www.press.ustc.edu.cn
	https://zgkxjsdxcbs.tmall.com
印刷	安徽国文彩印有限公司
发行	中国科学技术大学出版社
开本	710 mm×1000 mm 1/16
印张	23.75
字数	439 千
版次	2022 年 9 月第 1 版
印次	2022 年 9 月第 1 次印刷
定价	160.00 元

序

近年来,中国科学技术大学聚焦"潜心立德树人,执着攻关创新"的核心任务,秉承"红专并进、理实交融"的校训,通过成立创新创业学院等一系列创新举措,进一步整合并充分发挥学校科研、教育、人才优势,培养了一大批优秀的青年创新创业人才,在"创新驱动发展"和"大众创业、万众创新"的广阔天地中书写了靓丽的青春华章。

作为一名科大人,我由衷地为这些学弟学妹感到高兴、自豪,因为他们赶上了新时代的"东风",有了更多的成长舞台,有了更大的发展空间。

首届"全球科大人创新创业大赛"是个创意迸发的舞台,更是一个交流提高的平台。作为大赛评委,我见证了这次大赛的成功举办,领略到了当代科大青年的风采。如今,作为大赛的延伸,为了让更多人了解科大人的所思、所想、所为,创新创业学院组织编写了这本《科创独角兽:中国科大创新创业案例集》。其中,近百个案例涉及我们工作、生活的方方面面,与其说是近百个创新创业项目,还不如说是近百个创新创业故事,背后汇集的是全球科大人的创新智慧与成果,传递的是全球科大人的创新力量,展现的是全球科大人的使命担当。

我是1985年进入中国科大求学的,三十多年过去了,时间在推移,时代也在变化,当下的环境和我当年在校学习时已不可同日而语。但是,如何在不断变化中寻求不变,在纷繁复杂中保持足够的定力,对当代青年学子来说,则是一个全新的命题。作为学长,我想我有责任有义务对学弟学妹们叮嘱几句,希望能给他们一些启发。

勇乘"东风"。创新是永恒的主题,创业是自主的选择。不管是创新,还是创业,都要应时而动、顺势而为,与时代相结合,脱离了时代的背景,所谓的创新创业都将是无本之木、无源之水。作为中国科大的学子,要了解国家政策,熟悉行业规律,找准产业痛点,勇乘、善乘新时代的科技创新创业"东风",为时代而创,为发展而创,为人民而创,才会真实实现从"小我"到"大我"的升华。

享受过程。创新不可能一蹴而就,也不会一劳永逸,需要久久为功;创业也不可能一帆风顺,中间一定会遇到挫折甚至失败。在创新创业过程中,积累经验、收获成长,"成长比成功更重要"。就好比在实验室里做实验一样,眼睛不能仅盯着发论文,而要做真正有价值的研究,这个过程是非常充实而快乐的,它比结果更为重要,要学会享受这个过程。

解放思维。创新创业虽然也是"戴着镣铐跳舞",但最不能被束缚的就是思维,和做实验是一个道理,要学会大胆设想、小心求证,敢于"天马行空"、懂得"自由飞翔"。在我的实验室里,80%的研究内容是课题组确定好的选题,还有20%的空间留给个人去"天马行空",提出自己感兴趣的选题,课题组会进行讨论,只要选题有合理性,就会支持个人去开展研究。对于"双创"来说,"天马行空"的比重应该更大一些,思维更发散一些,空间要更多一些。

真心热爱。兴趣是最好的老师。选择了一项事业就要热爱它,并为之努力拼搏。科研就是我所热爱并为之奋斗的事业,三十多年来,我从不敢懈怠。包括中国科大学子在内的青年们,既然选择了"双创"的道路,就要刻苦钻研、一往无前,不要停下探索的脚步,用智慧和汗水,多做出一些原创性创新成果,多打造一些创新型企业,在推动经济社会发展的同时,实现自我人生价值的提升。

拼尽全力。"幸福都是奋斗出来的",当今世界,哪一项最新研究成果不是科研人员在实验室全力拼出来的?一项项成果的背后其实是无数个日夜的默默付出,其中冷暖自知。创新创业不会是"天上掉馅饼",青年学子要"咬定青山不放松",朝着既定的方向与目标,"撸起袖子加油干",付出比常人成倍的努力,才有可能抵达成功的彼岸。青春是什么?是无畏,是果敢,更是拼搏!

创新创业,永远在路上。作为一名中国科大人,我衷心祝愿"全球科大人创新创业大赛"办得越来越好,《科创独角兽:中国科大创新创业案例集》能给更多青年带来借鉴与启发,更希望中国科大学子的创新创业项目能给我们的国家、我们的民族贡献源源不断的科大力量。

杜江峰,中国科学院院士,中国科学技术大学副校长
首届"全球科大人创新创业大赛"评委会主任

前　言

  2019 年，中国科学技术大学创新创业学院正式成立，这是中国科大贯彻落实国家政策，在创新创业方面的一个重要创新举措。两年多年来，创新创业学院坚持"红专并进、理实交融"的校训，聚焦"潜心立德树人，执着攻关创新"的任务，相继推出了"金课"课程体系、"金牌"师资团队、"金奖"项目培育、"金字"教育品牌。

  为聚焦科大校友创新创业项目、集聚创新创业人才、汇聚创新创业资源，激发在校师生和校友的创新创业热情，实现参赛项目之间相互学习、加强合作、资源共享、促进发展的目标，创新创业学院策划实施了"全球科大人创新创业大赛"。

  首届"全球科大人创新创业大赛"于 2021 年 5 月开始启动，以"勇乘东风、敢闯会创"为主题，由中国科学技术大学与合肥市人民政府共同主办，中国科学技术大学创新创业学院、对外联络与基金事务处、团委、先进技术研究院、教育基金会、校友总会等部门共同承办，中国银行安徽省分行、合肥市科创集团有限公司、合肥蜀山科技创新投资集团有限公司、中国科学技术大学各地校友会协办，并获得了合肥市广播电视台、科大讯飞股份有限公司、安徽华米信息科技有限公司、福建福昕软件开发股份有限公司、博景生态环境发展有限公司、容诚会计师事务所、安徽五十六钡教育科技有限责任公司、安徽爱意果园投资管理有限公司、安徽云松投资管理有限公司、安徽乾景旅游文化创意有限责任公司、海南戴福投资合伙企业等单位的大力支持。

  来自全球的中国科大优秀校友、师生们共计报送创新创业项目 242 个，围绕制造业、信息技术服务、社会服务、生态环境、智慧医疗、能源化工、文化创意服务等领域同场竞技，充分展现出中国科大人在科技创新上的硬核实力。大赛初赛按照"5＋1＋1"（苏州赛区、成渝赛区、安徽赛区、南京赛区、上海赛区、校内赛及线上专场）模式进行。

  2021 年 12 月 5 日，大赛复赛在中国科学技术大学先进技术研究院设置线下会场，采取"评委线下评审＋选手线上路演答辩"的方式举行，进行了

"100晋30"的激烈角逐(百强名单见本书附录)。2021年12月10日,首届"全球科大人创新创业大赛"决赛及颁奖典礼在合肥广电中心举行,经评委评定,"桐力光电纳米有机硅材料的研发与应用"项目获得冠军,"原子层沉积(ALD)半导体薄膜材料及产业化"项目获得亚军,"工程化量子计算机软硬件解决方案"项目获得季军。

本书从首届"全球科大人创新创业大赛"脱胎而来,是大赛的成果及延展。编写组精心挑选了大赛中的近百个案例,涵盖了制造业、信息技术服务、生态环境等多个行业、领域。

在主题设定上,本书以"科创独角兽"之名,一方面源于被选入的近百个案例都是"科技+",充分彰显了中国科大独有的科技"魅力"与"气质";另一方面,虽然不一定所有的案例或项目都会成长为"独角兽"企业,但也体现了编者对这些创新创业项目的美好期待与祝愿。

在内容设置上,每篇特意设计了项目"背景""技术""产品""市场""案例""IP""团队"等多个栏目,既有横向对比,也有纵向延伸,在进行文字介绍的同时,图文并茂,辅以数据图表,让人一目了然,具有较强的可读性和参考性。

在结构特点上,为充分考虑受众的视角与需求,收集在书中的案例没有刻意进行分组,更没有依据项目的比赛名次进行有意排序,而是以项目名称的首字拼音排序,最大限度减少读者"先入为主"的印象,这种平行排序读来更轻松自然。而在单篇布局上,特意选择体例式的结构设置,可以为"双创"大赛团队提供结构借鉴、表达遵循,具有积极的指导性。

在形式设计上,通过"独角兽"形象设计,特别是融入中国科大的诸多元素,科技感十足,与内容互为表里、相得益彰,充分体现了中国科大创新创业项目案例的独特性,具有浓厚的中国科大风格。

本书内容基本上从参赛团队提供的项目书和相关资料中提炼、总结、加工而来,在保持原汁原味的同时,也避免了诸多晦涩难懂之处,适合广大"双创"团队及致力于"双创"事业的人士阅读、借鉴。

首届"全球科大人创新创业大赛"的成功举办,得到了项目承办单位以及苏州赛区、成渝赛区、安徽赛区、南京赛区、上海赛区、校内赛及线上专场各赛场、赛段工作人员的大力支持,特对他们的辛苦付出表示衷心的感谢。在本书的编写过程中,得到了王昊、徐扬、蔡恩婷、毛娟、王晨、朱全芳、甄笑天、程利等的帮助,特表示感谢。

本书内容涉及面广、领域多,部分项目内容较为专业,在编写过程中,得到了参赛项目团队的大力支持,在此谨向这些团队致以诚挚的谢意。

目　　录

序 ……………………………………………………………………（ⅰ）
前言 …………………………………………………………………（ⅲ）
半导体测试分选机项目及其产业化 …………………………………（1）
半导体激光器芯片测试设备 …………………………………………（6）
半导体生产线物料搬运自动化系统（AMHS）解决方案 ……………（10）
便携式近红外智能光谱仪的研制和产业化 …………………………（15）
玻璃器件的模具冷加工体系 …………………………………………（18）
餐厨废弃物处理的联合生物加工技术 ………………………………（21）
灿福科技：全场景光伏除雪解决专家 ………………………………（25）
触媒合金阻垢防垢（ESEP）设备产业化 ……………………………（29）
大功率固体超快激光器 ………………………………………………（33）
大国装备：超合金技术，国内首创合金解决方案供应商 …………（38）
的卢深视：三维机器视觉全栈技术 …………………………………（42）
低温高效乙烷催化制乙烯 ……………………………………………（46）
电子氧肺气氛调控解决方案 …………………………………………（50）
耳聋基因治疗 …………………………………………………………（54）
二氧化碳电解制化学品技术 …………………………………………（58）
高功率Wi-Fi射频前端芯片 …………………………………………（62）
高功率飞秒激光器 ……………………………………………………（66）
高耐候涂层型预铺高分子防水卷材 …………………………………（71）
高效能智能化无耗材空气净化及消毒设备的研发及产业化 ………（75）
高性能可持续透明薄膜 ………………………………………………（79）
高性能双网络电磁屏蔽抗冲击结构材料 ……………………………（84）

高性能无黏结剂零 VOC 仿生功能木材 …………………………（88）
高盐废水膜法资源化独家方案提供商 …………………………（92）
工程化量子计算机软硬件解决方案 ………………………………（97）
工业流体过程测量油气井口混相计量智能装备 ………………（102）
光量子器件产业化 …………………………………………………（106）
规模化制备高灵敏度压力传感器 …………………………………（110）
云边协同建筑行业数字化管理平台服务项目 …………………（114）
瀚因生命：真正的一管血筛查泛癌 ………………………………（119）
环境大数据 AI 智能系统 …………………………………………（123）
混合动力外骨骼下肢步行辅助系统 ……………………………（128）
基于 NOR Flash 的 AI 芯片 ……………………………………（132）
基于 SDN 技术新一代网络产品研发 ……………………………（136）
基于北斗高精度技术的城市危险源安全预警系统 ……………（140）
基于人工智能的心理疾病辅助诊断系统 ………………………（144）
基于实时三维重建及 AI 视觉的开放式大场景多维应用 ……（148）
基于药代动力学的 AI 模拟技术及生物芯片科创项目 ………（151）
基于知识图谱的 RFIC 智能调试平台 …………………………（155）
金雀医疗：临床麻醉智能辅助系统引领者 ……………………（160）
金途科技　分支无忧 ……………………………………………（165）
玖熠半导体：芯片 EDA 之 DFT 工具 …………………………（169）
巨安储能：为固定式储能提供安全低成本方案 ………………（173）
科研精密仪器设备的研发和产业化 ……………………………（177）
可交互空中成像 …………………………………………………（181）
可靠测试护航智能出行 …………………………………………（187）
锂离子电池全温度区间风险防控装置 …………………………（191）
联苯-联苯醚的复叠朗肯循环发电系统的经济性分析与应用 …（195）
量子工业测量 ……………………………………………………（199）
陆基高精度自主 PNT ……………………………………………（203）
面向柔性印刷器件的电子墨水开发及转化 ……………………（207）
南栖仙策业务智能决策平台项目 ………………………………（211）

脑功能健康 …………………………………………………………… (215)

轻型协作机器人及无人车应用 ……………………………………… (219)

全面云端 CAD/CAE/CAM 一体化研发设计工业 SaaS/PaaS ……… (223)

全色激光电视 ………………………………………………………… (226)

柔性仿生木材 ………………………………………………………… (230)

锐竞科研采购平台 …………………………………………………… (234)

设备预测性维护 ……………………………………………………… (237)

深圳微言科技有限责任公司 ………………………………………… (241)

苏州易康萌思网络科技有限公司 …………………………………… (246)

TimesAI 深度学习开发平台 ………………………………………… (249)

太赫兹激光主动成像安检设备 ……………………………………… (254)

糖尿病遗传学精准分型诊断项目 …………………………………… (259)

桐力光电纳米有机硅材料的研发及应用 …………………………… (263)

皖科星兴:基于 AAV 的高效价疫苗制备 …………………………… (268)

VOCs 在线监测的 FAIMS 微系统 …………………………………… (271)

微波等离子防水镀膜技术 …………………………………………… (276)

微化工技术的研发及产业化应用 …………………………………… (280)

无人值守类脑机器人 ………………………………………………… (284)

西部芯辰 IoT 芯片 …………………………………………………… (289)

细胞外泌体的一体化研发生产服务平台项目 ……………………… (292)

小工匠机器人 ………………………………………………………… (296)

心之声:人工智能心电医师 ………………………………………… (300)

新型多媒体版权保护解决方案 ……………………………………… (304)

新一代具国际竞争力的抗体偶联药物开发 ………………………… (308)

寻 TA 千百度:基于区块链的黄金 24 小时寻人平台 ……………… (312)

压电氮化铝 MEMS 传感器的产业化 ………………………………… (317)

"益+"盒子营养计划:白血病儿童的专属营养餐 ………………… (320)

IoT 毫米波雷达 ……………………………………………………… (324)

异构超级计算与量子测控测量 ……………………………………… (328)

油池火的克星:一种抗复燃新型超细干粉灭火剂 ………………… (333)

原子层沉积(ALD)半导体薄膜材料及产业化 …………………………… (337)

院外护理服务智慧平台 ………………………………………………… (341)

云膜科技:纳米云母片改性聚乳酸高性能可降解包装薄膜 …………… (345)

云钠科技 RPA 机器人平台 ……………………………………………… (349)

智能多云安全应用交付平台 …………………………………………… (352)

智能协作机器人研发与产业化 ………………………………………… (355)

中国本土化电子大宗气体项目 ………………………………………… (358)

中科盾安:国内首创的城市火场景新型灭火剂 ………………………… (362)

附录　首届全球科大人创新创业大赛参赛项目百强名单 …………… (365)

半导体测试分选机项目及其产业化

本项目研发的主要产品为半导体芯片自动化测试设备,用于半导体封测企业芯片的测试和分选,其意义为国产化替代国外的测试分选机,为国内半导体先进测试设备及产业化贡献自己的力量。

    本产品可对芯片进行常温或高温环境下的各项测试,是一种高度自动化、可参数化设置的芯片测试设备,可满足多种不同封装形式和尺寸大小的芯片测试需求。

背景 BACKGROUND

2020年8月4日,国务院发布《关于印发新时期促进集成电路产业和软件产业高质量发展若干政策的通知》,给集成电路产业提供了全面的政策支持。2020年12月11日,为支持集成电路设计和软件产业发展,财政部、税务总局、发展改革委发布《关于促进集成电路产业和软件产业高质量发展企业所得税政策的公告》。此项政策的推出,无疑为我国集成电路产业的发展提供了巨大的政策支持,进一步推动了国内半导体产业的发展。

2020年初新冠疫情和中美贸易摩擦给国内外芯片设计、制造、封装行业带来了不同程度的影响。尤其是半导体设备行业,国内的设备制造商因为技术原因无法生产,国外的很多先进设备因为疫情和贸易摩擦原因无法生产或采购到国内,另外国外的半导体测试分选设备也存在升级换代的机会及本土化服务的不足。诸多方面都制约着半导体芯片行业的产能,但同时也给国内厂商提供了很多机会。

产品 PRODUCT

该产品可进行常温或高温测试;主要是对逻辑IC进行测试(或其他测试时间较短的产品);测试区有最大8 DUT同时测试(2×4);有三个手动出料区、三个自动出料区,工程可以分九类;设备快速稳定,并具有多重安全保护设施;人性化操作界面,设定调整与故障排除均十分简易直观;提供各种统计资料,方便进行分析;物联网功能。

IC芯片测试自动化测试分选机模型

人工将待测芯片的 Tray 盘叠放在上料区,设备即自动载入 Tray 进入芯片拾取位,拾取芯片并进入测试位后开始测试,完成各项测试的芯片自动拾取并放置于不同类别的 Tray 盘(多达 9 种工程类别),完成品 Tray 盘将自动输出至成品区并能自动叠放。

目前,产品的目标客户主要为苏州赛迪工业和信息化研究院有限公司、通富微电子股份有限公司、杭州士兰微电子有限公司及其他相关公司。

技术 CORE-TECH

VSP(Visual Smart Positioning)系统引入双浮动头的设计。具体为:自研最新产品视觉智能定位功能(Visual Smart Positioning System,VSPS);下压测试头模组采用浮动精密设计;进出手臂 2×2 模组采用自动变距功能设计;常温、高温温度设定范围分别为 50～90(±2)℃和 90～150(±)3℃。

VSP 技术的应用:预留空间配置 IC 外观检测功能硬件加装;预留空间配置二维码读取功能硬件加装;设备内设计气枪,扫码枪固定座位;适用半导体:TSOP/QFN/QFP/SIM Card/LGA/BGA/CSP;产品外观尺寸:3 mm×3 mm～50 mm×50 mm。

市场 MARKET

据相关统计数据,2020 年全球半导体设备市场规模达 711 亿美元,较 2019 年增加了 113 亿美元,同比增长 18.9%,未来将继续保持增长,预计 2022 年全球半导体设备市场规模将达到 1013 亿美元。

中国半导体分选机 2020 年采购金额为 12 亿美元,而且以每年 26% 左右的速度增长,2021 年增加到 15.12 亿美元。以 2020 年数据为准,中国分选机销售占比全球 26.3%,约为 4 亿美元,而且呈逐年增加趋势。目前随着新冠疫情和中美贸易摩擦的影响,未来三年,半导体设备和测试分选机的采购可能迎来一个井喷的局面。所以预计到 2024 年,半导体分选机设备将达到 24 亿美元的市场份额。

客户群体主要为半导体集成电路芯片封测厂。由于该设备属于标机,国内厂商普遍还无法生产,具有很大的产业发展前景。该设备在半导体后端封测企业中应用非常普遍,在整个半导体产业链中属于后端,国内知名生产企业目前仅有 2 家,项目团队目前研发的第一款设备主要是国产替代和叠加创新。其销售前期策略就是对标国外竞争对手的中低端市场,待市场打开,下一代产品为高端三温机，对标高端客户销售市场。

本项目研发设备投产后，在技术、价格和服务的三重优势下，相信可快速占领国内及国外半导体封测公司分选机市场。能为客户大大提升生产效率、增加良品率、增加产能，对我国半导体封测设备产业升级也有显著促进作用。

优势 ADVANTAGES

项目的技术核心和专长为半导体封测后端芯片测试 PnP Handler 制造。与国际同型号产品相比，本项目产品在视觉智能定位、精密设计、易维护性等方面具有很大优势。技术来源于自主研发和创新，技术和国内企业相比具有一定领先性和创新性。最新研发的 PnP Handler(暂定型号：BK-8048 PL)测试分选机，是一种可以支持集成电路逻辑 IC 自动化测试、托盘自动取放和 IC 自动取放测试的分类处理设备，能够进行 1/2/4/8 多点测试。

设备可支持 Windows 7 或 Windows 10 操作系统，支持 TTL、GPIB、TCP/IP、RS232 等多种通信接口方式，为不同的客户、不同的测试机提供了良好的兼容性和稳定性。所有这些特性都有助于客户在全球集成电路测试行业的长期竞争中赢得优势并有效降低生产成本。

IP INTELLECTUAL PROPERTY

项目相关核心技术在项目期三年预期申请知识产权 15 项，其中发明专利 3 项，实用新型专利 12 项。

团队 TEAM

核心团队依托中国科大校友团队和马来西亚华侨共同开发，项目研发过程中，采取首席负责制，由项目负责人担任项目技术总监，负责项目的总体规划、协调各个研发小组不同类别的任务。核心成员除承担各自小组的技术管理工作外，还将负责项目综合管理、资源协调、内部技术交流尤其是交叉学科间的交流，以及外部资深专家咨询与信息汇总工作，对首席负责人的工作提供有力支撑。

目前，企业处于筹备阶段，参与设备研发 4 人，财务 1 人，销售 2 人。随着公司的成立和发展，计划团队人数在 8～30 人。后期随着项目推进，计划成立技术研发中心和生产基地。

季林，创始人兼 CEO，中国科学技术大学 MBA，具有 16 年外资企业工作和工程团队管理经验。

林伟庆,CTO,毕业于马来西亚 Polytechnic Ungku Omar 计算机和电子工程专业,具有 19 年半导体行业从业经验。

徐小康,CSO,中国科学技术大学 EMBA,具有 15 年半导体行业从业经验。

万丽娟,CFO,中国科学技术大学 MBA,中国注册会计师、国际注册内部审计师,具有 20 年财务行业从业经验。

半导体激光器芯片测试设备

柯泰光芯(常州)测试技术有限公司是一家专注于仪器仪表和测试测量解决方案的高新技术企业,定位为高端测试方案提供者,集全球一线品牌代理和自主开发测试测量设备为一体,竭诚为客户提供专业的服务。

光电半导体是国家重点发展科技领域,但是目前芯片的生产还有很大一部分属于海外代工,用于研发和生产的高端测试装备,很大比例依赖进口。我国在解决"缺芯"问题时,面临着一个"难测"的问题。目前高端测试设备市场基本被欧美及日韩产品占据,价格贵、服务差、使用风险高。产业的头部企业有意愿在高端测试设备上完成国产化替代。

柯泰光芯经过努力,打通了对光电器件核心测试环节,掌握了电学LIV、近场光学分析、远场光学分析三类纵向测试要求,以及极窄脉冲、温漂测试和系统校准三类横向条件要求。这三横三纵可以模块化交叉,形成了本项目设备的主要技术核心和柔性快速开发能力。与进口测试设备相比,本项目的产品更贴近用户需求,可接受用户定制,货期更短、价格更低、服务更及时。同时在核心的指标,比如激光雷达器件最关注的最小脉冲宽度等,本项目还实现了对国外设备的超越。

背景 BACKGROUND

创始人团队主要来自国际测试测量仪器厂商 Tektronix,并且深耕测试行业超过 15 年,对测试的深入理解促使团队出来创业,把团队的知识和经验转化成国内客户所需要的复杂测试需求的产品和方案的解决能力,从而体现对客户的价值!

在之前的工作中看到更多的是:客户在产品研发到量产的过程中,针对测试的环节,往往只能被动地选择市场上能买到的成熟的进口仪器或测试设备来匹配自己所需的测试要求。而长期以来的这种被动方式,需要客户有很强的测试团队来搭建测试平台才能完成所有的测试项目,既耗时又费力。过程中一旦出现系统问题,零散而分立的各个测试供应商又相互推诿,国外的知名厂商只会站在单一的产品角度去给予客户有限的支持,无法真正解决系统性问题,尤其在自动化测试装备层面,需要光、机、电、软的交叉学科团队才能完成,还要熟练理解测试原理,给客户造成的困难是非常大的,最终影响到客户的还是新产品发布和交付的时效性。

测试作为科技发展的辅助和支持角色,本意是帮助客户解决测试痛点,让客户腾出手来专注产品研发和迭代,帮助客户推动自有产品的加速上市,从而尽快占领市场。但现状是测试行业的孤立和分散,不仅没有起到应有的推动作用,反而在关键环节制约了客户的发展,再加上国际上的政治因素,形成了很多"卡脖子"的问题。柯泰光芯就是希望能改变这个现状,从测试的源头来帮助客户,在全国科技创新的大环境下,陪伴客户从新产品研发到量产的过程中,在测试环节不再受到各种制约,提供专业的定制化和本地化的服务,真正意义上兑现测试这个角色的支撑作用。

产品 PRODUCT

成品机台:Wafer 机台、封装体测试机台。
系统集成:帮助客户集成、配合自动化厂商集成。
测试硬件:标准配件、自研专用硬件。
代测服务:助力初创企业快速送样。

技术 CORE-TECH

三个纵向测试要求:电学 LIV、近场光学、远场光学。
(1) LIV:对测试方法的深入理解,图形平滑,稳定可靠。
(2) 近场光学分析:精密的图像算法,覆盖全面测试项。

（3）远场光学分析：全局 FOV 算法，支持无限宫格分析兼人眼安全。

三个横向测试条件：极窄脉冲驱动、温漂测试、系统校准。

（1）脉冲参数：关键指标领先本地竞品一个数量级。

（2）温漂测试：自研 PID 控制算法，快速精密。

（3）系统校准：完善的光学和电学校准补偿，保证溯源。

下面从研发测试和量产测试两个维度来举例说明其技术能力：

（1）研发设备测试。基于全面、准确、创新的原则，充分考虑客户痛点和应用细节，在"功能全面、结构优化、融合设计、合作共赢和快速服务"五个方面下功夫，打破市面已有装备的框框，与客户一道，实现了不少"有实际需求、但之前没有人做"的装备。比如浙江老鹰半导体购买的 VCSEL 融合机台，把之前三到四个"经典机台"才能实现的功能集成到了一起，为客户节约了 50% 的硬件成本，同时也体现了我们领先的设计和整合能力。

（2）量产机台测试。高效、稳定、灵活是量产的需求。我们有研发测试设备的技术，有自动化能力，能按用户目前产能和未来目标统筹设备设计，所以在用户转产过程中可以最大程度减小复杂度，实现"转产无忧"和"升级无忧"。

市场 MARKET

本项目产品的产业链位置：晶圆 Foundry 完成后的 CP 测试装备，芯片封装完成后的 FT 测试装备、模组系统测试。

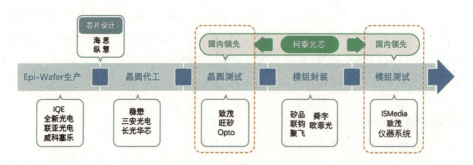

项目产品所处产业链位置

被测的 VCSEL 半导体激光器芯片作为 3D 成像和激光测距传感器的核心器件之一，主要应用场景有：

（1）各种 3D 人脸识别系统，例如手机的生物识别解锁、人脸支付、智能门锁、金融系统等。

（2）AR/VR 相关的 3D 场景建模。

（3）扫地机器人的自动目标识别。

（4）新能源乘用车 L3 以上用于自动驾驶的激光雷达。

（5）各类摄像头的激光测距自动对焦。

（6）包括但不局限于类似 TWS 耳机上使用的各种近距离传感器。

（7）车载应用：驾驶员疲劳驾驶监控系统（DMS）、前大灯补光、各类手势控制。

（8）用于照明的红外泛光源补光。

（9）医美：激光脱毛仪、分子生物检测等。

（10）市政基础设施：智慧城市相关建设、安防监控等。

 团队 TEAM

张骞，柯泰测试创始人、总经理，8 年美国泰克科技（中国）高端测试仪器华东区销售总监工作经历。

蒋威，研发总监，曾供职于强生、圣戈班、中国科学院上海技术物理研究所常州中心。

张巍，运营总监，曾任江苏省产业技术研究院科技服务中心常州站主任材料专家。

半导体生产线物料搬运自动化系统(AMHS)解决方案

　　本项目是以系统规划设计、物流搬运设备的设计制作、软件控制系统的开发为基础的为客户提供三位一体的AMHS整体解决方案,协助客户对生产设备和工艺进行智能改造,以帮助客户减少人力依赖,优化制造过程,提高产品优良率,降低生产成本,实现最高的生产效率。其中,物流搬运设备主要有洁净室专用的智能仓库(Stocker)、带机械手的AGV(Robot AGV)、天车(OHT)、智能传输线(Conveyor)和升降机(Lifter)等。项目产品和服务主要应用在半导体行业,也可应用于面板、光伏等洁净行业。

背景 BACKGROUND

近年来,半导体市场的需求日益旺盛,国内半导体行业在国家政策的扶持推动下快速发展,新的生产线不断扩建,封测行业已经跻身世界先进水平。行业的发展也带动了 AMHS 产业的发展。目前,在晶圆制造领域,AMHS 已经成为标配,但限于技术和可靠性,主要由日本的大福和村田公司垄断;封测领域 AMHS 基本处于起步阶段,大部分公司老的生产线,自动化基础比较薄弱,设备老旧,缺乏通信和自动上下料的功能,自动化的改造存在很多的困难,新建的生产线,虽然开始导入 AMHS,但大部分是局部工程的应用,缺乏整体性,且大部分依赖于国外的自动化设备厂商。

三星半导体从 2006 年开始进行封测工厂的自动化改造,经过十多年的研发和实践,目前已经实现了完整的封测生产线 AMHS 构筑模式和标准,全自动化率最高可达到 95%,在行业内遥遥领先。通过构筑 AMHS,除了减少 60% 以上的人力外,更主要的是在设备效率、良率、工程能力方面得到全面提升,综合生产效率提升 15% 以上,极大提高了三星半导体在行业内的竞争力。

本项目团队成员集三星半导体十多年 AMHS 实施的经验,致力于将 AMHS 构筑理念和方法在国内半导体行业进行推广,利用自身积累的技术和经验,为客户在晶圆制造领域实现国产替代,在封测领域实现 AMHS 的低端突破,提升国内半导体行业的竞争力。

产品 PRODUCT

本项目的产品和服务前期聚焦在半导体行业,为芯片制造公司提供物料搬运自动化整体解决方案,包括物料搬运系统的整体规划设计、硬件(物流搬运设备)的设计制作和软件控制系统的开发,帮助客户实现生产线各工序间物料的自动搬运和自动上下料。其中,自主研发的天车系统已成功落地,各项性能参数接近国外先进水平,突破了国外的技术垄断,可实现国产替代。

物料搬运自动化系统是企业数字化转型的基础,通过消除人的因素,实现人力替代,智能制造,提高设备效率和产品良率,为企业降低成本,提高竞争力,具体包括:可减少作业和管理人力 60% 以上;通过物料搬运和上下料的及时性从而减少设备待机浪费,可提高设备效率 10% 以上;通过减少人员错误及干扰因素,可提高 5% 的产品良率;通过产品信息的可视化,可及时发现生产过程的问题并进行溯源分析,提升工程能力。

技术 CORE-TECH

本项目技术研究从 AMHS 整体规划设计着手,探索建立完善的设计原则和标准,通过工艺、设备、产品、物流等数据分析,辅以仿真模拟技术,合理规划布局,重点研发适应不同搬运场景的自动化设备,并开发和迭代多层架构的控制软件系统,实现多种类搬运设备可靠运行。

核心技术创新点及技术优势包括以下几个方面:

(1) 融合多项核心技术的天车技术已经接近国外领先公司的水平,可打破国外公司的垄断,实行国产替代。

(2) 基于多层架构的控制软件系统,包括客户层(制造执行系统 MES 和实时分配系统 RTD)、中间层(物料控制系统 MCS)和设备层(OHT 控制软件、OCS/AGV 控制软件、ACS/Stocker 控制软件 CIM 等),同时基于半导体 SEMI 通信协议 SECS/GEM 建立通信标准协议,确保不同种类的自动化设备稳定可靠运行。其中,中间层 MCS 是 AMHS 的核心,在路径规划时采用以迪杰斯特拉算法为基础的改进型算法,动态实时调整设备运行路线,实现搬运路径最优化。

(3) 基于数据分析和仿真软件模拟技术的整体规划设计,改变了半导体 AMHS 实施的模式,即从局部零散实施改变为先整体规划再从局部到整体逐步实施的模式,可保证系统的统一性和完整性,避免整合时无法兼容而导致的浪费,提高 AMHS 构筑的效率,是一种实施理念的突破。

(4) 基于洁净技术,确保设备在 class100 级洁净生产线的应用。其核心技术包括:设备部件材质低发尘特性的设计及选用;运动部件的合理设计,在保证运动速度的情况下减少发尘量;空间气流合理组织设计,减少设备部件在流场中产生的涡流等,本项目在洁净技术方面达到了国际先进水平。

市场 MARKET

本项目主要针对的是中国国内半导体行业,近年来,作为国家战略,半导体产业在中国得以快速发展,整体销售额每年以近 20% 的速度增长,2020 年销售额达到了 8770 亿元,其中封测销售额达到 2380 亿元。

受中美贸易摩擦的影响,一方面,国内半导体产业发展也遇到了一些阻力,尤其是高端芯片的制造,遇到了较大的困难,特别是在设备和原材料的供给方面,受到了很大的限制。但从另一方面来说,这也给国内的设备和原材料供应商提供了机会,国家大力推动解决关键领域关键设备"卡脖子"问题,支持和鼓励国产化设备的进口替代,以实现自主可控。目前国内半导体厂商开始给国内很多设备厂商提供生产线验证的机会,国产替代逐步成为行业内的共识。

虽然在晶圆制造领域,国内企业与世界一流企业还存在较大的差距,但在封装领域,国内企业在技术能力和产能方面已经达到世界一流水准,作为封测龙头企业,长电科技、通富微电、华天科技已经稳居全球封测企业前五的位置,具备了较强的竞争力。

竞争 COMPETITOR

目前,半导体行业 AMHS 主要竞争公司包括日本的大福、村田,韩国的 SFA、SYNUSTECH,中国大陆的新松和台湾地区的盟立等公司。其中大福和村田的技术和产品处于绝对领先的地位,而韩国和中国台湾地区的几家公司,其技术和产品只是在面板行业有相应的案例,在半导体行业只是刚刚起步。本项目与这几家公司基本处于同一水平,国内的新松因收购韩国新盛公司获得相关的技术,但在产品的完整度及技术应用方面,还有很多的不足。

本项目脱胎于三星半导体的 AMHS 模式和技术,跟日本大福和村田相比,在晶圆制造领域还存在一定的差距,但是,在半导体封测领域,已经具备了国际一流的技术能力和项目经验。本项目将以国内半导体封测领域为切入口,以技术优势占领该空白市场,不断扩大市场份额,成为该领域 AMHS 的头部公司。同时,通过不断的研发,以大福和村田为标杆,实现在晶圆制造领域 AMHS 技术的突破,并以价格优势策略,实现国产替代,并向面板、光伏等泛半导体行业延伸。

案例 CASE

本项目主要潜在客户为国内封测企业规模较大的公司,也包括硅片制造、晶圆制造公司和 OLED 公司,主要客户有华天科技、华润微电子、中环半导体、维信诺等。目前正在投标项目包括广州维信诺、成都德州仪器、宜兴中环等;处于方案研讨中的客户包括华天科技(天水/昆山)、南通通富微电子、无锡华润微电子、英飞凌、苏州日月新、顾中科技、上海华为电子、贵州振华等公司。

团队 TEAM

顾晓勇,CEO,原三星半导体(苏州)厂务/运营总监,有三星半导体 24 年工作经验,主导 5 条生产线(厂房)新建及改扩建(累计投资超 20 亿元),新产品/设备导入运营。

朱成昊(韩国),CTO,原三星半导体(韩国)自动化部门经理,有 20 多年半导体设备和 AMHS 开发运营经验,是韩国三星和海力士半导体 AMHS 开放主要成员。

肖永刚,市场和售前技术总监,原三星半导体(苏州)自动化部门总监,有 11 年半导体 AMHS 构筑经验,带领团队实现 AMHS 从无到有、从有到优目标,主导 5 条新旧生产线 AMHS 新建及改造。

周厚馨,机构设计总监,国鲁尔大学机械设计与自动化专业硕士,有 9 年精密设备开发经验,拥有 2 项发明专利和 11 项实用新型专利,多款原创设备填补空白。

融资 FINANCING

2021 年公司股东(包含核心员工股东通过持股平台投资)已经出资 350 万元,社会融资 305 万元,计划向战略投资者融资 300 万元,另外计划贷款 200 万元。筹措资金主要用于产品技术研发、公司运营及项目流动资金。2022 年主要依靠账面留存资金,也包括部分政府补助,另外需要贷款 700 万元,用于项目周转资金。2023 年计划融资 2000 万元,补充公司运营资本和作为项目周转资金使用,并为 IPO 做准备。

便携式近红外智能光谱仪的研制和产业化

近红外光谱分析具有方便快捷、无需制样、定性定量分析均可、结果准确可靠等优点,在现场快检领域有着非常广阔的应用前景。基于移动互联技术的现场快检设备可以作为分布式智能终端,在物联网和大数据分析领域有着巨大的应用空间。

为了推进近红外光谱分析技术的产业化,中国科学院合肥物质科学研究院发挥自身技术优势,成立安徽中科谱康科技有限公司,针对当前制造业产业升级的迫切需求,致力于开发用于工业在线检测和现场快速检测的光谱分析技术和设备,提供近红外光谱分析关键技术研发、成果转化和技术推广等,服务相关产业经济发展。

背景 BACKGROUND

近红外光谱分析技术即通过分析物质在近红外波段(波长范围为780～2500 nm)的反射或透射的近红外光谱来分析物质化学组分的技术。近红外波段的光谱特征主要由O—H、C—H、N—H和S—H的氢键决定,因此,近红外光谱分析可以方便快速地获得有机物中各个化学组分的比例,广泛应用于食品检测、健康诊断、农业监视、石化处理和医药制造等领域。因为近红外光谱分析具有方便快捷、无需制样、定性定量分析均可、结果准确可靠等优点,所以此技术在现场快检领域有着非常广阔的应用前景。

产品 PRODUCT

公司面向食品、药品、纺织品和石油化工领域的快检需求,基于近红外光谱分析技术研制市场所需的光谱设备并提供数据服务。助研产品和服务主要包括:智能光谱传感设备研发、光谱数据分析程序开发等定制化解决方案;食品、药品和纺织品品质检测和防伪识别设备与数据服务。其他应用和服务项目有:光学技术及产品、光机电一体化技术及设备;光机电设备及相关软件的研发、销售。

产品优势:便携化、智能化,成本低(价格在10万元以内);快速(2～5 s)无损检测;为客户提供分布式和便携式的设备;专用型设备,提供定制化的解决方案;为客户提供全程的技术支持。

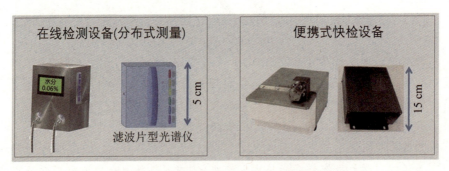

近红外光谱检测系统:硬件＋软件＋模型＋服务

技术 CORE-TECH

基于数字微镜的光强调制技术,实现超快速检测;针对现场和在线测量的优化光学设计,降低环境光干扰;基于数据处理的温度效应修正算法,降低温度的干扰;线性与非线性校正方法结合的预测模型,提高检测精确度。

市场 MARKET

国家"十四五"规划公布以来,针对高端智能制造行业的政策法律相继出台,带动了光谱仪行业的不断发展,促使光谱仪市场规模从2014年的212.5亿元增长至2020年的548.5亿元,年复合增长率高达14.5%。未来五年,预计中国光谱仪行业市场规模将以12.8%的增长率持续增长,并于2023年达到829亿元左右的市场规模。

竞争 COMPETITOR

国外厂商:美国赛默飞、美国铂金埃尔默、德国布鲁克。根据性能不同,单台设备价格在30万元至50万元,而且设备体积大,操作复杂,通用型设备,很难为企业制定定制化解决方案。

国内厂商:主要开发针对消费者用户的台式和便携式设备,设备价格较高,普及率较低。

案例 CASE

与浙江某药业合作,开发一款在线检测药品中间产物的低成本分布式分析设备,以实现产线性能检测和生产工艺改进。与安徽某农业产业科技公司合作,开发基于近红外光谱的便携式粮食品质检测仪。

团队 TEAM

张洪明,博士,助理研究员。2016年获得日本文部省综合研究大学院大学博士学位,同年通过海外人才引进进入中国科学院合肥物质科学研究院工作,负责EAST光谱诊断系统研制和便携式近红外光谱仪开发与应用。

吕波,博士,中国科学院合肥物质科学研究院等离子体物理研究所研究员,从事EAST托卡马克装置等离子体诊断和物理实验。

符佳,博士,中国科学院合肥物质科学研究院副研究员。2012年获得中国科学院合肥物质科学研究院等离子体物理研究所博士学位,长期从事托卡马克等离子体物理诊断和实验研究。

玻璃器件的模具冷加工体系

  项目产品是以脆性材料加工的设备为主要表现，配套模具和工艺，具体解决玻璃、陶瓷、晶体、天然石的批量精密加工，实现低成本、高效率的加工体系。本项目的价值对等于注塑机、注塑模具和注塑工艺在塑料制品行业的价值。

  脆性材料属于难加工材料，加工中容易破损，特别是精密器件，加工成本高。本项目技术能大幅降低批量器件的加工成本，为这些材料在消费品市场的广泛应用提供了一种解决方案。下游之一是消费品电子产品供应商，脆性材料丰富的功能可以解决他们对各种功能性器件的电学、光学和外观的需求；下游之二是光学器件供应商所需的透镜、表镜、窗口镜片、透镜阵列等，这部分应用还在探索，因为加工精密度的匹配还需要实践证明。

背景 BACKGROUND

脆性材料的模具加工体系属于制造业领域,传统制造业已经完善了金属和塑料材料加工体系。但脆性材料属于难加工材料,加工中容易破损,特别是精密器件,加工成本高。本项目技术能大幅降低批量器件的加工成本,为这些材料在消费品市场的广泛应用提供了一种解决方案。

产品 PRODUCT

玻璃/晶体的模具成型加工包括切割成型、磨削成型、圆形/异形孔加工和切片等工艺。

本项目建立了一系列基于模具约束条件下砂浆微射流高速磨削复杂形状玻璃的工艺和设备,能批量加工玻璃器件;建立了基于模具和砂浆共同作用产生砂浆微射流切割高硬度晶体材料的设备,能高速加工高硬度晶体材料坯料。

技术 CORE-TECH

脆性材料加工属于产业链的中游,原材料是上游,终端产品是下游,该技术只能解决终端产品的一部分问题,解决的是脆性材料结构功能。脆性材料的光学电学磁学功能是后续体系需要建立并匹配市场应用的。

本技术应用于玻璃、陶瓷、晶体、天然石的精密加工,是一种可广泛应用的加工体系,主要应用于大批量小尺寸精密脆性材料器件的生产。主要客户是光学器件、陶瓷器件、电子产品玻璃器件和石头制品的批量需求客户。

市场 MARKET

针对小尺寸玻璃外观器件市场:

(1) 电子烟玻璃管(当前市场规模:300万只/月)/小尺寸变径管(预估市场规模:300万只/月)。

(2) 含孔玻璃面板:插座玻璃面板(1000万片/年)、智能锁玻璃面板、小家电玻璃面板等。

小尺寸蓝宝石异形片:

(1) 蓝宝石镜头保护片(当前市场:10亿元/年)。

(2) 手表/智能手表蓝宝石表镜(当前市场:>10亿元/年)。

(3) 蓝宝石晶砣废料利用(当前蓝宝石晶砣c向2寸、4寸片下料利用率为58%~72%,传统下料方式只能掏取大直径圆棒料)。

碳化硅加工:

(1) 第三代半导体基片材料粗加工-粗抛光级别片材(市场规模待估)。
(2) 核电相关器件。
(3) 新能源领域。

团队 TEAM

熊信,CEO/CMO,中国科学技术大学力学专业学士,中国工程物理研究院工程力学硕士,曾任北京高压科学研究中心科研主管。

周国才,中国科学技术大学力学系硕士、博士。曾在中核集团东山精密、武汉运行、孝感航创等企业工作。专注于仪器电子电路、材料本构、材料改性、超强超轻结构、动载荷结构体和超强电磁应用等的研究。

餐厨废弃物处理的联合生物加工技术

四川利兴龙环保科技有限公司成立于2019年,是一家专营餐厨垃圾处理设备、技术、管理、餐厨产品销售等业务的大型环保企业,由广东利世康与成都香城投资集团合资成立,注册资本1亿元。

利兴龙将针对成都市新都区、成都北部区域建立日处理100吨至700吨的工业化餐厨垃圾处理线,目前该项目已处于工程建设中。利兴龙将以成都市餐厨处理为示范,依托国有资本,向全国各地区推广利兴龙核心餐厨垃圾处理技术工艺——联合生物加工技术,为解决餐厨垃圾治理问题贡献力量。

背景 BACKGROUND

我国餐厨垃圾产量逐渐增加,给环境自我修复的能力带来了沉重的负担。怎样有效处理餐厨垃圾,以及绿色可持续性地处理垃圾成为我国面临的环保难题之一。

餐厨垃圾主要来源于餐饮服务业、家庭和企事业单位食堂等产生的食物加工下脚料(厨余)和食用残余物(泔水),其主要成分是淀粉和糖类、动植物蛋白、脂肪类和植物纤维等有机物,含水率高,油脂、盐分含量高,易腐烂发臭,易滋生各种细菌、病毒、寄生虫和蚊蝇虫卵。如今,餐厨垃圾处理不当的危害已经在影响我们的生活与环境,带来食品安全与环境保护的双重隐患。

产品 PRODUCT

联合生物加工技术可将餐厨垃圾通过专利菌种"噬污酵母"进行发酵处理,将复杂的成分转化为四大产品:淀粉、糖类转化为乙醇,蛋白质转化为粗蛋白粉,废弃油脂转化为工业毛油,餐厨杂质转化为 RDF 垃圾衍生燃料。

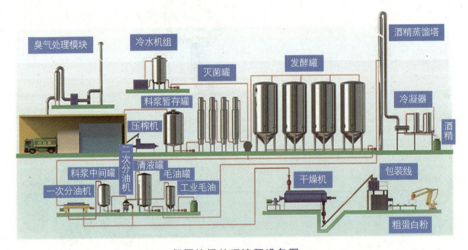

餐厨垃圾处理流程设备图

技术 CORE-TECH

本项目核心技术包括"新颖简洁的餐厨废弃物处理工艺流程""创新的多能菌种噬污酵母""先进的 CBP 发酵工艺""高回收率的油脂分离技术""安全无害的餐厨废油脂转化生物柴油工艺"等一系列创新技术,在全球范围内均属于前瞻性和先导性的前沿工艺技术。

（1）核心工艺及设备。通过超前的战略理念和多学科的技术整合，设计搭建了一套高度资源化、无害化和减量化的餐厨垃圾处理新工艺及配套的产业化装备线。

（2）创新菌种"噬污酵母"。通过遗传育种的方法筛选到了一株多功能的酵母菌，可以直接对餐厨垃圾的复杂成分进行降解和转化，无需外加各种商业化酶辅助，是实现新工艺的好帮手，我们称之为"噬污酵母"。

（3）最先进的发酵技术——统合生物加工工艺。搭建了一种新的餐厨垃圾发酵技术，可在同一个体系内同时进行产酶、酶解、发酵等系列活动，节能降耗、易调控。联合生物加工技术处理单批次餐厨垃圾从进料到出产品全过程，仅需36小时。

餐厨垃圾处理系统功能模块图

市场 MARKET

近年来，随着我国经济快速发展和消费升级，我国餐饮行业的发展迅速，尤其是外卖行业的快速发展，餐厨垃圾的产生也逐年递增。统计显示，我国餐厨垃圾占城市生活垃圾的比重为37%～62%，2019年全国餐厨垃圾产生量达到12075万吨。

2020年由于新冠疫情暴发，人们的生活方式发生了巨大的变化，我国整体的餐厨垃圾产生总量增加到了12775万吨。2020年按"十三五"规划餐厨垃圾处理量预计达到5.59万吨/日，但2020年我国餐厨垃圾产生量为35万吨/日，我国餐厨垃圾处理率仅有16%。

我国餐厨垃圾处理的市场空间巨大，整个市场处于发展初期，技术研发的投资、设备的购买以及生产线的建设都需要大量的资金投入；在利好政策和国家大力支持的情况下，我国的垃圾处理投资市场规模有望达到千亿元市场规模。

基于"十三五"规划期间新增餐厨垃圾处理投资183.5亿元，新增处理产能为3.44万吨/日，可计算得出单位餐厨垃圾处理能力投资约为53亿元/万吨/日。仅按2020年餐厨垃圾产生量35万吨/日计算，我国餐厨垃圾处理投资市场新增空间可达1558.73亿元。

竞争 COMPETITOR

传统的餐厨垃圾处理技术主要有四种：焚烧、填埋、厌氧消化、好氧堆肥。填埋不仅会占用大量土地，后期还要处理产生的垃圾渗滤液和填埋气体，会造成大量人力、物力的消耗。焚烧湿垃圾不仅会降低炉温，还会因焚烧不充分产生大量无色无味、毒性严重的脂溶性物质二噁英，这种物质已被国际癌症研究中心列为人类一级致癌物。厌氧消化技术的厌氧菌繁殖耗时较长，且所产生的沼泥很难处理。好氧堆肥工艺技术简单，成本低，但占地大、臭味大。

案例 CASE

2016年，团队在广州萝岗区云埔工业区完成了日处理5吨餐厨垃圾规模的工业化示范线建设工作。在示范线上，经过"噬污酵母"30多个小时的发酵处理，1吨餐厨垃圾可产出25千克燃料乙醇、50千克工业毛油、50千克高蛋白饲料添加剂、25千克二氧化碳、杂质做成的100千克RDF燃料棒和800多千克的水，餐厨垃圾变成了可再用资源。

同时，餐厨垃圾处理周期在48小时以内完成，处理过程中排放的二氧化碳还可以制作成干冰，不会产生其他废料、废水、废气，实现零排放和零废弃。经过测算，处理一吨垃圾成本只要100多元，而产生的收益可达到600元左右。

团队 TEAM

项目创始人刘人怀，中国工程院（机械与运载工程学部、工程管理学部）院士，四川利兴龙环保科技有限公司董事长，1978至1985年在中国科学技术大学任教。

IP INTELLECTUAL PROPERTY

三代技术约有50项专利，包括发明专利、PCT、实用新型专利，另有30余项专利正在申请中。

灿福科技：
全场景光伏除雪解决专家

　　项目组研发的两个针对不同应用场景的光伏组件除雪系统,采用颠覆式的光伏板 PN 结自发热原理,极大地降低了光伏系统的除雪改造成本,通过对光伏组件反向通电(指电流从光伏板正极流入,从负极流出)的方法使光伏组件的 PN 结区发热,通过热量积累和传递,融化与光伏板表面接触的一薄层积雪形成水膜,上层积雪在水膜的润滑作用下呈雪崩式滑落,完成除雪过程。

背景 BACKGROUND

光伏市场规模庞大,在"双碳"目标的背景下将迎来爆发式增长。而在较高纬度地区,屋顶光伏系统在一年中有相当长的一段时间因日平均气温低于0 ℃,一旦下雪,就会处于被积雪或自然融雪后二次凝结成的冰层覆盖的状态,致使数个月甚至长达半年的时间光伏系统无法正常发电,影响用户的使用体验,因此限制了光伏系统的进一步普及。位于较高纬度地区的野外集中式光伏电站也面临此类问题,积雪问题增加了光伏电站运维部门的工作难度和工作成本。从光伏发电的巨大市场容量和当前较落后的主要除雪方法可以看出,光伏板积雪清除亟待一个无损耗、低成本、自动化、智能化的解决方案。

产品 PRODUCT

Domino式离网自发电除雪系统巧妙运用光伏板特性,无需外部能源供应,可实现离网工作,真正意义上的零能耗;无需在光伏系统中加装复杂的机械结构,仅更改光伏系统的接线方式和增设控制器就能实现功能;运用多米诺骨牌效应完成除雪流程;在物联网、人工智能技术的加持下可实现智能化、自动化除雪。

分布式光伏 Domino 自动除雪控制器

市电除雪系统使用市电为能源除雪,防止光伏板积雪;能够同时给1个组串的光伏板除雪;基于视觉传感器,以机器学习的方式训练分类器,判断积雪状态和降雪情况;结合物联网思维,系统工作情况实时上传数据云平台,同时提供云平台API接口,方便将除雪情况数据搭载到其他电站运维平台上统筹信息。

技术 CORE-TECH

光伏组件本质上是一个大规模的PN结阵列,PN结正向导通时在电流的作用下产生热效应。

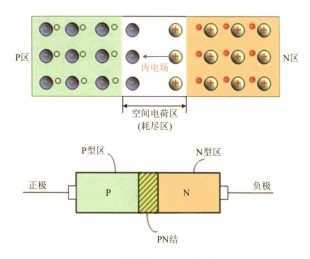

PN 结内建电场的形成过程

以光伏组件自身作为除雪的能源,逐级完成积雪的清除;先完成除雪的光伏组串将成为后续待除雪组串的除雪能源;随着完成除雪的光伏组件增多,除雪电源的总功率增大,除雪速率逐级加快。

市场 MARKET

太阳能作为一种最重要的可再生能源,具有分布均匀、清洁无害、储量巨大的优势。根据国际能源署(IEA)发布的 2020 年全球光伏市场报告,2019 年全球光伏新增装机 114.9 GW,连续第三年突破 100 GW 门槛,同比增长 12%,全球光伏累计装机量达到 627 GW。IEA 预测至 2050 年全球太阳能发电比重可达总发电量的 20%～25%,有望成为全球最大的电力来源。光伏发电将成为各个地区、国家、组织实现能源转型和"碳中和"的重要途径,在未来相当长的一段时间继续保持稳定的增长。

竞争 COMPETITOR

国内的光伏除雪设备市场仍处于空白状态,尚无企业从事相关设备或技术的研发和制造;国外目前仅有两家公司从事相关除雪设备和除雪方案的研发和销售,它们分别位于挪威和德国,同在北欧地区。在尚不充分的市场竞争中,项目组提出的光伏板智能除雪方案极具推广潜力。

同类产品对比

产品	HAIN System	Weight Watcher	全场景光伏Domino自动除雪控制器
公司	德国KEI Solar公司	挪威Innos公司	中国科大团队:灿福科技
使用场景	工商业屋顶	工商业屋顶	全场景光伏应用
传感器	光学传感器	重力传感器	无需传感器
除雪原理	光伏组件反向加压通电	光伏组件反向加压通电	光伏组件反向加压通电
自动化程度	全自动	全自动	全自动
数据云平台	无	无	手机App/Web端数据平台
物联网	无	无	预留API接口与其他运维平台互联
除雪能耗	消耗电网电力	消耗电网电力	几乎不耗电

IP INTELLECTUAL PROPERTY

已申请9项专利,已授权2项发明专利,2项实用新型专利,1项软件著作权;已发表2篇学术论文。

团队 TEAM

项目团队共有15名成员,其中博士生(含硕、博连读生)10名。研发团队成员主要由中国科大物理学院博士生(含硕、博连读生)组成,长期合作的工程师均在光伏电力行业、嵌入式系统开发、控制系统研发有超过10年的从业经历,具备丰富的项目实战和成果转化经验。

郑佳楠,总经理,中国科大物理学院硕、博连读生,曾获国家励志奖学金、"中科院成都光机所"奖学金,从事光伏系统创新应用、嵌入式系统控制、光学设计研究,已发表SCI/EI论文3篇,已申请专利7项。

张昕昱,副总经理,负责系统设计,中国科大物理学院博士生,获博士国家奖学金,从事先进传感器的研究和应用,发表SCI/EI论文3篇,申请专利20余项。

张放心,副总经理,负责人力/市场,中国科大物理学院博士生,曾任安徽昂科丰光电科技有限公司总经理。

陈佳林,研发总监,负责硬件设计,中国科大物理学院硕、博连读生,从事物理电子学研究,有丰富的硬件电路设计经验,曾获国家奖学金。

触媒合金阻垢防垢(ESEP)设备产业化

南京公诚节能新材料研究院成立于2018年7月，位于南京市建邺区新城科技园，依托国防科工难变形材料锻造技术创新中心，是由人才团队、企业、建邺高新区管委会三方共建的新型研发机构。2020年通过高新技术企业认定。

研究院以应用开发和产业化为目标，聚焦"低碳节能、环境保护、农林生态保护、智能生态制造、管网安全"等方向的新材料、新技术和新装备，开展技术研发、成果转化、项目孵化等研发和经营活动。

背景 BACKGROUND

结垢现象是工业生产、城市设施中广泛存在不可避免的问题,大多数热交换设备表面和流体输送管道内壁都不同程度存在着污垢。水质硬度大的地区,结垢问题尤其严重,常常因局部过热或高温导致机械性能的下降,对设备设施造成腐蚀,带来了跑、冒、滴、漏问题,缩短了设备寿命,严重者甚至会造成设备瘫痪、设备爆炸等事故。

由于水垢的主要成分 $CaCO_3$、$MgCO_3$ 等是绝热体,受到了阻碍,导致热工设备的热传导率极大降低,能源消耗显著增加,并且由于结垢减小了流道面积,输送泵的能耗增加,生产效率降低,造成了大量能源浪费。

寻找科学、安全、有效的阻垢除垢技术一直是国内外业界关注的问题,具有重要的现实意义和经济意义。尤其是在我国提出"双碳目标"这个重要战略决策之时,更是减碳的重要技术手段之一。

产品 PRODUCT

项目团队在"触媒合金阻垢除垢技术"产业化开发基础上,应用流体力学原理和有限元分析方法,完成"触媒合金阻垢防垢设备"产品设计和定型的开发。针对常见应用场景,形成包括触媒合金芯片在内的行业、商用、民用等多个系列近 20 款产品。

(a) 孔板式　　(b) 叶轮式　　(c) 滤料式
(d) 孔板式芯片组　　(e) 叶轮式芯片组　　(f) 花瓣式

触媒合金芯片系列

技术 CORE-TECH

研究院结合先进的工程技术,成功开发独特的合金制备工艺,形成"触媒合金阻垢防垢(ESEP)技术",并且应用流体力学原理和有限元分析方法,完成"触媒合金阻垢防垢设备"产品设计和定型的开发。凭借独有的制备工艺和先进的设计理念,在物理阻垢除垢技术方面取得关键性突破,填补了国内空白,处于国际先进水平。

该合金材料以铜为主要成分,添加镍、锌等金属成分,控制合金各金属元素配比,采用特殊的高温冶炼技术,在合金材料内部形成了取向一致、排列整齐的3D柱状晶体结构。这些柱状晶体在导电介质中形成微小原电池,持续释放微电流,产生阻垢和除垢两种作用。

实际应用显示,触媒合金能够有效阻止换热系统、加热设备和循环水系统的结垢,并能有效去除系统中的陈垢,阻垢效率可达93%,除垢效果明显,并具有以下特点和优势:综合运营成本低;一次安装,长期工作,寿命长达10年;终身免维护,无人工需求;无需外部电源,运营期间无能耗;对设备、设施无腐蚀,显著延长设备、设施使用寿命;对工况要求低,适应野外、井下等无电源环境;无污染,环境友好;技术稳定性好,适应多种工质流体。

竞争 COMPETITOR

技术竞争方面:与触媒合金阻垢防垢技术竞争的技术可分化学方法和其他物理方法两大类。化学阻垢除垢方法近期应当是触媒合金阻垢防垢技术的主要竞争对手;远期基本上无需考虑其竞争优势;除了极少数特殊要求的场景之外,超声波、磁场、电场等其他物理阻垢除垢技术对触媒合金阻垢防垢技术不构成影响。

同类产品竞争方面:目前,国内外市场仅见个别同类产品,基本上采取早期五元或七元合金,不具备技术的独有性,在产品的技术性能、使用寿命上均低于本项目技术,与本项目产品相比,竞争力不强。

案例 CASE

目前,该项技术和产品已经在石油、石化、电力、城市建设等领域得到了推广应用,成为中石油、中石化、五大电力公司合格供应商。

(a) 安装现场　　　　(b) 安装前　　　　(c) 安装后

油田加热炉、换热器、输油管道

IP INTELLECTUAL PROPERTY

公司成立以来，开展 20 余项技术研究，取得 10 多项技术成果，申请发明专利以及软件著作权等知识产权共 75 件，其中 PCT3 件。

团队 TEAM

研究院技术团队核心成员现有 14 人，来自于西北工业大学、南京理工大学、南京工业大学等高校，长期从事新材料研究。研究院运营团队核心成员现有 3 人，其中，院长钱进，毕业于中国科学技术大学，曾在中国科学技术大学、方正集团、奇瑞汽车、江苏省产研院下属研究所任职，长期从事企业高级管理工作。

融资 FINANCING

本项目总投资 2200 万元，研究院投入自有资金 200 万元，融资 2000 万元。本项目在第 3 年即可产生净现金流入 5600 万元，因此只需一轮融资。

大功率固体超快激光器

安徽华创鸿度光电科技有限公司成立于2019年3月,是一家专注于大功率固体中红外激光器研发与生产的高科技公司,采用创新型"超高增益集成放大技术"能够给产品的研发带来高效技术创新与突破。

公司研发的 Star Light 系列工业级固体中红外激光器,单脉冲能量高,产品性能稳定可靠,满足精细加工的需求,拥有巨大的市场应用前景;MIR 系列中红外激光器,产品电光转化效率高,经过军用标准测试,能应用于高低温和振动环境的各种场景,在光电对抗、测距、测风等军事领域有广泛应用。

背景 BACKGROUND

激光技术自问世以来的 60 多年间,取得了快速发展,其应用几乎涵盖所有工业领域,除轻工业、汽车、航空航天、动力及能源行业外,正逐步向精细、微细加工领域拓展,有力推动了电子制造、集成电路、通信、机械微加工、医疗、牙科、美容仪器设备及新兴应用的发展。

总体而言,激光的加工可分为宏加工与微加工。目前全球范围内宏加工的技术与市场开发已经充分,而微加工还在继续发展,特别是超高精度的微加工只是起步阶段。讨论激光微加工的发展,关键在于超短脉冲激光器。

超快激光器从 2003 年左右才开始了真正的工业应用,在医疗上也有很多应用。超快激光器很快成为科研热点与企业创新方向。最开始掌握这一领域的不是所谓行业巨头,大部分是小企业。这些企业掌握着核心超快激光技术,然而初创的阶段规模不大,而且超快激光成本较高,市场需求量有限,这些企业发展步伐平缓。然而超快激光加工是未来一大趋势,行业巨头纷纷关注到这一点,通过并购或自行研发也介入了超快激光器业务,其产品继而成为行业巨头的明星产品。

在过去五年时间内,超快激光器基本上完成了行业格局的整合,除了自创业至今仍然保持独立运作的 EKSPLA、Light Conversion、Amplitude 几家企业,如今行业巨头通快公司 Trumicro 系列、罗芬公司的 Starpico/StarFemto、JDSU 的 Picoblade、理波公司的 Spirit/High Q 以及相干公司的 Talisker 产品是目前较受欢迎的主流。

产品 PRODUCT

产品理念:替代传统精密加工方式,让工业加工速度更快、精度更高。

(1) 红外皮秒激光器:高能量和突发模式提高产能、外触发控制脉冲 Burst 模式、结构紧凑,易于集成、可支持 7×24 小时长时间稳定运行、机械指令符合性能等级 e 的要求、光电转化率高,具有高效节能低损耗特征与优势。

红外皮秒激光器

（2）绿光皮秒激光器：采用了经济高效的封装工艺，适用于要求严格的工业精密微加工，同时又满足了特殊材料打标、内雕和 LED 划片等需求，是微加工和微电子学应用中解决低成本加工问题的优选方案。

　　（3）紫外皮秒激光器：采用的可选配倍频换点技术，可以长时间稳定可靠且免维护地运行，能够满足更高能量输出的产品需求，是工业精密加工、激光医疗应用、高分子材料加工、脆性材料加工等问题的优选方案。

　　（4）中红外激光器：中红外激光是指波段在 2.5～5 μm 的红外脉冲激光，在国防、科学研究以及环境探测等领域有重要的应用价值。项目团队自主研发的MIR 系列中红外脉冲激光器采用独特的自同步光参量变频技术，结构简单可靠，具有超高稳定性及可靠性的优势。

　　（5）科研用激光器：根据用户需求定制生产，目前有用于激光推进、激光反卫星、航空发动机关键部件加工等科研领域的应用。

技术 CORE-TECH

　　大功率固体超快激光器是精密激光加工系统中的核心装置和技术，可用于各种特种材料的精密加工，属于先进装备制造领域。项目团队自主研发的板条式集成放大技术，能将多级放大集成在一到两个板条上，从而简化工程复杂度，实现更高功率的输出（70～300 W）。同时该技术能量转化效率更高，结构更紧凑且易于调节，稳定性优于多级放大技术，能够得到更大能量的输出方案。同时产品已实现国产化率 100%，从原材料到技术完全自主可控。

　　超快激光加工的特性：① 无接触加工，激光加工过程中无"刀具"磨损，无"切削力"作用于工件，对工件无直接冲击，因此无机械变形，并且高能量激光束的能量及其移动速度均可调，因此可以实现多种加工的目的。② 无损加工，激光加工过程中，激光束能量密度高，加工速度快，并且是局部加工，对非激光照射部位没有影响或影响极小，因此，其热影响区小，工件热变形小，后续加工量小。③ 加工精度高，激光束的发散角可小于 1 毫弧，光斑直径可小到微米量级，作用时间可以短到纳秒和皮秒，因而激光既适于精密微细加工，又适于大型材料加工。激光束容易控制，易于与精密机械、精密测量技术和电子计算机相结合，实现加工的高度自动化和精细化。

市场 MARKET

　　与整个激光器市场相比，超快激光市场份额相对较小，但其增长速度是整个激光市场增长速度的两倍。以通快、相干、光谱物理、EdgeWave 等公司为代表的超快激光器应用呈现了快速稳健的增长。超快激光器将在增材制造、微材料加工、精准加工、精准医疗、薄玻璃切割、微纳加工等更多新型应用领域不断开疆拓土,成为值得期待的应用领域之一。

目前激光微加工领域主要还是纳秒级固体、紫外与光纤激光器应用为主,随着应用范围的逐渐扩大和价格的逐渐下降,超快激光从业者们将迎来春天。许多高要求的加工,从纳秒激光过渡到皮秒激光加工,是一个趋势。皮秒激光或许未来也会走脉冲光纤激光器的类似道路,技术成熟的国产化皮秒激光源批量推出后,竞争加剧,外国供应商也跟随降价,如果真出现这种情况,那么超快激光的规模化应用将会到来。2020年全球皮秒激光器市场规模达126亿元,同比增长11.3%。欧洲、美国与中国是最主要的皮秒激光应用市场,近年来全球皮秒激光器需求的提升主要源于传统激光加工设备的存量替换和新兴市场的新增需求,随着激光设备新兴市场应用的进一步扩大,皮秒激光器的规模将持续增长。

竞争 COMPETITOR

相比于同行业所研发的固体超快激光器来说,他们提供的主要为50 W以下的产品,采用的技术路线为多级棒放大技术;受限于该技术及国内相关基础研究,该方案无法获得更高功率的产品(>70 W)。与友商相比,本项目产品性能更出色的是:高功率(100～150 W)与单脉冲能量高(200～800 μJ)。

(1) 与德国EdgeWave公司同类技术方案类似,可实现100 W以上功率输出,满足高功率市场需求,友商一般只能做到70 W。

(2) 脉冲宽度为10 ps,单脉冲能量高达800 μJ,满足光学"冷加工"需求。

(3) 高重频输出,加工效率更高。

(4) 光斑能量分布均匀性更好,利于高精密工业加工应用。

(5) 国产替代,降低下游企业生产成本,目前市场上国外激光器市场价格为1.2万元/瓦,国内激光器约为0.7万元/瓦,自主研发生产降低了成本,提高了企业的市场竞争力。

团队 TEAM

公司现有人数32人,其中研发团队20人。毕业于中国科大的专业团队与中国科学院专家联手合作,集理论与实践于一身,带来高效技术突破。

王小军,中国科学院固体激光实验室副主任,兼任多个国家重点项目专家组成员,国家重大专项重大项目专家;近十年先后承担国家及省部级基金类项目18项;在国内外高水平学术刊物发表学术论文70余篇;申请并获批国家发明专利20余项;获得军队科技进步一等奖1项,二等奖2项。

束庆邦,在原总装某基地服役,主要从事中红外激光器及高能激光辐照效应研究。服役期间,承担过数十项军队"863"项目,发表专业论文30余篇。于2017年获得"西安五四青年奖章",2019年组建大功率超快固体激光器团队落户合肥。

查根胜,2015~2017年在中国科学院合肥物质研究院安徽光学精密机械研究所从事开展用于托卡马克(人造小太阳)装置第一腔镜清洗的大能量四波长固体激光器系统设计及相关技术研究。2017~2019年在京东方科技集团有限公司从事TFT显示的光机设计工作,任职期间完成十余款产品的设计与量产导入。

融资 FINANCING

国科新能(合肥)智能电动汽车创业投资合伙企业(有限合伙)融资3000万元,合肥市创投1000万元。

大国装备：超合金技术，国内首创合金解决方案供应商

本产品属于合金装备的先进制造成型领域，处于整个产业链的中游位置。主要应用场景：一是航空航天领域的应用，如航空发动机、航天器关键热端部件、涡轮机叶片等部件；二是燃气轮机领域的应用，如涡轮叶片、燃烧室和涡轮轮盘三大核心部件；三是汽车行业，如涡轮增压器、发动机排气管、内燃机的阀座、镶块、进气阀、密封弹簧、火花塞、螺栓以及热发生器等装置。主要客户面对的是航空航天类企业研究所以及部分高校等。上游主要以增材制造金属粉末供应商、金属3D打印高端设备供应商及相关焊接设备供应商等为主，而下游主要面对航空航天类装备的制造厂商及车企等总装公司等。

背景 BACKGROUND

随着先进制造日益成为制造业转型升级和未来工业 4.0 的重大趋势和核心内容,大型装备的高品质、高效率、高智能制备技术与服务面临巨大的机遇与挑战。金属 3D 打印(增材制造)技术依托自身独特的优势,逐渐成为未来制造业,尤其是航空航天领域的颠覆性技术之一。但由于西方国家对于我国的相关技术封锁和禁售及国内大型 3D 打印设备和技术的限制,大型装备无法一次性整体增材制造成型,只能选择合适的零件组装技术;国内大型装备存在需求量大、利用率低、技术更新迭代速度慢等问题。本团队建立粉体设计制备-零件结构设计-SLM 成形工艺-焊接组装与再修复-组织及性能评价的一体化研究,旨在为高端大型装备需求商、企业、科研院所及设备供应商提供定制化、一体化和一站式的解决方案和闭环服务,为超合金技术应用及大国装备研究提供支持与助力,服务于我国国防相关重大科技创新战略目标。

产品 PRODUCT

本团队通过专业软件模块对激光 3D 打印熔池进行深度模拟以寻找最佳打印工艺参数,依据软件模拟结果进行实际超合金零部件 3D 打印成型,并利用真空电子束焊接技术进行小型零部件的焊接,最终完成大型装备整体组装。大型装备破损后利用焊接再修复技术进行局部修复,提高零件使用效率。产品已完成制备和组装,产品稳定性已完成初步测试,并受到潘际銮院士的技术支持和认可推荐。

定制化闭环服务

本团队致力于提供以大国装备中超合金的定制化服务为基础,面向政府军工企业、科研院所、高校及企业设备供应商等客户群,提供不同应用场景下的大型装备超合金模拟制备-组装-再修复的一体化、定制化、个性化、全方位闭环服务,解决大型装备的"卡脖子"技术,加快装备技术的迭代,深入开拓高端制造业市场。

技术 CORE-TECH

选择性激光熔化(SLM)技术作为金属 3D 打印中极具代表性的制造技术，具有成形件致密度高、机械性能优异等优点。而金属 3D 打印设备及技术往往只能加工小型的零部件，因此焊接作为常见的连接技术被广泛应用于金属 3D 打印的组装和再修复过程中。本项目预期通过成分优化选配、微结构调控和 SLM 成形工艺参数最优配合等，实现镍基高温合金的高性能金属 3D 打印。在此基础上，揭示金属粉体激光熔化成形的冶金本质和显微组织调控的基本机理，阐明各类应变率/温度依赖性的强化机制及其对合金强韧性的贡献。通过焊接热模拟澄清 3D 打印镍基高温合金微观组织、界面结构及接头强度对焊接热作用峰值温度和冷却速度依赖性的物理本质。探索真空电子束焊接的工艺，实现 2.5 mm 厚度金属 3D 打印高温合金 Inconel 625 的高性能焊接，并阐明焊接工艺参数对接头缺陷发展和失效破坏机制的影响，建立相应的反馈评价机制，继而获得最优焊接工艺。通过本项目的研究，期望建立粉体设计制备-零件结构设计-SLM 成形工艺-焊接组装与再修复-组织及性能评价的一体化研究，实现高温合金 3D 打印的产业化发展。

市场 MARKET

据相关统计数据，2012~2018 年，全球高温合金市场呈现出逐年上升的趋势。2018 年，全球高温合金市场规模为 121.63 亿美元，较上期同比增长 4.8%。高温合金应用广泛，全球高温合金航空航天需求超过 55%。高温合金材料最初主要应用于航空航天领域，之后逐渐应用到电力工业、汽车工业、石油石化、玻璃建材等诸多工业领域。根据统计数据，全球每年消费高温合金材料约 28 万吨，其中航空航天等军工领域需求占 55%，民用领域如电力、机械、汽车、石油石化等领域占 45% 左右。根据文栋等 2016 年发表在《工程技术》杂志的《高温合金材料特性及加工技术进展》一文，我国军用高温合金需求占比高达 80%，而民用高温合金需求仅占 20%。民用高温合金占比水平相比全球水平仍有提升空间。但由于高的技术壁垒，金属 3D 打印高温合金在整个 3D 打印产业占比并不高，只有 15% 左右。

随着我国发展自主研制的更高性能航空航天发动机，高温合金材料在供应上存在无法满足应用需求的情况，还需要我国高温合金企业着力提高研发能力和装备水平，提高供应更高性能高温合金材料的实力。航空航天发动机和燃气轮机占高温合金需求 80% 以上，随着航空航天发动机和燃气轮机国产化的加速，我国对高档高温合金的需求将会出现持续快速增长。前瞻预计，到 2026

年,国内高温合金市场规模可达到324亿元。

竞争 COMPETITOR

超合金的金属3D打印技术水平含量较高,加工工艺较为复杂,成分设计、成型方案和后续热机处理需要技术积淀和不断创新。材料开发和生产工艺技术研发是本行业企业发展的根本。此外,由于合金本身的可焊性较差、直接成型零件的复杂程度及焊接常见的缺陷等,传统的焊接工艺较难满足金属3D打印镍基高温合金的高性能焊接。因此,高温合金领域存在着较高的技术壁垒,需要时间和资金的不断投入。新进入者要面临产品成材率低的问题,需要经历较长的时间探索经验,进行技术工艺改良,以提升产品成材率。因此在研发投入方面,相关公司均保持持续高投入。通过与铂力特、华曙高科及中航迈特三家金属3D打印公司的比较,本项目在成型装备尺寸、打印零件形状、精度、强度和复杂程度上占据绝对优势,且可成型材料种类多,可实现对破损零件的焊接再修复服务。

IP INTELLECTUAL PROPERTY

团队基于高水平国际赛事牵引,凝练科学问题,积极促进基础技术研究,发表SCI收录论文13篇,发表EI、北大《中文核心期刊要目总览》收录论文6篇;已对产品相关技术申请了专利,目前有已受理发明专利3项。

团队 TEAM

创业团队拥有中国科学技术大学9名硕士、博士研究生,得到中科院材料力学行为重点实验室及中国科大创客中心的指导和支持。

梁莉,首席执行官,中国科学技术大学工程科学学院固体力学博士,具有扎实的理论分析基础,熟练掌握各项专业操作技能,主要研究方向为3D打印镍基合金焊接性、力学性能及应用研究。研究生阶段参与国家军工重点研发项目,并主导研制实验室多个科研实验平台。以第一作者和通讯作者身份发表论文5篇,其中3篇SCI,获得专利1项。

童伟,技术总监,中国科学技术大学工程科学学院固体力学博士,发表SCI论文10篇。现研究方向为Ni基高温形状记忆合金力学性能与微观结构演化的研究,作为骨干成员参与国家自然科学基金1项(结题)。

田启超,工艺工程师,中国科学技术大学工程科学学院工程力学硕士,第一作者的论文有SCI 2篇、EI 2篇、中文核心1篇,申请发明专利3项、实用新型专利1项。

的卢深视：三维机器视觉全栈技术

的卢深视是一家专注于三维机器视觉及全栈产品解决方案的国家高新技术企业。作为中国最早研究并打通"感知＋算法"的三维视觉全栈技术企业，公司知识产权高度自主可控，在三维传感器、三维人脸识别、三维目标重建测量、三维人像动态捕捉分析、交互与虚拟数字人五大核心技术方向全球领先，核心技术及产品已经在金融安全支付、轨道交通、边检、安防、智能门锁等行业深耕落地，实现规模应用。

背景 BACKGROUND

目前的机器视觉身份识别系统主要基于图像的人脸识别,存在受光照影响大、鲁棒性不够好等问题。更重要的是,2D 照片数据已泛滥,且复制和批量修改成本极低,无法作为人像隐私数据得到保护。

在二维识别无法满足现有需求的情况下,三维机器视觉技术应运而生。由于三维比二维多了一个维度的信息,因此在其拓展二维应用范围的基础上,又可以完成二维无法做到的"痛点型应用"。最重要的一点,三维机器视觉技术相较于传统二维视觉,具有极高安全级别的防作伪优势,可以抵抗照片、面具、头模等多种攻击手段。

2013 年,美国苹果公司收购了专门做 3D 视觉结构光方案的以色列公司 PrimeSense,2015 年又围绕 3D 结构光技术收购了多家产业链上下游企业,其中包括一家做三维人脸高精度重建和动作捕捉的公司 Faceshift。苹果公司的一系列举措,让的卢深视的创始团队意识到,机器视觉马上将迎来爆发口。

的卢深视认为,随着人脸识别应用的普及,千万级人脸大库已成必然趋势。而三维视觉技术天然具备大库比对高准确率的特性。

作为中国最早研究并打通"感知+算法"的三维视觉全栈技术企业,的卢深视知识产权高度自主可控。不仅如此,的卢深视还与国家机关和行业权威机构深入合作,制定国家标准和行业标准,以标准制定为抓手,夯实技术优势,参与公安部《安防人脸抓拍设备技术要求标准》制定,主导撰写 3D 技术部分,该标准已于 2020 年 11 月 25 日公示生效;此外,已有三个行业标准立项成功,包括《安全防范:人脸识别应用 3D 数据技术要求》《3D 人脸识别算法性能评测规范》《安全防范:人脸识别应用 3D 数据采集设备》;配合中国银联,起草《中国银联刷脸付 3D 识别数据技术指南》;参与全国智能建筑及居住区数字化标准化技术委员会的《建筑及居住区出入口数字化技术应用》标准编制等工作。

的卢深视致力于三维机器视觉的全栈技术研发,用技术的力量不断提升"人"的身份、行为、轨迹的精细数字化感知能力,保障社会生活的安全与效率。

产品 PRODUCT

的卢深视的技术定位是三维人脸识别技术,从算法到数据采集再到相机,全部围绕三维识别来实现。

针对现阶段三维视觉行业的核心难点集中在产业链匹配并不完善,供应链匹配上存在技术难度高、标准不统一等诸多问题，在产业链环节，的卢深视定位为三维视觉感知系统技术方案提供商，深入市场调研，从应用层面打磨硬件产品，推出两款"光学＋算法"全技术栈高度可控的高精度3D CV相机：高精度RGBD相机青鸾和3D-Face ID智能模组重明，已逐步在智能门锁、金融支付、轨道交通、公共安全等领域成功实现应用落地。

技术 CORE-TECH

的卢深视是一家专注于三维机器视觉及全栈产品解决方案的国家高新技术企业，作为中国最早研究并打通"感知＋算法"的三维视觉全栈技术企业，知识产权高度自主可控。

公司在三维传感器、三维人脸识别、三维目标重建测量、三维人像动态捕捉分析、交互与虚拟数字人等五大核心技术方向全球领先，核心技术及产品已经在金融安全支付、轨道交通、边检、安防、智能门锁等行业深耕落地，实现规模应用。

市场 MARKET

经历了机械化、自动化、信息化和智能化，我们正在经历产业数字化革命。3D传感器因提高了成熟度，降低了成本，实现"降维打击式替代"，正成为机器标配的眼睛，支撑着产业数字化革命。根据Tractica数据，全球3D传感器和硬件子系统市场将从2017年的82亿美元增长到2025年的579亿美元。

IP INTELLECTUAL PROPERTY

公司申请专利129件，其中发明专利100件；累计授权专利39件，其中发明专利授权16件，历年授权软件著作权32件。

团队 TEAM

公司成立于2015年8月，公司创始人与核心团队来自于中国科学技术大学、中国科学院、浙江大学、上海交通大学、新加坡南洋理工大学等国内外知名院校，汇聚了各大知名企业的行业精英。特别是项目创始团队，全部来自于中国科学技术大学2002级计算机科学与技术系。

户磊，的卢深视创始人兼CEO，中国科学技术大学计算机科学与技术系学士，中国科学院计算机所计算机视觉方向硕士，曾任职于VMware中国研发中心。

张举勇，首席科学家，中国科学技术大学数学院博士生导师，中国科大数学院-的卢深视三维视觉联合实验室负责人,在国际一流学术期刊发表多篇研究论文。

朱海涛,联合创始人兼副总裁,中国科学技术大学计算机学院博士,业界3D视觉领域资深专家,擅长从系统层级设计技术方案,曾带领团队率先研发出业内千万大库3D人脸识别算法,成功应用于实战场景。

杨再启,联合创始人,毕业于中国科学技术大学计算机专业,具备15年以上硬件、嵌入式系统研发管理能力。

低温高效乙烷催化制乙烯

本项目核心催化剂产品"低温高效乙烷制乙烯催化剂",目前处于研发阶段。这是一种在较温和条件就能将乙烷转化为乙烯的特定催化剂产品,主要用于大化工项目乙烯的生产。本项目属原始技术创新,通过研发具有自主知识产权的新型催化体系,构建乙烷氧化脱氢制乙烯新的技术路径,从而实现低温、低能耗生产乙烯的工艺技术。与传统乙烷热裂解技术比较,在大大降低能耗的同时,该路径生产所需的装置设备简单且数量少,显著降低了装置投资和操作费用。同时与煤化工路线相比,具有更好的经济性和环境友好性,符合国家"双碳""双减"相关政策。

背景 BACKGROUND

乙烯是化学工业中一种重要的化工基础原料,同时也是世界上年产量最大的化学产品。乙烯的产量是衡量一个国家石油化工水平的重要标志。目前,乙烯生产主要通过石脑油的蒸气裂解和乙烷热裂解工艺来制备。这类裂解过程是一个强吸热反应,反应温度一般大于900 ℃,能耗高且受热力学平衡的限制。相比较而言,乙烷氧化脱氢制乙烯(ODHE)技术具有明显优势,是一条低能耗、符合碳中和概念且具有良好经济效应的制备乙烯路径,同时与煤化工路线相比,具有更好的经济性和环境友好性。

产品 PRODUCT

该项目产品属于催化新材料产业领域,主要应用在环保、精细化工以及大化工领域,所针对的客户可分为各类型/规模的石化企业、环保企业、金属印刷等制造业。

环境类VOCs脱除催化剂,该类产品主要针对有各类环保设备的下游企业,他们主要负责销售成套的催化燃烧设备,而我们供应相应的催化燃烧催化剂,还有相应的产品供应给漆包线、涂装、金属印刷、医药、化工等这些在生产中产生有机废气的企业,同时公司配备相应的催化燃烧设备,需要定期采购催化剂。

技术 CORE-TECH

从2016年,项目组发现第一代催化剂(KX-1),经过4年的优化打磨,目前发展到第四代催化剂(KX-4)。该催化剂在低温下可以获得更高的时空收率,相较于KX-1催化剂,在375 ℃时,乙烷转化率为75%,乙烯选择性为86%,低温时空收率可以高达2.02 $kg_{C_2H_4}/kg_{cat} \cdot h$(最高可以达到4.28 $kg_{C_2H_4}/kg_{cat} \cdot h$),同时具有优异的稳定性(大于1600小时,寿命试验还在继续进行中),已经具有工业化应用前景。同步开展的放大合成(千克级)以及催化剂产品成型工作进展也十分顺利。

市场 MARKET

目前该催化剂产品配方在浙江相关行业有稳定销售,每年有150多套催化燃烧(含活性炭浓缩催化燃烧)设备使用该催化剂产品,并且运行稳定良好,用户反馈催化剂质量稳定可靠。目前主要研发的低温高效乙烷催化氧化制乙烯催化剂,属于原始创新,主要下游客户为各种类型、不同规模的石油化工企业,配套相应的乙烷氧化脱氢制乙烯工艺包使用,帮助相关化工企业改造升级或新建相应制乙烯工艺,所以高效催化剂产品作为耗材稳定销售。

目前,该催化剂配方已与中石化北京石油化工研究院高级工程师杜志国和金立工程师以及中石化宁波镇海炼化分公司总工程师陈志云有过初步沟通,同时与北化院双方表达了强烈的合作意向。

预计 2021 年总营业额在 500 万元左右,2023 年总营业额在 3000 万元左右。

竞争 COMPETITOR

独创催化剂数次迭代升级,目前最新的 KX-4 产品各项性能达到国际领先!

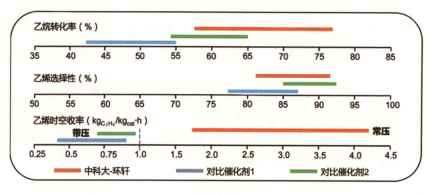

竞品分析

IP INTELLECTUAL PROPERTY

目前,该催化剂技术配方已经申请三项国内发明专利,其中一项已经授权(ZL201810785299.4),另外申请 PCT 国际发明专利一项(PCT/CN2018/095872),目前已进入美国商标专利局审核阶段。

团队 TEAM

章轩语,公司董事长,2021 年博士毕业于中国科学技术大学化学物理系。2018 年 10 月至 2019 年 10 月期间,获得 CSC 联合培养博士项目资助,在美国橡树岭国家实验室(ORNL)和田纳西大学(UTK)进行学术研究,主要从事多相催化、低碳烷烃氧化脱氢制烯烃反应机理及高效催化剂的研究。在研究领域主流期刊发表系列学术论文。授权发明专利 1 项,申请 PCT 国际专利 1 项(已进入美国阶段)。

章为忠,总经理,1979 级杭州大学化学学士,有 30 年企业管理经验。

黄伟新，联合创始人、首席科学家，表面科学与多相催化领域专家，中国科大教授、国家杰出青年基金获得者、教育部长江学者特聘教授、国家万人计划科技创新领军人才。

融资 FINANCING

公司拟启动天使轮融资计划，向合肥天使基金融资600万元，出让10％股权。主要用于团队扩展、放大试验和产品研发。

电子氧肺气氛调控解决方案

安徽熵卡科技有限公司是一家自主技术创新型的科技型企业,以一群优秀的硕士、博士为骨干,并依托高校资源,聚集了一批催化剂合成、气调电堆研发、电极板设计应用等领域的高尖端研发团队。本公司是国内专业生产、研发新型电子氧肺制氧、电子氧肺除氧、电子氧肺制氮和各种气调装置为主导的企业,也是由中国科学技术大学先进技术研究院孵化的高新企业。公司研发团队专注于气调技术研究多年,长期致力于研发和探索全新绿色环保的新型气体调控技术,并针对现有气体分离技术所存在的重大难题进行技术改革和新品开发。在深度调研和摸索市场需求和行业难题后,本公司研发团队开发了一种全新的氧气调控技术——电子氧肺(Electronic Oxygen Lung)技术。

背景 BACKGROUND

氧气是维持人类生命活动必不可少的要素之一,在生物体代谢活动中有着不可替代的作用。同时氧气在工业生产中也扮演着极为重要的角色,不同行业对于氧气的浓度要求存在着很大差异。因此,氧气浓度调节对于诸多行业如国防、医疗、农业、化工、食品等发展有重大意义,如何高效地调控氧气浓度也成为这些行业发展的重点技术难题之一。氧气调控主要集中在制氧和除氧两个方面,主要面向医疗供氧、粮食存储、食品保鲜、冶金、化工、半导体器件等众多与人类生产生活密切相关的领域。现有氧气调控可以分为物理方法和化学方法两大类。其中物理方法主要是通过得到较高纯度的氮气或者氧气置换原有气体进而达到调控氧气浓度的目的,包括低温精馏法、变压吸附法以及膜分离法;化学方法主要是通过化学药剂来制氧或者消耗氧气进而实现氧气浓度的调控。现有较为成熟且普及的技术主要是低温精馏法以及分子筛变压吸附法。但是随着社会的进步与发展,氧气调控设备的便携化、小型化、智能化发展已经成为市场的迫切需求,目前主流的氧气富集/脱除设备存在成本高、体积大、气体纯度低、应用范围窄、耗能高等诸多缺点。这无疑阻碍了气体调控设备的进一步发展和普及,而本团队自主研发的电子氧肺技术可以更好地解决现有市场所存在的需求缺口。

产品 PRODUCT

公司已成功开发三款产品:除氧机、制氧机和制氮机。

以除氧机为例:氧氮分离率高达100%;15分钟内,16 L空间氧浓度降至12%;能耗极低,1 kW·h电可除去280 L氧气;模组不发热,安全可靠,寿命长(>50000小时);可调性强,除氧速率、体积、重量均可调节;常压运行,无需大功率气泵、空压机,更静音;核心自主知识产权;原料无进口限制,可实现全套量产。

技术 CORE-TECH

电子氧肺技术是一种安全、高效及环保的氧气调控技术,仅通过该技术便可以同时实现氧气的富集和脱除。这种技术本质上是一种电解空气的电解池,其结构与燃料电池类似,主要由阳极、阴极、电解质构成。在电位差作用下以空气为原料通过电化学方法分别在阳极和阴极实现氧气富集和氧气脱除。该装置仅通过电能,便可实现空气中氧气的转移,阳极区氧气富集纯度高达99.99%,阴极区脱除氧气含量可降低至10^{-6}级并制造纯度高达99.999%的氮气。通过双向灵活运用该技术,便可被装配到本公司自主研发的三大新型绿色科技气调装置产品——电子氧肺制氧设备、除氧设备以及制氮设备,满足不同氧、氮气调需求的应用场景。

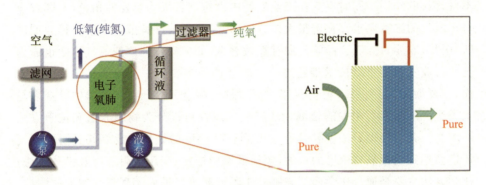

技术原理图

该产品开发面向国防、医疗供氧、粮食储藏、酿酒业、食品保鲜、半导体加工、冶金、化工合成等行业的制氧、除氧、控氧反应设备,开发多款针对不同使用场景的模型样机和多种以电子氧肺技术为核心的高效氧气调控产品。

市场 MARKET

制氧机的主要作用是医疗和保健作用,老年人有着巨大的需求。根据国家统计局数据,我国 60 岁以上人口已从 2011 年的 1.85 亿人提升到 2020 年的 2.64 亿人,占总人口比例从 2011 年的 13.7% 提升到 2019 年的 19.85%,人口老龄化趋势愈加明显。在此大趋势下将刺激我国制氧机市场持续扩张。

就我国制氧机市场产需变动情况而言,2014 年国内制氧机行业产量约为 19.76 万台,到 2020 年增长到了 210 万台。目前我国制氧机相关企业共有 3993 家,2020 年制氧机相关企业新增 339 家。2020 年出口量 36.42 万台,是上年的 7.3 倍。而 2021 年仅一季度出口量就高达 26.58 万台,超过 2020 年全年的 72%。

国内制氧机竞争非常激烈,受疫情影响,家庭护理设备的需求量也日益增长。目前,市场占比较高的品牌有新松、海龟、鱼跃、龙飞、易氧源、奥吉、氧立得、高新华康、海氧之家等,主体价位于 3000 元至 4000 元。

2020 年鱼跃医疗年报显示,报告期内,鱼跃医疗实现营业总收入 67.26 亿元,同比增长 45.08%;净利润 20.1 亿元,同比增长 136.46%。其中,医用呼吸与供氧业务实现营收 22.6 亿元,同比增长 85.51%,占其总营收的 33.6%。在呼吸与供氧板块中,制氧机产品海内外业务发展持续增强,同比增速达 40%。

未来，便携式、智能化、制输氧功能稳定的家用制氧机将更受市场青睐。

竞争 COMPETITOR

现有制氧行业技术对比与行业痛点：

（1）变压吸附法制氧痛点：氧气纯度低（≈92%）；启动慢；噪声大（>60分贝）；体积重量大（≈20 kg）；无法隔绝病毒；价格高昂，整机价格大于3000元。

（2）深冷法制氧痛点：存在安全隐患；运输成本高，很难实现便携使用；储氧量少；重量大；难以满足长时间供氧需求。

（3）化学药剂法制氧痛点：存在极大安全隐患；难以满足长时间供氧需求；速率不可控，无法中途停止；耗材需求量大，成本高；使用后产生大量废液。

团队 TEAM

赵长明，中国科学技术大学应用化学系博士，中国科学院院长奖获得者，具有丰富的电化学催化及催化剂合成经验。

梁镭，香港理工大学应用生物及化学科技学系硕士，加拿大韦仕敦大学工商管理学位荣誉学士，多次参与加拿大快消公司产品研发项目，具备国内外市场营销的丰富经验和相关知识储备。

耳聋基因治疗

上海玮美基因科技有限责任公司坐落于上海市浦东新区张江药谷，是一家集基因治疗药物研发、生产和临床应用为一体的高新生物技术公司。

玮美基因以"耕拓医药未来，体会生命美好！"为目标，以AAV基因治疗为创新平台，引领生物医药高端领域，聚焦听力障碍领域临床需求，加速培育具有自主知识产权、国际标准的创新药品，形成较强竞争力和较高附加值的现代生物制药产品体系，并成长为具有国际竞争力的卓越企业。

背景 BACKGROUND

耳聋(残疾性听力损失)是一种常见的严重影响人类生活质量的先天性疾病,它可以由单一基因突变或不同基因的复合突变引起,也可由环境因素(如医疗因素、环境暴露、创伤、药物等)或基因和环境两者共同作用而致。

研究表明,有将近70%的耳聋由遗传因素引起,已确定的耳聋基因多达200多种。中国耳聋人群的发病病因,遗传因素至少占60%,病因不明约占40%;在重度-极重度耳聋人群中得出,母系遗传线粒体基因1555A>G突变致聋的发病率为3.43%;GJB2基因相关性耳聋的比例达到21%;与前庭水管和内耳畸形相关的SLC26A4基因有关的耳聋比例达到近20%。

过去十年来,环境因素和遗传因素导致的听力损伤的研究为听力疾病治疗提供了基础理论。随着对耳聋机制研究的深入,科学家们已从关注耳蜗内各种细胞的损伤,发展到更加细微的耳蜗微环境的变化。近年来,针对遗传性耳聋治疗的研究探索了很多全新的方法,其中最为热门的方法即基因治疗。

产品 PRODUCT

本项目产品创始人钟桂生博士在《Nature Communications》发表了通过改造AAV-DJ的VP1衣壳蛋白从而形成具备特异性感染耳蜗支持细胞的新型载体AAV-ie,为临床治疗遗传性听力损失提供了可能。

体内耳蜗注射实验结果表明,新型腺相关病毒AAV-ie对支持细胞具有极高的感染效率。统计结果表明,自主改造的新型腺相关病毒AAV-ie对于耳蜗组织中的支持细胞,均能达到接近80%的高感染效率。AAV-ie对支持细胞的感染效率远远高于现有的各种血清型的常规腺相关病毒。近年来出现的Anc80L65虽然对耳蜗毛细胞的感染效率高,但是对支持细胞的感染效率较低。因此,我们自主改造的新型腺相关病毒AAV-ie可为支持细胞靶向性的基因治疗提供全新的途径,具有独特的应用价值。

玮美基因基于首个在耳蜗中筛选到的高效的腺相关病毒AAV-ie,以耳聋作为攻克人类疾病的起点,设计系列产品线。

技术 CORE-TECH

玮美基因拥有世界领先的AAV改造技术,致力于开发可以应用于人体各类组织的安全高效的腺相关病毒。玮美基因搭建了强大的AAV筛选平台,通过不同的建库方法,获得了大量的AAV筛选库,可以应用于不同的器官组织,筛选得到安全高效的载体。

通过新的筛选,玮美基因得到了比 AAV-ie 更为高效的新型腺相关病毒 WM-AAV1。未来,玮美希望加入 AI 人工智能,为 AAV 筛选库的建立提供更强大的支撑。

市场 MARKET

据世卫组织估计,听力损失若得不到处理,每年给全球造成的费用达 7500 亿美元。这包括卫生部门的费用(不包括听力设备的费用)、教育支持的费用、生产力损失和社会费用。

玮美基因目前已经取得了非常良好的实验效果。如果能运用到临床,完全有可能取得令人欣喜的成功。全球有 4.66 亿人患有听力障碍,与耳聋相关疾病的治疗手段——助听器、人工耳蜗难以解决信噪比等问题,治疗效果不好,而且依然会给患者带来非常痛苦的治疗体验。

玮美基因独占知识产权 AAV-ie 载体,在细胞学实验、动物学实验的研究中,已取得充分的证据,表明它可以高效感染耳蜗支持细胞,该载体在国际同领域处于领先地位。在此基础上,玮美基因通过充分的医学调研,针对国人高发的 GJB2 和 SLC26A4 基因缺陷导致的耳聋疾病,进行技术研发,目前已取得新的突破,产品开发、临床申请等相关工作已蓄势待发。

竞争 COMPETITOR

腺相关病毒(AAV)是目前体内基因疗法中最为广泛使用的病毒载体。AAV 在 20 世纪 60 年代作为腺病毒的衍生物被发现。在接下来的 15~20 年,AAV 的基因组成及结构功能都得到了较为充分的阐释。在不存在腺病毒(AdV)或单纯疱疹病毒(HSV)等辅助病毒的情况下,AAV 无法自我复制以实现完整的生命周期。此外,AAV 普遍存在于多种脊椎动物体内,目前认为 AAV 不会导致任何人类疾病。2017 年 12 月,FDA 批准了 Spark Therapeutics 公司开发的 Luxturna,用于治疗 RPE65 双等位基因突变导致的遗传性视网膜疾病——先天性黑矇症Ⅱ型(Leber's congenital amaurosis, LCA)。2019 年 5 月,FDA 批准了诺华公司旗下 AveXis Inc. 的体内基因治疗药物 Zolgensma,用于治疗 SMN1 双等位基因缺陷的脊髓型肌肉萎缩(SMA)婴儿患者(<2 岁)。SMA 的发病率一般为 1/12000~1/5000,表现为进行性肌肉无力、瘫痪等症状。2021 年底到 2022 年初,我国也通过了多项基于 AAV 的基因治疗产品进入临床,充分证明了 AAV 在基因治疗药物中的重要性。

团队 TEAM

钟桂生博士,玮美基因创始人,中国科学技术大学生物物理学硕士,康奈尔大学神经生物学博士。目前任上海科技大学 iHuman 研究所生命科学与技术学院研究员,主要从事毛细胞的结构和功能研究以及基因治疗在听力领域的应用、GPCR 以及骨架蛋白在细胞的结构和功能等的研究工作,开发了世界上首个可以高效感染内耳细胞的新型 AAV 载体 AAV-ie,并具有临床潜力。

储岑凤博士,中国科学院大学神经生物学博士。主要从事听力基因治疗工作,博士期间共同开发高效感染内耳的腺相关病毒 AAV-ie。

二氧化碳电解制化学品技术

碳能科技(北京)有限公司成立于2015年3月,致力于二氧化碳向液体燃料或高附加值化学品的研发及应用,致力低碳环保技术研发与产业化,立足于电化学反应路线和自主研发的工程装置,助力传统产业转型升级,为客户提供可持续性的环保解决方案,助力我国的青山绿水事业。

项目技术属于环保领域——大气综合治理(二氧化碳减排);目前在整个产业链上处于上游核心位置,且技术处于领先地位。客户群体主要是电力、石油化工、钢铁、建材、有色冶炼等工业企业,针对客户有组织排放的二氧化碳进行资源化利用减轻企业碳排压力;产业链下游主要是对项目核心技术转化二氧化碳后的合成气进行进一步的合成利用(根据企业需求)。

背景 BACKGROUND

在"碳达峰、碳中和"背景下,二氧化碳排放问题受到各国重视。以往的二氧化碳利用方法是捕集、封存、常规物理应用(食品饮料、消防等)及生物消纳(林业碳汇、微藻固碳及富碳农业等),但这些方法存在不能规模化消纳二氧化碳、消纳成本高、固碳量小且收益回报周期长等问题。随着我国经济的快速发展,能源消耗量居高不下,二氧化碳排放总量始终保持在高位,这将成为制约我国经济快速健康发展的因素之一。

国家层面已提出碳达峰、碳中和目标,这对相关碳排放企业提出了严峻的考验,时间刻不容缓。目前国内针对二氧化碳利用研究相对较晚,主要停留在一些物理应用层面,导致无法实现规模化利用且利用附加值不高。因此在这种背景下通过我们研究的"二氧化碳电解制合成气技术"既可以实现二氧化碳的规模化利用,也可以实现高附加值的利用,达到二氧化碳利用的经济正向。

用经济手段控制二氧化碳排放势在必行,经济手段包括碳交易权排放和碳税两种主要方式。而规模化利用二氧化碳的技术,可以为碳市场的良好稳定运行提供有利的二氧化碳纾解方案。

产品 PRODUCT

针对工业级大体量碳排放需要应用工业的思路去解决,本项目提出通过自主研发的电化学反应器,将二氧化碳水溶液在电能及催化剂作用下一步高效地转化为一氧化碳与氢气的合成气,该合成气作为化学合成原料气,可以合成多种高附加值化学品,实现了二氧化碳的资源化利用,兼顾了环保与经济。

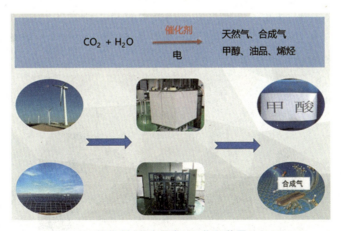

催化剂、反应设备、工艺和装置

目前项目团队已完成实验室小试鉴定、工业侧线验证及工业中试验收（内蒙古伊泰化工集团"二氧化碳电解制合成气"50 t/a 处理量），充分证明了技术的可行性。未来两年项目团队将完成 2~3 个千吨级示范项目，以进一步论证系统的可靠性及经济性，为规模化利用二氧化碳的商业化做准备。

技术 CORE-TECH

反应器高效、高选择性地还原二氧化碳为具有工业价值的大宗化学品，有效减小副反应的发生；绿色环保，反应过程环境友好，无有毒有害物质产生；安全可靠，结构设计独特、运行稳定、维护简便。

氢能业务-电解隔膜材料：隔气性好，氢气纯度高达 99.95％；能耗最低；结构稳定，与传统 PPS 毡相当；孔隙率高，离子电阻低，电流密度高于传统 PPS 毡；成本与 PPS 持平。

环保技术-高盐废水处理：仅利用电作为反应物；处理浓度宽；不引入二次化学物质。

市场 MARKET

我国每年排放 100 亿吨二氧化碳，参与碳交易的二氧化碳量为 3 亿~5 亿吨。碳交易市场规模为 150 亿~250 亿元。

案例 CASE

2019 年 6 月 11 日，碳能科技（北京）有限公司与内蒙古伊泰化工有限责任公司在内蒙古自治区鄂尔多斯市签署了二氧化碳电解制合成气中试项目合作协议，总投资 1000 万元。该项目基于碳能科技自主研发的二氧化碳电还原催化剂和电解反应器等关键技术，建设百吨级电解制合成气中试装置，转化利用煤制油工业排放的二氧化碳。

项目合作应用场景

2020年4月,华电科工集团一行到访碳能科技。双方签署了战略合作框架协议,在二氧化碳高附加值转化利用、氢能源等领域展开深入合作。

2020年12月,碳能科技(北京)有限公司与中石化节能公司、洛阳石化签署"高总氮废水电化学处理示范项目技术服务合同",解决石化行业高盐废水总氮含量超标的问题,目前装置已经成功运行。

IP INTELLECTUAL PROPERTY

申报发明专利12项,授权5项;授权实用新型专利4项;登记软件著作权5件。

团队 TEAM

康鹏,创始人,碳能科技(北京)有限公司董事长、首席科学家。中国科学技术大学化学学士、美国斯坦福大学化学博士、天津大学教授、博士生导师、海外高层次人才。

王帅,联合创始人、总经理,吉林大学硕士。

田力,联合创始人,前北京大学创业训练营创始合伙人,凤岐农业创孵平台联合创始人。

张红飞,总工程师,北京科技大学博士,清华大学博士后。

高功率 Wi-Fi 射频前端芯片

四川和芯微电子股份有限公司（以下简称和芯微电子）成立于 2004 年，公司是一家具有自主知识产权和持续创新能力的集成电路设计企业。2017 年，和芯微电子投资数千万元人民币，引入美国 EPICOM 公司的专利技术，打造 Cenchip 射频品牌，汇聚国内外射频顶尖人才，开始研发高功率 Wi-Fi 射频功率放大器和前端模组。目前已经推出五款产品，支持 Wi-Fi5 和 Wi-Fi6 的路由器和网桥产品，支持 Wi-Fi6E 的芯片也在研发当中。

背景 BACKGROUND

全球的独立 PA 市场,美国三大巨头 Skyworks、Qorvo、Broadcom 占据了 93％的市场份额。根据"招商电子"2021 年发布的《射频前端篇:射频前端千亿蓝海,国产化东风渐起》研究报告,2020～2025 年,Wi-Fi6 在手机中的渗透率持续提升,预计 2025 年超过 60％;Wi-Fi6 在路由器中的渗透速度比手机更快,预计 2025 年超过 90％;全球路由器 Wi-Fi FEM 市场规模将从 2020 年 8 亿美元提升到 18 亿美元。

Cenchip 系列 Wi-Fi 射频芯片属于集成电路领域。芯片是工业的血液和电子信息的基础,在电子信息领域是产业链的最上游。Cenchip 系列芯片主要用于 Wi-Fi 通信的无线接入 AP 和无线桥接 Bridge 产品。

产品 PRODUCT

本项目产品主要用于无线路由器。一个好的路由器信号的覆盖范围广,信号质量好,数据收发高速而且稳定,这主要取决于射频信号发射的功率和接收的灵敏度,这两个关键指标都是由路由器里面的射频收发芯片来保证的。FEM 芯片型号分别是 CP3743(Wi-Fi6 5G)、CP1333(Wi-Fi6 2.4G)和 CP3728(Wi-Fi5 5G),另外两个独立的 PA 芯片型号是 CP5405(5G)和 CP1333(2.4G);Wi-Fi6E 的产品也在研发当中,预计 2022 年上半年发布。

公司产品优势:进口产品管脚兼容替代,主要对标美国 Skyworks 和 Qorvo 高功率 Wi-Fi6 射频 FEM 芯片,封装尺寸为 3 mm×5 mm QFN24。除了从美国 EPICOM 公司购买的 5 项美国发明专利外,和芯射频团队已经申请了 16 项中国发明专利,Cenchip 系列产品完全拥有自主知识产权。

技术 CORE-TECH

技术来源于美国 EPICOM 通讯公司。美国 EPICOM 通讯公司是 2002 年在硅谷成立的射频芯片设计公司,该公司 2003 年就开始批量出货砷化镓 Wi-Fi射频 PA,并与 Atheros、Marvell 和 Ralink 共同发布 Wi-Fi 802.11g 平台;2005 年 EPICOM 公司的 Wi-Fi 射频 PA 产品出货超过 4000 万颗,成为全球主流的 Wi-Fi 射频芯片供货商,产品曾被华硕(ASUS)和阿尔卡特(Alcatel)大量采用。

2017 年,和芯微电子获得了美国 EPICOM 公司的相关专利技术并开始组建射频团队,是国内首家专注于高功率 Wi-Fi 射频芯片研发的公司,现在已经开发了全系列 3 mm×5 mm 尺寸的 Wi-Fi6 2.4G&5G 和 Wi-Fi5 5G 的射频

FEM 芯片，Wi-Fi6E 的产品也在研发当中，同时开始布局 Wi-Fi7 的产品研发。

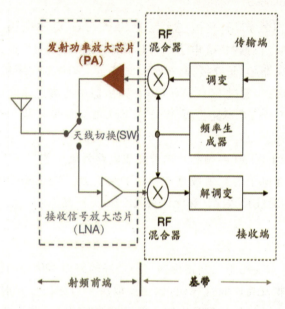

射频前端模组结构示意图

市场 MARKET

根据 ABI Research 的统计和预测，2019 年全球 Wi-Fi 电子设备出货量达 32 亿只，预计 2022 年全球 Wi-Fi 出货量将达到 39 亿只；2019 年累计约有 240 亿台 Wi-Fi 设备出货，到 2022 年，预计 Wi-Fi 设备累计出货量将达到 350 亿台。

2020 年 Wi-Fi 芯片的全球市场总规模约为 160 亿美元，未来几年内将以 4.2% 的复合增长率增长，到 2024 年，Wi-Fi 芯片的市场规模将达到 205 亿美元。

案例 CASE

公司先后承担了一大批国家、四川省、成都市及成都高新区的研发项目和产业化项目；连续承担了 2009 年、2011 年及 2013 年国家重大科技项目——核高基专项并全部通过国家验收，是国内第一批承担核高基项目，也是全国第一个通过核高基项目验收的企业。公司还承担了 863 计划引导项目、国家创新基金项目、国家科技成果转化项目、电子发展基金项目、四川省重大关键技术项目、四川省战略性新兴产品开发项目以及成都市重点科技计划项目等多项关键技术项目。

IP INTELLECTUAL PROPERTY

截至目前,公司共申请知识产权429项(发明专利293项);共获得专利授权325项(发明专利授权189项)。

团队 TEAM

公司现有员工200余人,其中专业研发人员占80%,40%以上员工拥有硕士以上学历。

邹铮贤,创始人、CEO,华中科技大学微波与电磁场专业本科,中国科学技术大学微波与电磁场专业硕士,有20余年射频与集成电路领域的产业化经验。历任中国联通安徽分公司总经理秘书,新加坡权智公司射频高级工程师、新加坡前景科技公司集成电路设计部门经理,美国思略新加坡公司首席产品工程师,上海Cadence首席产品工程师,2004年回国创立四川和芯微电子,具备深厚的企业管理、公司战略与运营经验。

高功率飞秒激光器

本项目通过在国外的技术研发,在美国相干公司获得的产业化经验,以及自主研发的飞秒激光器经验,掌握了工业级飞秒激光器的全套核心技术,自主完成20 W级红外飞秒激光器的产业化。项目旨在通过技术改进,进一步提高泵浦效率,降低热效应,为下一步进行50 W、100 W红外飞秒激光器打下坚实基础。目标为一年内研发完成50 W红外及15 W紫外飞秒激光器,正式投入市场。通过不断投入研发,最终生产100 W红外及30 W紫外的飞秒激光器,在国际激光器企业的竞争中占有一席之地。

背景 BACKGROUND

近年来,随着我国产业升级,工业加工对精度与加工质量要求不断提高。高功率飞秒激光器由于加工精度高,应用材料范围广,且加工几乎无任何热损伤区,是精密加工的核心器件,应用前景极为广阔。

目前,我国激光加工企业多集中在下游的系统集成上,工业级飞秒激光器距离国外先进水平还有差距。当前国际市场被国际大公司占据,国内虽有厂家能够提供10~50 W功率的飞秒激光器,但仅限于红外、绿光,无紫外波段。而在很多应用中,例如OLED切割等,必须选择紫外飞秒激光器。

飞秒激光的应用

飞秒激光的应用

产品 PRODUCT

公司自2019年7月注册以来,已完整开发了高速光电探头(用于内部监测飞秒激光器脉冲)、飞秒/皮秒激光振荡器、低功率5 W飞秒全光纤激光器等核心产品,为下一步高功率飞秒激光器打下了坚实基础。利用开发的飞秒振荡器,已实现20 W红外飞秒的样机,下一步攻克50 W功率的红外飞秒激光器。同时,高精度加工设备(定位加工精度1 μm,达到国内先进水平)已研发样机完成,进行市场推广。

种子源
<150 fs

飞秒光纤激光器
10 W 10 μJ光纤飞秒激光器
<200 fs

10 W工业级飞秒放大器
• 采用晶体放大
• 功率:10 W
• 单脉冲能量:100 μJ
• 脉冲宽度<500 fs

已经推出的成熟产品

技术 CORE-TECH

高功率飞秒紫外激光器主要采用种子源加功率放大技术。通常使用基于光纤增益介质的锁模激光振荡器作为种子光源。但是激光输出脉冲重复频率较高,一般介于几十至几百 MHz 之间,需要插入脉冲选择器件以获得较低的脉冲重复频率,以便工业加工使用。但是,受限于热效应及光纤损伤阈值,其输出功率通常限制在 10～100 mW 量级。因此,需要采用高增益的激光放大系统来提升低功率飞秒种子源的输出功率及单脉冲能量。

本项目团队拥有飞秒振荡器、高速电路开关、非线性转换等核心技术,成熟度高。其中,飞秒振荡器与高速电光开关已经产品化,获得市场认可。目前物料成本仅为总体售价的 20% 左右,成本相对可控。

与国外飞秒振荡器供应商产品相比,本项目研发的振荡器参数已达到相同水平,可靠性已达到工业化的苛刻要求,为下一步放大提供了有力基础保障。

市场 MARKET

目前飞秒激光器市场规模较小,但增长速度是整个激光器市场的两倍。近期研究表明,目前超快脉冲激光器市场规模约为 6 亿美元;到 2025 年,总额有望超过 20 亿美元。

公司自我定位为面向中高端的飞秒激光器专业制造商,目标市场主要是消费电子、5G、半导体等行业所需要的精密加工市场。目标客户有深圳大族激光、苏州德龙激光、武汉华工集团等系统集成商;同时也在与科研院所、高校及医疗器械设备厂商沟通。目前来说,国内系统集成商绝大部分采购的都是国外激光设备厂商的产品。但由于价格、服务以及欧美国家进行的出口管制等因素,国产飞秒激光器设备需求强烈。

公司将顺应精密加工工业应用的大趋势,做中、高端飞秒激光器的生产商,解决国内不能生产高品质的工业用飞秒紫外激光器问题。公司将以超精密微纳加工行业为主要目标市场,以生物医疗仪器设备和科研市场为两翼。

竞争 COMPETITOR

目前飞秒激光器市场发展不均衡。国外激光巨头,例如美国相干公司、德国通快公司等,掌握了核心技术与高端市场,占据市场最大份额,价格也极为高昂。国内激光器厂商仅有安扬、华锐等少数厂商试图参与竞争,且主要集中在低功率版本,且同时购买国外生产的飞秒振荡器,它们无法提供高功率紫外飞秒激光器。

该项目的竞争优势有:

(1) 国内飞秒公司不多,且技术路线单一,大多为光纤放大方案,能量无法做高于 80 μJ,稳定性有待提升,无紫外波段产品。

(2) 与国际主流飞秒激光器相比,100 μJ、10 W 的飞秒激光器已可以完成很大部分的加工应用,同类参数的情况下成本占优。

(3) 国产替代价值明显,无禁运风险(30 W 飞秒激光器即需要欧美进出口许可)。

(4) 与国外产品相比,能提供更符合需求的飞秒激光器。

(5) 国外产品普遍核心部件在国外,而该项目能提供更加快捷便利的售后服务。

IP INTELLECTUAL PROPERTY

2012 年公司在《Opt. Lett.》上发表文章,利用自主搭建的高功率飞秒激光器产生世界最短激光脉冲 67 as,获国际级媒体如 BBC 广泛报道,学术引用超 350 次。

团队 TEAM

张琦,团队负责人,光学博士,南京科韵光电科技有限公司总经理。2007 年本科毕业于中国科学技术大学近代物理系,2014 年在美国中佛罗里达大学(美国三大光学中心之一)获得光学博士学位。主要从事高功率飞秒激光器的研发工作,作为发明人获得美国专利 1 项。曾研究得到 67 阿秒的脉冲,是目前世界上的最短脉冲,文章已被引用超 500 次。

肖震,副总经理,技术总监,1997 年本科毕业于合肥工业大学电子电气工程系，有 20 年光电方向从业经验。

周沫，副总经理兼销售总监，华中科技大学通讯专业硕士，负责工业市场拓展、大客户销售。

王超烨，行政经理，具有丰富的行政管理经验，负责公司的采购、供应商管理等事务。

团队人员

融资 FINANCING

本项目母公司苏州曼德特光电技术有限公司 2019 年获得风投 600 万元，估值 2000 万元。2020 年南京科韵光电科技有限公司获得清源资本投资意向书，估值 6000 万元，融资规模 800 万元。

高耐候涂层型预铺高分子防水卷材

  本项目为高耐候涂层型预铺高分子防水卷材,是针对于现浇混凝土黏结解决地下室蹿水问题而研发的新一代建筑防水材料。此高分子卷材上的热熔胶在水泥熟化过程中产生蠕变,同混凝土界面相互黏合,形成机械互锁力,从而使混凝土与自黏胶层结合在一起,达到与建筑结构体紧密、牢固的黏结效果。它解决了普通卷材与结构混凝土界面黏结力低、黏结力不持久、易受外部环境影响的问题,实现了真正的"皮肤式"融合防水。高耐候涂层型预铺高分子防水卷材与主体结构混凝土相结合,形成完美的防御体系,从而实现整体式密封防水。

背景 BACKGROUND

我国建筑屋面和地下建筑的渗漏比例较高,导致我国中高端建筑物防水材料高分子防水卷材的市场需求快速增长。防水工程的维修成本为初次施工的2~8倍,较为严重的建筑渗漏问题将导致我国中高端建筑物防水材料高分子防水卷材的市场需求快速增长。

我国国内的中高端防水市场长期被跨国公司垄断,如 SIKA 西卡、SOPREMA 索普瑞玛、格雷斯 GRACE 等。国际上生产高分子自黏胶膜防水卷材的厂家主要有美国的 G 公司。2009 年,G 公司开发出适用于中国的预铺防水卷材,并投放中国市场。随后,国内的防水厂家也开始了高分子防水卷材的开发和应用。

本项目研发团队从材料配方和自动化生产以及应用技术创新,开发和完善了涂层型高分子预铺产品体系,性能达到国外建筑防水材料先进水平,打破国外跨国公司在高分子防水卷材对国内市场的垄断。

产品 PRODUCT

预铺防水卷材的防水机理是:基于液态的水泥砂浆与卷材反应性压敏胶黏结层接触时产生"互锁"——形成连续而永久的有机与无机"二元结合体",防止水在卷材防水层与混凝土/水泥基面之间"流窜",即使出现渗漏点也不会发生"蹿水"现象,很容易找到渗漏的"根源",检修非常容易。

高耐候涂层型预铺高分子防水卷材包括一层高密度聚乙烯 HDPE 片材,一层环保型热熔压敏胶和一层具有抗紫外耐水解的有机硅改性丙烯酸涂层,长边搭接采用独特的背胶黏结增强。

高分子防黏层(0.01 mm):表面采用特殊浅色颗粒作为覆面材料,颗粒防黏层主要为矿物砂粒,主要解决普通自黏卷材后续施工粘脚的问题,也能有效抵御紫外线照射,避免胶料老化。

高分子自黏胶膜(高分子热熔胶 0.3 mm):胶料主要由 SIS、树脂、助剂、填料等材料配制而成。该胶料要求具有很好的初黏性和持黏性,而且不含沥青和油分等小分子有机成分,结合颗粒防黏层,应具备抵御紫外线照射后与混凝土黏结的性能。

HDPE 高密度聚乙烯膜(0.9 mm):由于该片材是作为卷材底膜,片材要求具有较强的抗拉伸性能、强度等特点,防穿刺能力强,能做到降低钢筋绑扎过程中破坏卷材的概率。

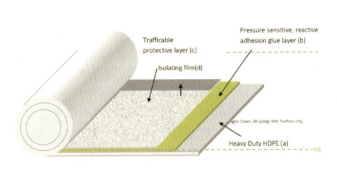

预铺防水卷材示意图

相比砂面预铺防水卷材,高耐候涂层型预铺高分子防水卷材具有如下特点及优势:① 抗蹿水性好;② 黏结强度提升 30%～40%;③ 搭接更方便、更可靠;④ 耐候性能优异;⑤ 产品重量轻;⑥ 施工可靠。

技术 CORE-TECH

环保型耐候涂层水性有机硅改性丙烯酸大幅提升了耐候性和黏结性。一方面,本项目选用涂层为水性有机硅改性丙烯酸体系,区别于普通水性丙烯酸涂层,具有优良耐候性和黏结性。另一方面,在配方中加入的气相二氧化硅具有极强的紫外线吸收、红外光反射特性,添加在涂料中能提高涂料的抗老化性能,表面的硅醇键与混凝土里的钙离子发生化学反应,加强预铺卷材与混凝土的黏结,达到协同黏结效果。

项目研发的热熔压敏胶与后浇混凝土剥离强度可以达到 3.0 N/mm,远高于国家标准。高分子片材的创新,使用低密度聚乙烯(LDPE)和三元乙丙橡胶(EPDM)作为改性剂,对 HDPE 进行增韧改性,有效降低施工时重物对卷材的破坏概率。生产设备的创新解决了新工艺生产技术的要求。

市场 MARKET

根据中国防水协会统计,中国建筑防水市场规模 2020 年有 3000 亿元市场,而海外市场对于防水的投入比例高于中国 2～3 倍,全球的建筑防水市场在 1 万亿元以上。

目前我国建筑防水材料的产品结构以 SBS/APP 改性沥青防水卷材、合成高分子防水卷材、防水涂料以及自黏聚合物改性沥青防水卷材 4 种新型建筑防水材料为主。2019 年普通改性沥青卷材占比 34.16%,高分子卷材占比 12.10%,防水涂料占比 28.09%,自黏聚合物改性沥青防水卷材占比 17.50%,

合计占比达到91.85%。其中,防水卷材仍是防水材料主要类型,占比为63.76%,中高端高分子防水卷材市场规模达到近400亿元,高分子防水卷材年增长率在15%以上。

竞争 COMPETITOR

本目标顾客群主要为建筑材料分包商、建筑商总包、大宗商品行业贸易商、佣金商、国外大型建材超市、国外小型零售门店等,外加国家走出去战略大型地产商的海外投资项目。按照既定公司规模和产品层次定位,目前主攻北美、欧洲市场,兼顾中东、东南亚市场。

营销策略上采取OEM贴牌与品牌同时进行,重点区域OEM先行,渠道端贸易商和佣金商优先开发,部分区域可以尝试有实力的经销商在有限时间内独家代理或独家供货。测试认证在了解市场的情况后进行,尝试海外大型建材超市零售模式,直销供货。

团队 TEAM

当前团队中的技术和市场的核心成员都是具有多年经验的骨干,具有很强的合作意识和创业意识。

高龙,公司创始人,毕业于中国科学技术大学工商管理专业,致力于建筑防水材料研发、海外市场推广研究。

孙先坤,技术负责人,东华大学应用化学专业硕士。曾研究并合成特殊的表面活性剂,而后利用其结构特点进行乳液聚合,应用于织物后整理,以达到各种效果。具有设计特定小分子合成和大分子聚合的能力。

高效能智能化无耗材空气净化及消毒设备的研发及产业化

本项目目标产品属于节能环保和资源利用技术领域。本项目采用的创新"双极猎尘（TPA）"无耗材核心净化技术，强调可水洗、超静音的技术优势，重新定义空气净化设备，创新运用"发生极"与"收集极"形成猎尘空气场，能够主动吸附和猎捕空气中的颗粒、尘埃、雾霾，杀灭病毒、细菌，分解甲醛，打破传统空气净化设备的被动滤网过滤，最小可吸附并杀灭 $0.0146\ \mu m$ 的颗粒及微生物。项目产品广泛应用于家庭、医院、写字楼、商场等个人生活和公共场所，为公众提供清新空气。

本项目主体贝昂科技是"空气净化器新国标"和"静电式空气净化器行业标准"的主要起草单位，拥有国际国内专利近百项，自有品牌"贝昂""Airdog"，自主研发的无耗材空气净化器先后获得包括元禾基金、软银赛富等多家投资机构的投资。

背景 BACKGROUND

目前,国际市场上空气净化技术有两大主要类型:传统的 HEPA 过滤模式和传统的静电除尘式,以及两者兼有的混合技术。

HEPA 类型净化技术的原理是驱动空气通过小孔径过滤膜,颗粒被吸附在过滤膜上。过滤膜对 $0.3\,\mu m$ 以上颗粒的清洁效率高,可以添加除臭、消除有害气体等功能,但对于比 $0.3\,\mu m$ 小的污染源,就算被拦截下来,也不能将其杀灭,污染源随时再回到空气中。又由于要推动空气通过阻力极大的过滤膜,必须使用大功率的风扇,带来了体积大、噪音大和能耗高等缺点。此外,需要定期更换价格昂贵的过滤膜,增加了使用费用和不便,容易造成二次污染。传统的静电除尘式的原理是通过静电场使空气中的颗粒带电,进而被吸附在带相反电荷或者电中性的物体表面。其主要优点是没有噪音、体积小,且无需更换过滤膜,使用方便。但现有产品的主要缺点是清除效率低,带电颗粒暂时沉积在地板或墙壁上,将再次回到空气中。

本项目采用创新"双极猎尘(TPA)"无耗材核心净化技术,创新运用"发生极"与"收集极"产生 2 万~4 万伏的高压离子场,能够主动吸附和猎捕空气中的颗粒、尘埃、雾霾,杀灭病毒、细菌,分解甲醛,打破传统空气净化器的被动滤网过滤,最小可吸附并杀灭 $0.0146\,\mu m$ 的颗粒及微生物。

产品 PRODUCT

贝昂科技以为全球用户提供更好更创新的产品为使命,致力于打造最具期待的科技品牌。多年来,专注在空气净化领域,专注为全球用户的空气品质问题,提供最极致的解决方案。项目产品广泛应用于家庭、医院、写字楼、商场等个人生活和公共场所,为公众提供清新空气。

技术 CORE-TECH

本项目采用的创新"双极猎尘(TPA)"无耗材核心净化技术,是由硅谷空气博士团队倾力打造的,强调可水洗、超静音的技术优势,用科技化、智能化、人性化的显著特点,重新定义空气净化设备,创新运用"发生极"与"收集极"形成猎尘空气场,能够主动吸附和猎捕空气中的颗粒、尘埃、雾霾,杀灭病毒、细菌,分解甲醛,打破传统空气净化设备的被动滤网过滤,最小可吸附并杀灭 $0.0146\,\mu m$ 的颗粒及微生物。

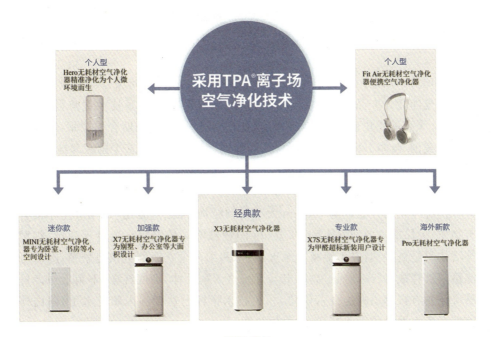

项目产品

双极猎尘净化技术

市场 MARKET

空气污染是人体患呼吸道、哮喘、心血管等疾病的元凶之一,尤其是儿童、老人、孕妇这些对空气比较敏感的人群,其健康更容易受空气污染的影响。作为改善空气质量的有效产品,空气净化器逐渐被家庭接受。

自2013年市场需求出现井喷以来,空气净化器行业一直热度不减。中怡康数据显示,在整个家电行业增速疲软的大环境下,2016年空气净化器销售达到588万台,市场总额约140亿元,成为继彩电、空调、冰箱、洗衣机之后的第五大家电。中国市场上生产空气净化器的企业有200余家,品牌众多,国内品牌和国内生产的国外品牌产品主要占据中低端市场,进口产品则占据中高端市场。

本项目产品适用于家庭、医院、教室、体育馆、办公楼、商场、宾馆、银行等场所的空气净化。产品具有可水洗、超静音、无需跟换耗材等技术优势,深受医院、银行等高端用户喜爱。另外,通过与国外经销商建立长期合作关系,目前产品远销美国、日本、韩国、欧盟成员国、新加坡、菲律宾等30多个国家和地区。

竞争 COMPETITOR

传统净化器只能过滤 0.3 μm 大小的颗粒物,无法过滤比 0.3 μm 更小的有害物质;贝昂能高效清除小到 14.6 nm 的颗粒物。传统净化器对于病毒、细菌等活体只是被拦截,并不能将其杀灭,病毒和细菌聚在滤网上快速繁殖,随时可能重新被释放;贝昂则通过高压电场直接杀灭病原体,彻底纯净,不留后患。贝昂科技具有行业领先的技术优势,相关技术指标已达到国内领先水平,国内外市场竞争力处于同行业前列,竞争优势明显。

案例 CASE

为日本8000多家医疗机构提供空气消毒解决方案,成为日本医护人员首选消毒器。有孩家庭首选空气净化器,该净化器是消费者满意度最高净化器。

IP INTELLECTUAL PROPERTY

本项目相关技术共获授权发明专利18项、实用新型专利36项、外观设计专利26项、软件著作权5项。拥有注册商标61个,包括美国、日本注册商标等,其中自主品牌"贝昂"和"Airdog"在国内外具有较高的知名度和品牌辨识度。

团队 TEAM

冉宏宇,项目创始人,本科毕业于中国科学技术大学近代力学系,美国加州理工学院空气动力学博士,中国科学院特聘研究员。

章燕博士,联合创始人,毕业于美国加州大学。

融资 FINANCING

自主研发的无耗材空气净化器,先后获得包括元禾基金、软银赛富等多家投资机构的投资。

高性能可持续透明薄膜

本项目基于中国科学技术大学俞书宏团队研发的新型生物合成法制备的一种高性能可持续的纳米复合透明薄膜,可用于新型显示、智能电子产品、节能环保等领域,检测证明,其性能远优于传统商用聚合物薄膜。该新型生物辅助合成制备薄膜法为世界首创,团队拥有独立知识产权并正在进行商业化运作。

高性能可持续透明薄膜,全生命周期绿色环保,具有优异的光管理特性、高抗拉强度、高柔韧性、高服役温度、高热稳定性等特点,是继传统光学塑料薄膜之后的下一代光管理柔性薄膜。项目的未来发展规划为:基于现有生物质基高性能可持续透明薄膜,研发一系列用于电子产品的工业级光学器件基底并与各电子设备终端企业形成密切合作。另外,计划研发一系列面向用户的光管理产品,如优化采光窗膜、防眩光灯具等,让每个人都能享受舒适柔和的光线环境。

背景 BACKGROUND

近年来,随着国民经济的发展和科学技术的进步,新型显示、智能消费电子、互联网、电子信息、航空航天、节能环保、物联网等一大批新兴产业快速繁荣起来,传统的材料已无法满足其特定的性能与品质要求,从而催生了大量高性能光学膜材料的应用需求,促进了高性能光学膜行业的快速发展。目前光电信息产业中最有发展前景的通信、显示和存储三大类产品都离不开光学薄膜,如投影机、背投影电视机、数码照相机、摄像机、DVD,以及光通信中的DWDM、GFF滤光片等,光学薄膜的性能在很大程度上决定了这些产品的最终性能。此外,光学薄膜正在突破传统的范畴,越来越广泛地渗透到从空间探测器、集成电路、生物芯片、激光器件、液晶显示到集成光学等各学科领域中,对科学技术的进步和全球经济的发展都起着重要的作用。研究光学薄膜物理特性及其技术已构成现代科技的一个分支——薄膜光学。光学薄膜技术水平已成为衡量一个国家光电信息等高新技术、产业科技发展水平的关键技术之一。

当前,高性能光学膜材料行业是新材料在高科技电子领域的应用行业,属于国家重点扶持和鼓励发展的新材料行业。在我国"十三五"规划中,国家陆续发布通信、家电、新材料、战略新兴产业等高科技产业的"十三五规划",明确将"促进高端装备与新材料产业突破发展,引领中国制造新跨越"作为经济发展和产业升级的重点工作之一。同时,各地也陆续推出相应的政策措施,扶持相关行业的发展,加大对相关产业的政策扶持和资金引导,这些都将直接或间接地对高性能光学膜材料发展产生支持。

产品 PRODUCT

本项目的核心产品——高性能可持续透明薄膜,主要由纳米纤维素与无机纳米片通过我们团队自主研发的新型生物合成法制造。该产品具有优异的光管理特性、高抗拉强度、高柔韧性、高服役温度、高热稳定性等特点,是继传统光学塑料薄膜之后的下一代光管理柔性薄膜。该产品兼具90%的高透明度和83%的高雾度(550 nm波长下),从而可以对光线进行有效的管理利用,这是传统均质塑料薄膜难以做到的。同时,该产品还具有优异的力学性能,其拉伸强度(482 MPa)和模量(~15 GPa)分别可以超过塑料的2倍和3倍以上。基于良好的柔韧性,该薄膜还可以被折叠成各种形状,并且在多次折叠展开后没有明显的损伤。这三项性能为薄膜材料应用的关键指标,直接决定了一种薄膜材料的性能优劣和使用效果。基于其优异的力学性能和光管理性能,该产品适用于在各种场合优化采光、营造合适的光线环境,有望成为未来光管理产品的关键核心材料。此外,该材料还具有极好的热尺寸稳定性和热化学稳定性,可在250℃的高温下和反复的热循环中依旧保持性能稳定,因此也可用作柔性电子器件的基底材料。该产品制造过程全程常温常压,不涉及任何有毒药品,生产成本低,环境影响极小。

技术 CORE-TECH

本项目基于中国科学技术大学俞书宏团队研发的新型生物合成法制备了一种高性能可持续的纳米复合透明薄膜,可用于新型显示、智能消费电子产品、节能环保等领域,检测证明,其性能远优于传统商用聚合物薄膜。该新型生物辅助合成制备薄膜法为世界首创,于2020年8月在著名期刊《物质》上发表研究论文,团队拥有独立知识产权并正在进行商业化运作。该方法突破了传统纳米复合材料制备方法中纳米材料分散性的限制,通过引入程序化控制的纳米单元沉积技术,实现了纳米纤维素与功能性纳米单元均匀复合,首次成功制备了一系列纳米结构单元含量可控、形状规则的宏观尺度大块生物质基纳米复合材料。

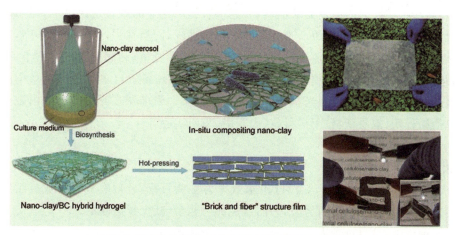

生物合成法制备超强、超韧的高性能可持续透明薄膜

基于以上方法,项目团队进一步发展出了一种高性能可持续的纳米复合透明薄膜。由于其内部连续的纳米三维纤维网络和仿贝壳"砖-纤维"层状结构,该材料拥有优异的光管理特性,兼具高透明度和高雾度,这是传统均质塑料薄膜难以做到的。该产品还具有高抗拉强度、高柔韧性、高服役温度、高热稳定性等特点,是继传统光学塑料薄膜之后的下一代光管理柔性薄膜。应用这种材料可使光学电子器件在保持优异光管理特性的同时,具备高强度、高柔性、高热稳定性,从而拓展其适用范围和延长其使用寿命,是高性能光学膜领域革命性的

创新产品。

市场 MARKET

高性能光学膜材料行业是新材料在高科技电子领域的应用行业，是国家重点扶持和鼓励发展的新材料行业。通信设备、计算机等行业的快速发展为行业提供了广阔的市场。以通信、消费电子为代表的信息电子产业日益成为市场热点，随着人民生活条件的改善，对电子产品提出多样化的需求，从而为高性能光学膜材料的广泛运用奠定了坚实的基础。随着柔性显示器、柔性照明、柔性太阳能电池、柔性传感器等产品的不断发展，电子产品的力学热学兼容性要求不断提高，顺应柔性透明、节能环保的潮流，高性能光学膜材料也必将迎来更大的发展机遇。

竞争 COMPETITOR

国际市场上，光学膜材料已经形成了相对稳定的市场格局，几乎被日本东丽和三菱、美国 3M、韩国 SKC 等公司垄断。国内市场上，由于我国光学膜领域起步较晚，在巨大的市场需求推动下，近年来生产企业的数量迅速增加，但与国际先进水平还有一定差距。绝大多数企业品种少，同质性强，技术含量不高，未形成产品的系列化和产业化，多在价格上开展激烈竞争，利润空间日益缩小，产品质量与国际品牌尚有差距。只有少数企业逐渐具备了自主研发和生产中高端产品的能力，可以提供光学管理应用解决方案。目前从事光学膜的国内企业包括康得新、双星新材、南洋科技、大东南、华塑实业等。

团队 TEAM

团队组织结构以科学合理、追求效率为主要目标，合理有效地将成员组织起来，为实现共同目标而努力，力图避免部门冗余，减少营运成本。

凌张弛，项目负责人，中国科学技术大学化学与材料科学学院 2020 级博士研究生。长期在俞书宏院士课题组参与纤维素基复合材料的研发与创制，具有丰富的理论和实验基础。作为共同第一作者，在国际著名期刊《物质》上报道了最新研发的生物质基可持续透明薄膜材料。曾作为申请人参与 2019 年"中国科大庆峰杯"创新创业大赛并且取得二等奖的优异成绩；参与第六届中国"互联网＋"大学生创新创业大赛，并且取得安徽省银奖的优秀成绩；参与第七届中国"互联网＋"大学生创新创业大赛，并且取得安徽省金奖的优秀成绩。

赵梓烨，中国科学技术大学化学与材料科学学院 2017 级本科生，主要负责公司内部事务的管理协调。2017 年、2018 年获得中国科学技术大学优秀学生奖学金、银奖,2019年中国科学院苏州纳米所奖学金。

孙文彬,中国科学技术大学化学与材料科学学院研究生,主要研究方向是生物质基仿生材料的制备,主要负责公司产品核心技术的研发。曾获得天津市大学生创新创业训练计划一等奖,2019年美国大学生数学竞赛H奖、数学竞赛校级一等奖。

融资 FINANCING

公司计划注册资本1100万元,其中专利技术入股450万元,自筹资金650万元,用于初期投入和营运资金。从第2年起,每年从银行借入100万元到200万元的流动资金,以此改善现金流动状况并达到较合理的资产负债比。并根据实际情况,我们将适时地采用其他的融资方式。两年后,预计公司运营情况良好,开始A轮融资,可融资5000万元,占比10%。

高性能双网络电磁屏蔽抗冲击结构材料

  本项目基于中国科学技术大学俞书宏院士团队最新研发的一种高性能双网络电磁屏蔽抗冲击结构材料。该材料电磁屏蔽效能远超传统的电磁屏蔽材料和文献所报道的其他新材料,且密度不到钢的六分之一,比强度高于陶瓷、钢铁和商用铝合金。这种新型纳米纤维素基高性能电磁屏蔽结构材料有望在通信领域、军事领域、航空航天领域得到广泛应用。

背景 BACKGROUND

随着电子器件及设备的快速增加,无线通信技术和5G技术的普及和迅速发展,电磁辐射现象日益增强,这也带来了电磁干扰、电磁信息泄密、电磁环境污染等问题。在日常生活、医疗器械乃至航空航天领域,电子设备和精密仪器都会受到电磁干扰的影响。电磁干扰会使得电子器件工作失灵从而导致不良后果,同时,载有各类机密信息的电磁信息也会因为电磁泄漏而丢失重要信息或者被窃取。此外,过量的电磁辐射也会对人体健康造成一定的影响。因而电磁环境污染已经被认为是继大气污染、水质污染、噪声污染后的第四大环境公害。为了更好地控制电磁环境,开发高性能的电磁屏蔽材料至关重要。

产品 PRODUCT

高性能双网络电磁屏蔽抗冲击结构材料可将电磁屏蔽层的厚度与重量降至之前的十分之一,同时屏蔽效能提高十倍以上,与此同时,该材料的比强度高于航空铝合金,抗冲击性能优异,是一种前所未有的高性能电磁屏蔽材料。该材料在通信领域、军事领域、航空航天领域的精密电子设备的防护、电磁信息的保密、电磁环境的控制方面具有广泛的应用前景。

基于该材料可加工性优异的特点,可以加工为大型的电磁屏蔽方仓,或者应用于电磁屏蔽室的建造,用以屏蔽方仓内部和电磁屏蔽室的电子设备发射出的电磁波或者屏蔽外界的干扰电磁波,并且还可以起到防物理冲击的作用。

高性能双网络电磁屏蔽抗冲击结构材料用于构筑电磁屏蔽室

技术 CORE-TECH

高性能双网络电磁屏蔽抗冲击结构材料作为一种具有超高电磁屏蔽效能、超高的比强度的新型仿生结构材料,具有轻质高强、抗冲击、可持续、热稳定性好等多种优异的综合性能。得益于其内部精细的纳米三维导电网络,该材料可以高效地吸收屏蔽各种波段的电磁波,不仅具有高达 100 dB 的电磁屏蔽效能,电磁屏蔽效果远超传统的电磁屏蔽材料和文献报道的其他新材料,还具有高达 146 $MPa \cdot g^{-1} \cdot cm^{-3}$ 的比强度,超过钢铁和铝合金,具有轻质、高强、高韧,抗冲击性能优异的特点。

市场 MARKET

根据 BCC 调查公司的预测,全球 EMI/RFI 屏蔽材料市场规模将从 2013 年的 52 亿美元提高到 2018 年的 70 亿美元,预计 2023 年达 92.5 亿美元。随着电子设备与器件的不断发展与增加,信息化的不断普及,对电子屏蔽材料的要求也会逐渐提高,新型高性能电磁屏蔽材料必将迎来更大的发展机遇和更广阔的市场。

竞争 COMPETITOR

国际市场上,电磁屏蔽材料已经形成了相对稳定的市场竞争格局,市场主要企业为 3M、Laird(美国莱尔德电子材料集团)、Chomerics(美国固美丽)等知名企业。国内市场上,只有少数企业逐渐具备了自主研发和生产中高端产品的能力,可以提供一定场景下的电磁屏蔽应用解决方案。但是,一些对材料性能要求较为苛刻的电磁屏蔽材料被国外大厂垄断,我国需要依赖从外国进口。

融资 FINANCING

公司计划注册资本 2000 万元,其中专利技术入股 1000 万元,募集资金 1000 万元。并且根据实际情况,适当采取其他融资方式。在项目正常进行两年之后,预计公司运营情况良好,产品较为成熟,客户较为稳定,开始 A 轮融资,目标融资 5000 万元。

团队 TEAM

杨昆鹏,中国科学技术大学化学与材料科学学院硕士研究生。长期在俞书宏院士课题组参与纤维素基仿生复合材料的研发与创制,具有丰富的理论和实验基础。

李德涵,中国科学技术大学先进技术研究院 2020 级硕士研究生,现担任中国科学技术大学先进技术研究院研究生党支部副书记兼青年委员。

刘兆祥,中国科学技术大学化学与材料科学学院硕士研究生,研究生期间在俞书宏院士课题组参与纤维素基仿生复合材料的研发与创制。

高性能无黏结剂零 VOC 仿生功能木材

本项目基于生物质颗粒表面纳米化的策略，巧妙地利用木屑等生物质中天然的纤维素纳米纤维，将其暴露在木屑颗粒表面并使其互相交联，从而构筑无需任何黏合剂的高性能人造木材，这种木材表现出优异的力学性能、阻燃性和防水性。通过将其他成分（例如碳纳米管）加到该木材中，还可以实现木材的功能化。此外，该木材在使用过程中还完全无甲醛等 VOC（挥发性有机化合物）的释放，安全环保。本项目的表面纳米化策略是国际上首次报道的，而且拥有完全的自主知识产权。

这种全新的生物质表面纳米化策略也可以扩展到其他生物质（例如树叶、稻草和秸秆等），有望用于制造一系列全生物质的可持续结构材料，并进一步推动人造板行业向绿色、环保和低碳方向发展，其可功能化的特点有望在航空航天、国防军工、高端制造、智能家居等领域具有良好的发展前景。

本项目是国际上首次实现基于国际领先的表面纳米化技术，不使用任何黏结剂的前提下将木屑、秸秆等生物质颗粒构建为一种极具市场竞争力的高性能人造板材。此外，未来几年，我们将探索此种木材的更多具体功能化和大规模制备，努力得到更多拥有自主知识产权的成果。

背景 BACKGROUND

木材是一种广泛使用的结构材料,但天然实木受制于大尺寸材料的稀有性和力学的各向异性,因此目前广泛使用的工程木材料主要是人造板。传统人造板主要通过含有甲醛的树脂等黏合剂将木屑等生物质原料黏结起来,这不仅提高了人造板的成本,还会在使用过程中持续释放甲醛等有毒有害的气体,而且其在自然使用条件下的稳定性也是不足的,常常因为黏结剂和颗粒等的存在,材料在环境中的稳定性会有所下降。因此发展高性能无甲醛绿色环保板材对传统人造板产业升级发展至关重要。

产品 PRODUCT

高性能无黏结剂零 VOC 仿生功能木材,作为一种新型的基于生物质颗粒、通过新型表面纳米化的改性策略得到的新型木材,相比于传统人造板材绿色环保的板材材料,其各种功能性在各个方面均具有使用潜力。

该材料优良的力学性能使其可以胜任大部分传统人造板材所应用的领域,同时克服了天然木材各向异性的局限,得到优异的断裂韧性、极限抗压强度(是天然松木的 10 倍)、硬度(是天然松木的 2.3 倍)等。该材料的尺寸稳定性也非常优秀。此外,该材料还具有优异的防火隔热性能。通过本项目中的处理策略对天然生物质的处理,可以克服天然生物质的易燃性,而且做到了极大地减少燃烧产物的有害成分,提升其在火灾中的安全性。

其可功能化的特点使其使用范围更加扩大。这种由纳米纤维构成的网络为制备木基纳米复合材料提供了一种新途径。例如通过将 CNT 掺入木屑颗粒间的纳米网络中,可以获得导电智能人造木材,因 CNT 能够在其中形成连续的三维网络,因此其具有比传统聚合物/CNT 复合材料更好的导电网络和更高的电导率。基于这种智能人造木材的高导电性,它可以实现传感、自发热以及电磁屏蔽等多种应用。

该木材在使用之后的处理也比较简单。该木材的原材料是绿色环保的,可以实现在自然界的自然降解,因此在使用之后可以直接进行埋土降解或堆肥,不会对自然环境产生任何危害。

技术 CORE-TECH

该项目技术充分利用了纳米结构的大表面积以及可调节的表面物理和化学性质的优点,表面纳米晶化是一种广泛用于改善材料性能的方法。表面纳米化后,由于纤维素纳米纤维的大表面积和它们之间的长距离氢键相互作用,表面纳米化后的生物质颗粒的形态和性能发生了显著变化。

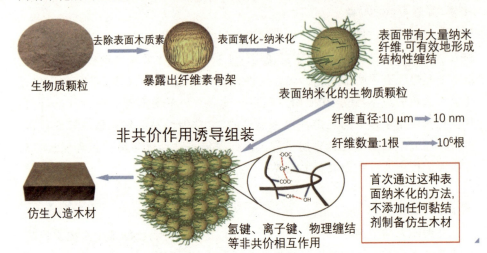

本项目技术原理

市场 MARKET

目前人造板市场的潜在需求有 3 亿 m³，但其中进口超过总数的 60%。因此急需国内创新产品来填补人造板市场上的空缺。2018 年中国共有人造板企业 6200 多家，技术工艺、环保水平及行业集中度都有所提高。现阶段国内的人造板行业主要企业有大亚圣象、丰林集团、威华股份、永安林业。目前本项目的仿生木材的实验室成本核算大概为 2300 元/m³，这将为现有传统的人造板行业带来非常有竞争力的优势。

竞争 COMPETITOR

与传统人造板材相比，本项目的高性能人造木材具有非常大的竞争力。通过表面纳米化对生物质颗粒进行改性之后制备的高性能无黏结剂新型各向同性仿生木材各方向上具有相同的力学强度，且超越了实木材和传统人造板。这种新型人造木材自下而上的制备方式使其在尺寸上将不受限制，可以克服大块实木材料的稀缺性，大大拓宽了这类木质材料的应用范围。另外，其还表现出优异的阻燃性和防水性。作为一种全生物基的环保材料，新型人造木材不仅不含任何黏结剂，还具有远超树脂基材料和传统塑料的力学性能，因此具有非常广泛的应用前景。此外，这种由纳米纤维构成的网络也为制备木基纳米复合材料提供了一种新途径。通过将功能化基元加入其中，还可以获得防火和导电智能人造木材，它可以实现传感、自发热以及电磁屏蔽等多种应用。

团队 TEAM

孙文彬,项目负责人,中国科学技术大学化学与材料科学学院研究生,主要研究方向是生物质基仿生材料的制备。曾获得第九届安徽省挑战杯项目金奖;天津市大学生创新创业训练计划一等奖;2019年美国大学生数学竞赛H奖、数学竞赛校级一等奖。

韩子盟,中国科学技术大学化学与材料科学学院博士研究生。以共同第一作者身份在《National Science Review》《Science Advances》《Nano Letters》等国际顶级期刊上发表多篇SCI论文。

尹崇翰,微尺度国家研究中心博士研究生。

李德涵,中国科学技术大学先进技术研究院硕士研究生。

刘兆祥,中国科学技术大学化学与材料科学学院研究生。

邵振潮,中国科学技术大学硕士研究生。

李方川,合肥微尺度物质科学国家研究中心硕士研究生。

高盐废水膜法资源化
独家方案提供商

  本项目团队长期致力于离子交换膜的研究与开发,目前对于普通阴阳离子交换膜、单价选择性阴离子交换膜、双极膜的研究已经处于国际前列,同时可以对不同种类的膜进行工业化的生产,各类膜片的性能处于业界前列。

  基于对行业长期的技术积累,团队开发的一类新型双极膜电渗析膜组件,不仅实现了废水的零排放,还解决了当前对高盐废水处理产生危废混盐的问题;不仅对危废混盐进行了处理,还将危废混盐进行了资源化,产生了纯度极高的酸、碱,达到了工业使用纯度的标准,可以作为工业生产所需酸碱的代替。在降低生产成本的同时,企业无需额外再购置此类原材料,也减少了对于危废物质处理所需花费的大量资金,形成了完美的闭环,一次性解决了多个问题。

背景 BACKGROUND

近年来,随着水资源的日益短缺,废水(尤其高盐废水)的回收利用日益受到重视。其中工业高盐废水便是一上世界性的难题,在我国,每年产生的高盐废水超过3亿立方米,产生数量在总废水中达5％,每年仍以2％的速率增长。由此副产的高盐危废超过千万吨,其中大部分没有得到合理处置,给生态环境带来巨大压力。在当前环境保护的急迫需求及政策的支持下,实现高盐废水"零排放"已经成为该类产业发展的自身需求和外在要求。

在当前全国各地针对工业企业没有实现废水达标的情况,开展剩余污染源和不合格污染治理设施的达标治理工作的形势下,促使高盐废水资源化及零排放技术研发的迅猛发展成为必然,未来产品应用范围广泛。

产品 PRODUCT

项目相关技术人员均来自于中国科学技术大学功能膜研究室,依托此平台,自主设计了一个完整的电由阴离子交换膜(AEM)、阳离子交换膜(CEM)、单价选择性阴离子交换膜(MSAEM)及双极膜(BPM)构成的电渗析体系。

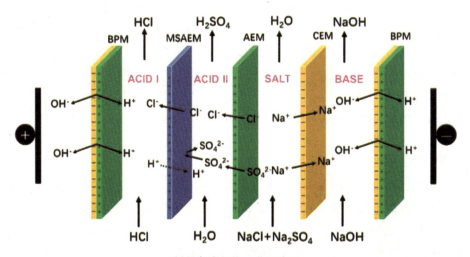

新型电渗析堆工艺示意图

根据不同行业产生的高盐废水的不同离子特点,还可以根据其离子成分特点,通过改变离子交换膜的组装位置、调整离子交换膜的交换特性、使用特种性能的离子交换膜等方法来实现对具体问题的个性化电渗析设备的制造,以达到对不同行业废水的高效处理。

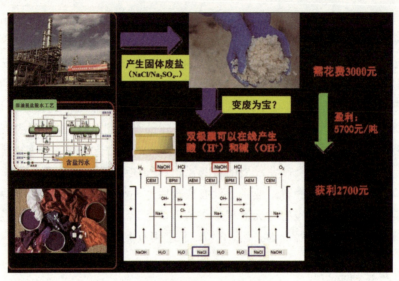

双极膜用于废盐资源化示意图

技术 CORE-TECH

依托稳定且深厚的技术来源,团队目前对于普通阴阳离子交换膜、单价选择性阴离子交换膜、双极膜的研究已经处于国际前列,同时对普通阴阳离子交换膜、双极膜已经可以进行大批量的工业化生产,产出的膜性能也处于国内行业领先水平。在批量化进行各类膜生产的条件下,关注到当前我国关于污水处理的痛点及迫切需求,团队也进行了相关膜组件的研究,其中便包括高盐废水处理领域的膜组件的相关研究——双极膜电渗析膜组件。

市场 MARKET

随着国内对工业环保和生产节能的重视度提高,离子交换膜和电渗析的市场规模和容量远大于目前的产能,根据前瞻产业研究院统计的数据,国内膜产业总产值(膜制品、膜组件、膜附属设备及相关工程的总值)大幅提升,由 2009 年的 227 亿元增长至 2017 年的 1900 亿元;2019 年,膜产业总产值预计达到 2700 亿元,其中离子交换膜产值为 220 亿元。随着水资源控制和水权交易政策的不断出台,以及水污染防治的不断深化,膜产业高速增长仍可期,预计到 2024 年,膜产业总值将达到 3630 亿元。

竞争 COMPETITOR

离子交换膜因其对离子的选择透过性,可以进行离子的分离分级,这在清洁生产、环境保护、能量转化和组成等方面发挥重要作用,特别适合于现代工业对节能、低品位原材料再利用和消除环境污染的需要,成为实现经济可持续发展战略的重要组成部分。双极膜细分市场在整个膜市场应用领域专一,且具有难以替代性,在目前受到广泛关注的零排放和资源回收领域具有极大优势。

本项目的另一个巨大优势是膜组件的成本极低,团队从膜片的生产到膜组件的生产都由自己来完成,且膜片性能处于行业领先地位,这样大大节省了膜组件所需膜片的成本,生产膜片所需的原材料成本和生产成本即所需膜片的成本,实现了"从 0 到 1"的全部生产过程自主掌控,使得膜组件产品有极大的利润空间。

案例 CASE

双极膜电渗析处理火电厂脱硫废水:以安徽某电厂双极膜电渗析处理脱硫废水为例,向盐室通入硫酸钠盐溶液,向酸室和碱室通入去离子水,在直流电场的作用下,双极膜电渗析的盐室中的硫酸钠不断被转化,双极膜电渗析的酸室和碱室中可分别得到硫酸和氢氧化钠产品。处理量为硫酸钠 24 kg/h,产酸产碱浓度可达到 8% 以上,电流效率大于 60%,运行能耗以产碱量计算约为 2000 kWh/t,具有明显的经济效益。

安徽某电厂双极膜电渗析处理脱硫废水现场图

IP INTELLECTUAL PROPERTY

基于对双极膜的相关研究成果,已获授权专利 11 项;基于对单价选择性离子交换膜的相关研究成果,已获授权专利 5 项;基于对普通阴阳离子交换膜及相关电渗析装置的研究成果,已获授权专利 8 项。

团队 TEAM

团队的研发队伍核心成员均来自中国科学技术大学功能膜研究室,对膜科学有大量的知识积累,同时对本行业相关技术的研究积累了丰富的经验,能够为团队的技术创新和平时的生产制造提供保障。财务、管理人员均来自国内"双一流"高校,有丰富的专业知识和相关经验。

工程化量子计算机软硬件解决方案

合肥本源量子计算科技有限责任公司(简称"本源量子"),2017年成立于合肥市高新区,是国内量子计算龙头企业,团队技术起源于中国科学院量子信息重点实验室。重点打造自主可控工程化量子计算机,面向生物医药、材料化工、金融工程、航空航天、大数据等多行业领域,提供全栈式量子计算尖端技术,驱动量子计算算力引擎,赋能量子计算上下游生产制造链、量子计算生态应用链、量子计算教育科普链各行业深度应用,积极推动量子计算产业落地。

背景 BACKGROUND

在即将到来的量子计算时代,算力即国力。在我国,量子科技产业获政策持续支持,已上升为国家战略。早在 2006 年发布的《国家中长期科学和技术发展规划纲要(2006—2020 年)》中,就已提出"重点研究量子通信的载体和调控原理及方法,量子计算,电荷-自旋-相位-轨道等关联规律以及新的量子调控方法"。2020 年,中共中央政治局就量子科技研究和应用前景进行第二十四次集体学习,习近平总书记提出"要充分认识推动量子科技发展的重要性和紧迫性,加强量子科技发展战略谋划和系统布局,把握大趋势,下好先手棋"。

在量子信息科学研究中,国内高校与科研院所在部分领域和方向上的确有优势,但在量子计算产业化与工程实现环节上,与国际先进水平还有差距,尤其缺乏行业性和工程技术人才。本源量子的成立,要为中国培养一批专精的量子计算工程师队伍,为国内量子计算领域的硕博人才创造一个施展才能的平台。

本源量子成立于 2017 年,由中国科学院量子信息重点实验室固态量子计算研究组孵化而来,课题组先后承担了多项多家重大项目,包括 973 国家重点基础研究发展计划项目(A 类)"固态量子芯片"项目和"半导体量子芯片研制"项目,在量子计算领域有着十多年的研发积累。

团队创立之初,就肩负着国家使命与个人理想情怀,致力于打造国产自主可控的实用化量子计算机,做大做强中国的量子计算产业,实现科技报国的理想。

产品 PRODUCT

本源量子是中国第一家专注于量子计算技术的商业公司,并且打造从芯片、测控、硬件、软件为一体的全栈式解决方案。

目前产品线主要分为四大模块:

(1) 核心知识产权 IP 授权:拥有 170 多项专利,60 多项软件著作权,130 多件商标,可授权芯片制造商、仪器仪表商、软件服务商等。

(2) 量子计算机(及零配件)制造、销售、服务:业务涵盖量子芯片、量子测控系统、量子云服务器、量子虚拟机系统。

(3) 量子云计算服务:如量子计算+化学,分子、原子模拟;量子计算+人工智能,数字识别、偏好预测;量子计算+航空航天,计算流体力学模拟;量子计算+金融,优化投资等。

（4）量子技术培训与教育业务：出版教材《量子计算与编程入门》，打造科普教育基地、全物理体系学习机、本源溯知教育平台等。

本源量子产品实物图

技术 CORE-TECH

本源量子是国内唯一一家专注于量子计算领域的企业，也是国内从事量子计算领域唯一一家可销售真实量子计算机及配套服务方案的企业。本源量子正努力将科研成果转化为推动社会进步的科技力量，开创国内量子计算新时代。

本源量子拥有量子计算领域全栈技术方案：量子芯片、量子计算机、量子软件、量子云、量子操作系统等尖端理论、硬件设计制造、算法设计和软件编写的全栈能力。目前本源量子已申请量子计算领域专利和软件著作权等知识产权400余项，为国内第一、国际领先。

市场 MARKET

高盛预测量子计算市场在未来5年内量子计算产业估值将达290亿美元。由于量子计算的超强算力，将运用在各类场景，比如海洋探测、轮船制造、生物医疗、军事制备等，未来发展市场广阔。

本源量子在2018年发起成立中国量子计算产业联盟，携手合作伙伴共同致力于量子计算开发，探索量子计算应用落地，实现利益共享、合作共赢，合力推进量子计算产业发展。目前主要客户涵盖产业联盟成员。

竞争 COMPETITOR

量子科技是新一轮科技革命和产业变革的必争领域之一。近年来,美国、欧盟成员国、英国、日本等主要国家和地区高度重视量子科技发展,通过出台政策文件、成立研究机构、支持量子科技研究等方式,加大对量子科技的规划布局和支持力度。

北京、上海、广州、深圳等地区纷纷出台促进量子信息技术及其产业发展的措施,华为、百度、阿里巴巴和腾讯等大型公司也纷纷设立各自的量子计算研发部门,安徽省在量子信息技术领域的人才和技术积累保持明显的优势。依托中国科学技术大学多支国际顶尖的量子信息技术团队,中国第一批量子通信产业公司,中国第一家量子计算公司,中国半数以上的量子信息领域研究人员,都是从江淮大地上生根发芽的。

团队 TEAM

团队核心成员全部为中国科学技术大学、中国科学院量子信息重点实验室博士。同时,随着团队不断发展,多位来自中国科学技术大学、北京大学、中国科学院、武汉大学、荷兰代尔夫特理工大学等全球顶尖高校与科研机构的技术骨干加入团队。

目前项目核心团队共7人。首席科技顾问、联合创始人为中国量子科学开创者和奠基人,中国科学院院士,973项目首席科学家郭光灿教授。首席科学家、创始人为973项目首席科学家,国家杰出青年基金获得者,万人计划领军人才,长江教授青年学者郭国平教授。总经理、法人代表张辉博士,全面统筹公司战略研发、项目规划等研发管理工作,在量子计算、量子模拟等方向取得系列重要成果。

专家顾问团队则由曹刚、韩永建、李海欧、张昱等中国科学技术大学量子领域专业博士生导师、研究员担任。

融资 FINANCING

本公司即将启动 B 轮融资计划,投前估值 60 亿元,拟引入风险投资 10 亿元。资金用途为:① 设立分支机构,在全国范围内落地产业链关键环节;② 对标 IMEC,打造国产量子芯片中试线,建设量子芯片研发与制造中心。

工业流体过程测量
油气井口混相计量智能装备

本项目以一个统一的数据智能分析控制平台为中心,结合包括人工智能、大数据、云计算等技术,通过分析海量的数据实时地在全资产范围内完成资源的合理调配、生产优化运行、故障判断、风险预警等,最终实现全部油田资产的智能化开发运营。这一切都需要依赖于对每一口油气井的实时连续在线流量计量数据,即油气井口的多参数"智能手环"(油气井口流量传感器/数据源)普遍的规模化应用。

洋湃科技
SEA PIONEERS TECH

背景 BACKGROUND

油气混相计量,特别是在极高含气条件下的油气水三相和有"固相"参与的混相计量,长期以来被公认为世界性技术难题,尤其是深水高端装备研发,更是一项技术难度大、投入高、周期长的领域。

2020年,国家能源局组织召开提升油气勘探开发力度工作推进会,要把大力提升勘探开发力度精神贯彻到"十四五"能源发展规划中,着力突破油气勘探开发系列关键技术,加快已探明未动用储量的动用,加大非常规油气资源开发利用力度。油气勘探开发技术亟待科技创新发展,通过科技创新带动产业升级。

产品 PRODUCT

本项目产品通过海底油气井口混相流量光量子成像智能感知手段,实时在线远程监测、分析、诊断每一口油气井的生产状态,对海量数据进行分析和挖掘,提升生产优化、油气藏管理水平,实现科学决策和油气智能生产,加快"智能油气"建设,最终实现提升油气采收率和油企核心竞争力的目标。

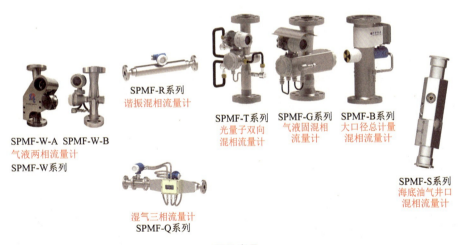

项目产品

技术 CORE-TECH

领先的主流射线测量多相计量技术,系行业内首创,具体包括:混相流体中的固相计量;光量子能谱滤波技术;复眼技术-光量子半导体阵列探;AI算法实现混相在线实流标定。

竞争 COMPETITOR

本项目产品测量精度控制在3%~5%,平均高于同行业50%以上;产品量程覆盖0~100%,完全满足多种工作环境和场合需要;洋湃科技产品半年标定;洋湃科技产品使投资成本降低30%~50%。

多相流量计量与国际主要竞争产品精度对比

公司名称	技术特色	气相精度(F.S.)	液相精度(F.S.)
FMC/MPM	射线+文丘里+高频电波层析	±5%	±5%
Weatherford/VSRD	超声/声呐技术+文丘里	±5%	±10%
艾默生/Roxar	射线+文丘里/内锥流量计+微波+电学层析	±5%	±5%
斯伦贝谢/OneSubsea	X射线+文丘里	±5%	±10%
兰州海默	伽马射线+文丘里	±5%	±5%
洋湃科技	光量子全截面测量技术+节流元件基于质量计量	±3.5%	±3.5%

说明:洋湃科技产品的精度有力地证明了产品的绝对优势,精确测量对油气井生产管理过程中的降本增效、提升油藏管理水平都有显著帮助。

IP INTELLECTUAL PROPERTY

获得中国发明专利授权2件,美国发明2件;获得国家实用新型专利授权19件;已受理的国内国外发明专利有26件。

团队 TEAM

陈继革,董事长/BOD,中国科学技术大学核技术应用专业学士,美国伊利诺伊理工大学计算机科学硕士,比利时联合商学院工商管理博士,上市公司海默科技联合创始人,曾任海默科技执行董事、技术副总裁。有25年工业流体多相计量产品创新开发经验,作为技术、产品发明人申报近百件专利,油气井口多相流量计量技术总负责。

徐斌,首席技术官/CTO,中国科学技术大学毕业,曾就职于中国科学院从事工业在线辐射测量技术系统开发,曾任海默科技研发中心技术总监,新型光量子全能谱半导体阵列探测器系统研发负责人。

王云,总经理/GM,美国管理技术大学项目管理MBA,多年外企及国有制造企业财务管理经验,精于预算及资金管理、成本控制、纳税、法务事宜等。

融资 FINANCING

预计到2023年,公司销售金额达到6000万~8000万元,净利润1500万元或以上,其中海外市场销售达到30%;启动A+或B轮融资,融资需求5000万元(释放10%~15%股权)。

预计到2024年,生产基地全面投入使用,公司销售金额达到1亿~1.5亿元,净利润3000万元或以上,并启动IPO上市计划,完成股改和IPO材料申报工作。

光量子器件产业化

羲和量子
XIHE QUANTUM

本项目产业涵盖定制化的整套专用光量子计算机,以及用于量子信息生产和基础研究的关键器件。本项目属于量子计算领域,在产业链中属于算法和软件应用环节。应用的场景包括量子化学、药物发现、新材料研究、量化金融等需要大量计算的领域,产业链上游主要是生产量子计算机硬件和系统的厂家,下游客户包括高等院校、科研院所、超算中心以及各类有计算需求的大型企事业单位。

背景 BACKGROUND

量子计算是量子力学与计算机科学相结合的一种通过遵循量子力学规律、调控量子信息单元进行计算的新型计算方式。它以量子比特为基本单元,具有量子叠加、纠缠的特性。通过量子态的受控演化,量子计算能够实现信息编码和计算存储,具有经典计算技术无法比拟的巨大信息携带量和超强并行计算处理能力。量子计算技术及其应用的极高战略价值已得到权威机构和行业专家的认可,结合人工智能、大数据分析、区块链等高新技术,量子计算有望为当前智能制造、金融分析、新材料研发、生物医疗、物联网等领域的商业格局带来革命性转变。

20世纪初,科学家利用、控制宏观量子行为,开启了"第一次量子革命",以半导体、激光、超导等为代表的重要信息技术相继问世,促使材料、医学、化工等领域取得跨越式进展,人类社会生产力水平进入新层次。进入21世纪,操控量子行为已进入微观物理体系,结合计算机科学原理,实现信息获取、处理和传输的量子信息技术开启了"第二次量子革命"的大门。

虽然量子计算仍在突破重要技术关卡,全面商用化尚待时日,但全球科技领先强国及组织早已将量子计算列入科技进步重点清单,21世纪初,其产业化布局业已展开。与国际主流趋势基本一致,我国的量子信息与量子计算国家级支持政策也已陆续出台。

产品 PRODUCT

羲和量子以生产出通用型光学量子计算机为最终目标,计划初期面向市场推出确定性量子光源、初代专用型光量子计算机及高品质半导体器件定制三款产品。

目前,该项目生产的确定性固态量子光源产品拥有国际一流的技术指标,在单光子纯度、全同性、亮度等关键性能指标中均达到国际一流水准。此外,该确定性固态纠缠光子源,更是目前全球唯一已在光学量子计算上获得应用的光源。

基于在半导体器件加工、光学表征测试方面丰富的技术积累,羲和量子还可为客户提供需求导向的定制化解决方案。针对用户的特定需求,为其从设计器件结构和后端光路出发,直至用户得到符合设计指标的解决方案为止。客户只需把握需求和项目进度,就可以直接得到一揽子量子光学解决方案。

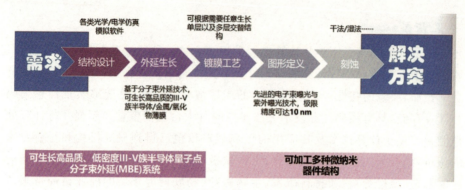

需求导向的定制化解决方案（半导体）

技术 CORE-TECH

量子计算的应用涉及四个环节：量子芯片与硬件、软件和系统层面、算法设计层面和行业领域应用层面。这四个环节目前都存在一定的困难：① 硬件和算法目前尚处于发展的初期，需要不断投入扩大其产出和应用能力；② 在软硬件和算法环节，都需要量子计算领域物理学家的智力投入，但目前这部分的人才储备和匹配应用需求所需要的数量相比存在巨大缺口；③ 即使找到了这四个环节分别所需的人力资源，要将这四部分有机地连成一体，依然需要艰苦且创造性的工作。上述原因导致现有的量子计算领域的产出，没法匹配其他各领域对它的需求，而美国的技术禁运更加剧了这一供需缺口。

本团队致力于提供"算法-软件-算力"一体的产品和行业解决方案的产品，将从两个方面去缓解矛盾：① 着眼于填补国内算法和软件应用环节空缺；② 将目前孤立的四个产业环节连接起来。研发的产品一方面能大幅度降低从经典到量子的过程所带来的替换成本，另一方面则在应用研究方向开拓了整个行业的疆土。

通过与中国科学技术大学相关科研团队合作，羲和量子掌握了从薄膜生长、半导体微纳加工到脉冲共振激发等光学测量表征技术，具有完全的自主知识产权，并无"技术封锁"或"卡脖子"的风险。羲和量子将不断与国内外各大研究小组进行更深入的合作与交流，推动量子信息上下游产业更快发展。

市场 MARKET

国家"十四五"规划纲要指出，要将量子信息作为一种国家战略科技力量来发展。根据权威预测，量子计算产业终端用户消费市场规模将在 2027 年达到 70 亿美元，覆盖领域包含能源、交通、健康护理、商务管理、银行金融服务、制药产业、信息技术产业、航空航天、研发等众多领域。

羲和量子面向市场，初期计划推出确定性量子光源、初代专用型光量子计算机以及高品质半导体器件定制三款产品，主要定位于为高校、科研院所和部分高新企业的创新部门提供解决方案和技术支持，产品涵盖定制化的整套专用光量子计算机，以及用于量子信息生产和基础研究的关键器件。这一市场涵盖国内外数十家科研团队、重点高校实验教学用途以及地方科普展示用途。目前，羲和量子已与 42 个科研团队建立合作关系，并获得多个量子光源/量子光学解决方案订单，正在稳步开拓市场中。

目标市场预计将随着第二代专用型集成化光量子计算机的发布极大拓展，在此代产品上，将不再拘泥于演示量子优越性，而是尝试在药物设计（生物医药）和道路交通优化（大型企业、政府机构）等问题上利用其解决实际问题，采用"租借算力"与"付费购买"两种模式，市场将远超第一阶段。

团队 TEAM

羲和量子公司创业团队现有成员 6 人（硕士生 2 名，博士生 4 名），指导教师 3 人。成员均来自中国科学技术大学。

赵军一，团队负责人，中国科学技术大学合肥微尺度物质科学国家研究中心量子信息物理学 2021 级博士研究生。

刘润泽，中国科学技术大学合肥微尺度物质科学国家研究中心 2019 级博士研究生，研究方向为基于分子束外延生长的高品质量子点量子光源的研究，在团队内主要负责材料生长和光学表征。

葛臻璇，中国科学技术大学物理学院 2020 级博士研究生，研究方向为微纳米光学结构制作与测试、光场结构仿真。

乔禹锟，中国科学技术大学物理学院 2020 级博士研究生，研究方向为基于量子点的确定性高品质量子光源，在团队中主要负责量子光源光学表征平台的搭建与维护。

规模化制备高灵敏度压力传感器

当前物联网发展的趋势是轻量化、可穿戴与智能化,这对压力传感器产生了新的需求。传统压力传感器由金属构成,体积大且无法贴合复杂表面,制约了其应用场景。灵敏科技通过冷冻挤出工艺,制备了具有取向结构的柔性石墨烯气凝胶作为传感材料,并进行电子封装得到产品。核心技术是传感材料的设计,其压缩强度与无序结构相比提升了8倍。通过挤出头的设计,达到材料面积、厚度自主可控,可多场景应用。作为柔性材料,它轻薄可弯折,可在复杂表面紧密贴合。另外,基于传感材料的先进性,产品在灵敏度方面也达到了国际先进水平。这一款柔性压力传感器,可做到超高柔性无缝贴合、微小应力稳定响应、复杂表面点阵分布。

项目团队2021年在苏州工业园区建立苏州灵感科技有限公司。以打造"高灵敏、低成本、规模化的柔性传感器系统"为企业核心初衷,致力于将企业打造成一所拥有独立自主知识产权,以现代化高新技术开发和应用为核心业务的,集设计、开发、制造与销售服务于一体的民营企业,力求成为中国传感器制造行业领军企业。

背景 BACKGROUND

压力传感器是科技发展和社会生产中最常用的一种传感器。传统压力传感器由于机械刚性结构且不能满足大形变的缺陷，难以适应时代发展的需求，应用领域受限。在许多实际应用中往往要把传感器集成到一些特定的不规则复杂的表面，这就需要可以适应复杂表面的柔性压力传感器。新型的柔性压力传感器具有轻薄、柔韧、可测量复杂曲面等性质，并且能够与被测物同时伸缩形变，能够实时、准确地检测映射变化信号有效值。目前柔性传感器主要集中在医疗、交通、消费电子、工业生产等领域，近几年随着柔性传感器的技术不断发展，其应用范围逐渐拓宽，相关市场不断扩大，总体供不应求。但是目前市场上市售的柔性压力传感器普遍存在灵敏度低、分辨率低、量程小等缺点。因此，一个同时满足高灵敏度、量程范围大、低检测极限、制造周期短、成本低的传感系统，是当前以及未来市场的迫切需求。本团队研发的高灵敏度柔性压力传感器分辨率高、量程较宽以及精度较高，在医疗器械、消费电子以及智能产品等领域应用前景广阔。

产品 PRODUCT

本项目通过研制取向结构石墨烯气凝胶，制备了高性能柔性压力传感器。利用剪切应力制备的取向结构石墨烯气凝胶横向力学性能优异，从而提高了使用寿命；层层挤出方式有助快速成型缩短工时；石墨烯材料超高的电导率降低产品功耗，提升了传感器的灵敏度。通过优化生产和施工工艺，尽可能降低成本，缩短生产周期，同时保持着较高的性能，具有广阔的前景。

技术 CORE-TECH

本团队掌握着新型柔性压力传感器的核心技术。产品和生产技术已获国家专利；产品制备方法及生产工艺技术难度较高；同时采用"个性化的技术服务"，能够避免核心技术的流失。本产品技术壁垒较高，在全国范围内具有技术先进性、行业垄断性和市场独占性等优势。

团队受到氧化石墨烯液晶（GOLCs）流变性能的启发，设计了衣架式挤出模具并且用一步法制备了尺寸可控且长程有序的GOLCs，通过冷冻干燥以及还原反应制备了有取向结构的石墨烯气凝胶。这种有取向结构的石墨烯气凝胶有着高比表面积、优良的电导率，质量轻，有机械刚性且抗超高压力，同时具有较高的电导率和较好的力学性能，作为压力传感器的传感材料给压力传感器带来了更低的功耗以及更好的耐久性。

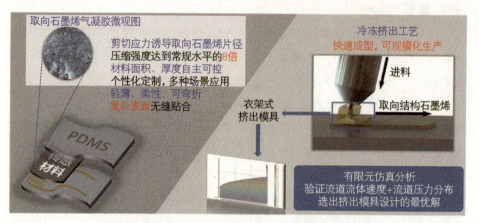

首创使用衣架式挤出模具制备高性能柔性压力传感器

市场 MARKET

根据对目前市场的调查,性能优异的柔性传感器材料成为新趋势。目前柔性传感器主要集中在医疗、交通、消费电子、工业生产等领域,近几年随着柔性传感器的技术不断发展,应用范围逐渐拓宽,下游行业发展需求显著推动了行业市场规模增长。据《2019—2025 年中国柔性传感器市场运行态势及战略咨询研究报告》,2017 年我国柔性传感器市场规模达到了 6.64 亿元,2018 年增长至 8.24 亿元。

随着国家一系列政策法规的提出,国内医疗器械市场进一步发展和完善,用于医疗器械的柔性传感器拥有巨大的发展潜力和广阔的市场前景。本项目产品在传统压力传感器基础上取得了新突破,能够实现高灵敏度、宽量程、高精度、低误差等优异性能的协同功效,能够引领用于医疗器械的柔性传感器行业的发展方向,具有广阔前景。医疗器械行业是本项目的主要目标客户。

竞争 COMPETITOR

与市面上主流同类产品进行对比,此产品在灵敏度、测量量程与成本方面均具有较大优势,产品的灵敏度达到国内已有产品的 10 倍水平,分辨率达到 0.1 kPa,而且价格合理,极具竞争优势。本产品的主要应用场景是压力分布测试,可应用于医疗器械、柔性电子器件等领域。

IP INTELLECTUAL PROPERTY

已申请国家发明专利 1 项,发表 SCI 论文 2 篇。

团队 TEAM

灵感科技创业团队共 4 人,均为中国科学技术大学硕士研究生。

花天翔,团队负责人,中国科学技术大学化学工程专业硕士研究生,主要从事取向石墨烯气凝胶研发与工艺。参与多项中国科学院重点项目研发,也是本项目论文与专利主要参与者。

秦景,材料研发工程师,中国科学技术大学硕士研究生,专注复合材料研发与产品性能提升,第十三届苏州青年精英创业大赛优秀创意奖获得者。

许宏愿,营销管理,中国科学技术大学硕士研究生,曾获 2018 湖北创青春双创竞赛省级银奖、2018 挑战杯国家银奖、第四届中国"互联网+"湖北省级银奖。

吴其鑫,硬件开发工程师,中国科学技术大学微电子与固体电子学硕士研究生,第十一届恩智浦杯智能车竞赛二等奖,本项目论文与专利第一作者。

融资 FINANCING

公司初步估值 850 万元,已获得中国科学技术大学双创基金投资以及苏州青年精英创业大赛资金支持。

云边协同建筑行业数字化管理平台服务项目

　　海赛是一家以视觉分析为主的人工智能企业，提供领先的城市智能治理、无人化安全管理解决方案。

　　海赛自主研发了海赛智脑平台及边缘智能一体机系列产品，为垂直行业客户提供易于落地的轻量级智能中台及边缘计算产品，目前已积累了大量的行业案例及算法模型库，在边缘计算、小样本学习、场景自学习、时空域分析、异构混频大数据等方面在业内居于技术领先地位；与中国科学技术大学、北京大数据研究院开展深度产学研合作，保持技术不断迭代进步。

　　海赛始终坚持成就客户、赋能渠道的路线，与中国电信、中国移动、中国联通、航天科工等各类机构建立了紧密的合作伙伴关系。

背景 BACKGROUND

我国约有 50 万个施工工地,建筑从业人员 5000 余万人。建筑施工现场生产作业环境复杂,人员多工种交叉作业、协作方多,呈现出施工地点分散、施工现场管理难等特点。施工企业很难通过传统的管理方式进行科学、有效、集中式的管理。

产品 PRODUCT

海赛智慧工地结合人工智能、物联网、大数据、GIS 地图等行业,成功推出的全新建筑行业可视化、智能化、数字化一体平台,为施工单位、建设集团、监管单位提供了一套有效的管理辅助工具平台。

平台整体架构

技术 CORE-TECH

通过佩戴装载智能安全帽,实时采集位置、图像、视频信息并上传,同时进行语音安全提示和告警,在一体机实时数据整理、分析,清楚了解工人现场情况。

可实现以下智能管理:

(1) 人员出入管理。① 出入口人脸识别,抓拍人脸并记录人员进出时间和人数,当识别出不符合资质的人员会进行告警。② 闸机人脸识别自动考勤。③ 工人出入时间、实时截图、考勤方式、驻留时段一目了然。

(2) 安全穿戴监测。安全帽、反光衣检测,实时视频检测工地人员是否按照要求佩戴安全帽、穿反光衣,着装不规范告警。

(3) 基于安全帽的人员定位、数据采集。人员定位,精确显示室外(GPS/北斗)、室内(信标＋NBIOT)的实时在线人数及实时位置分布情况;人员可以分部门、分组,可以查看班组/个人的位置。

智能安全帽

(4) 车辆管理。特种车辆识别、车牌识别、车辆统计,智能识别管理进入工地的车辆,非法闯入产生告警,统计场内车辆数量、出入记录,监测特种车辆工作状态,监测车辆停车规范。

(5) 电子围栏。构建电子周界(区域入侵、危险人员闯入),实时了解监控区域的情况,一旦发生入侵行为立即发出告警。

(6) 烟火检测。针对每个摄像头的监控区域,在指定区域内监控是否有明火情况。一旦发现火情,系统将相关截图信息留档并推送给上层平台,并发出告警。

(7) 人员倒地。对人员行为或肢体状态进行分析,判断是否出现倒地情况。记录人员倒地时间,时长超过阈值告警。

市场 MARKET

智慧工地建设目标：

(1) 感知实时化。综合利用 AI、物联网和移动互联等新技术,实现对工地数据、信息、图像、视频的实时化采集、传输和感知。

(2) 服务在线化。利用便捷化的移动终端和智能设备,为工地现场人员提供及时、丰富的事务提醒、信息推送和作业支持,同时注重消除和减轻其系统使用负担和障碍。

(3) 监管透明化。基于工地实时感知,结合专业管控要求,利用现场工程视频和在线采集数据,加强职能监管的穿透力,实现直观可视、实时在线、高效透明的远程监管。

（4）分析智能化。基于大数据思维，贯通融合多源工地大数据，利用大数据技术，辅助进行智能化的异常识别、相关性分析、趋势预测。

竞争 COMPETITOR

本项目有以下特点：

（1）兼容各类摄像机。可利用已有的摄像头，快速实现实时事件分析。

（2）算法调配灵活。增加事件分析要求时，可在后台直接添加算法，不需要更换智能摄像头，而且算法可通过云端不断迭代升级，增加识别率。

（3）算力强大，支持5G。不同于端侧摄像头芯片的有限算力，边缘侧的一体机可提供强大的算力；同云端计算相比，又大大减轻了网络压力；可利用5G网络实现高速反馈控制。

（4）适应各类边缘场景。支持人员识别、特种车辆识别等多场景。

案例 CASE

吴江移动机房建设智慧工地安全管理一体机项目范围为吴江移动机房建设工地，由中亿丰建设集团承建。总建筑面积 84158.21㎡。传统的工地管理模式极大地依赖人工，在成本控制、安全管理、质量保障等关键环节产生了巨大的管理压力。

通过智慧工地云平台与现场多个智能硬件子系统互联，实现现场各类工况数据采集、存储、分析和应用，实现了工地的数字化转型升级。比如，有效识别人员倒地；指定区域内烟雾及火焰识别；安全帽定位有效监管工人行为；AI行为分析实现人防向科防的高效转变。

IP INTELLECTUAL PROPERTY

公司拥有软件著作权29项，同时获得以下资质：中国电信DICT应用生态合作伙伴；长三角G60科创走廊智慧安防产业联盟副理事长单位；江苏大数据联盟工业专业委员会副主任单位；浪潮元脑生态合作伙伴；阿里云合作伙伴/金山云战略合作伙伴；华为解决方案合作伙伴；ISO9001认证。

团队 TEAM

沈翀，总裁，中国科学技术大学少年班学院毕业，南京大学MPA；前富士通及某创业独角兽高管；负责海赛全面工作。

杨周旺，首席科学家，中国科学技术大学教授、博导，安徽应用数学中心主任；负责海赛技术方向规划和指导。

张克进,副总裁,中国科学技术大学数学系应用数学专业毕业;新加坡电信集团苏州研发中心原副总;负责海赛研发交付。

刘洪强,副总裁,南京邮电大学计算机硕士,某新三板公司原副总;负责海赛市场及技术服务。

詹正茂,首席增长官,中国科学技术大学少年班毕业,北京大学经济学博士;曾任清华大学副教授;负责海赛市场营销及业务增长。

瀚因生命：真正的一管血筛查泛癌

瀚因生命以自主研发的 cfcDNA（Cell Free Circular DNA）检测平台，解决传统 ctDNA 高背景噪音的问题，开发新一代泛癌血液早筛以及癌症
全周期血液临检产品，包含泛癌早筛、癌种确诊、伴随诊断、预后跟踪等，以 LTD 和 IVD 两种产品形态，通过医院和体检中心销售给大众和癌症患者。

该项目的技术雏形是 2013 年瞿昆教授在斯坦福大学联合开发的新测序技术。2021 年，瀚因生命团队开发世界首创 CFC 环状 DNA 检测平台，可避免体细胞 cfDNA 干扰，大大提升了癌症筛查效率和准确率（高达 95%），进一步优化技术降低成本，达到临床商用级别。

瀚因生命团队自 2020 年 5 月成立以来，致力于研发新型临床组学测序技术、生物信息算法，并结合深度学习模型，推动新一代癌症筛查、预后评估、伴随诊断等癌症全周期临床检测产品问世。目前，团队已建立合肥实验中心和杭州生信中心双平台，累计获得近千万元种子轮及政府资金支持，全力打造围绕 cfcDNA 检测的肿瘤全周期产品管线。

背景 BACKGROUND

癌症对于人类来说很可怕。仅 2020 年,中国就新增 457 万癌症患者,死亡病例高达 300 万。但癌症也可以不那么可怕,如果能在早期发现并干预治疗,其治愈率可达 90% 以上;而且目前最好的癌症治疗手段,也集中在早期发现及干预治疗上。

癌症早筛不仅能延长患者生存期,更能有效降低治疗费用,是"健康中国行动"大力推动的临床发展方向。遗憾的是,目前早期癌症发现率不足 30%,癌症早筛是一片千亿元级的蓝海市场。

目前的癌症筛查技术手段还不足以做到真正的泛癌早筛,尤其是常规的肿瘤蛋白标记物,其早期性和泛用性都很受限。瀚因生命通过瞿昆教授实验室开发的新型多组学测序技术,通过一管血真正实现高准确率的癌症早筛。

产品 PRODUCT

瀚因生命产品线主要分布在泛癌早筛、癌症伴随诊断、生物信息分析云平台、健康管理四大模块中。

最新研发的医疗器械和相关检测试剂盒,可广泛用于全国各大医院和体检中心的"泛癌种无创早期筛查"和"癌症伴随诊断精准用药指导",是未来精准医疗诊疗体系的新方向。

团队希望能用 cfcDNA 检测技术平台,全面取代 ctDNA 各类检测,真正做到一管血筛查泛癌,让癌症筛查像新冠检测一样简单高效。

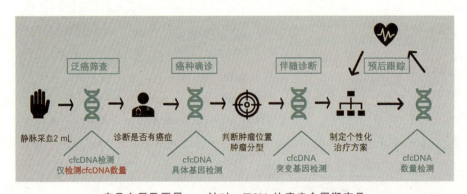

产品布局及愿景——针对 ctfDNA 的癌症全周期产品

技术 CORE-TECH

瀚因生命作为新一代癌症早筛公司,具备很多技术优势和先发壁垒。

cfcDNA是肿瘤基因组的特有结构，体细胞噪音极低。瀚因生命拥有世界首个cfcDNA血检技术开发、世界首个cfcDNA回顾性实验和世界首个cfcDNA前瞻性实验。

2021年1月，瀚因生命首先在1435例泛癌的数据库样本回顾性数据中，验证了检测技术的有效性，准确率达到90%以上。

2021年5月开始，瀚因生命正式开展多癌种多中心前瞻性临床实验，累计收集各类临床样本500多例，包括常见多发的肺癌、卵巢癌、乳腺癌、胃癌、直肠癌、淋巴癌等，前瞻性临床结果筛查准确率达到95%。根据临床信息，在肿瘤早期（Ⅰ期，Ⅱ期）中均有很好检测效果。

领先的技术，独有的AI算法，衍生出的检测靶点和完整数据库，是瀚因生命的核心优势，目前已完成技术方案的完整专利布局。

与全球范围内其他新型的癌症早筛技术相比，瀚因生命的技术产品无论是从成本上，还是从可检测的癌种、准确率上都全面领先。

市场 MARKET

目前市场上常见的癌症早筛产品，主要是传统癌症筛查（12项）和ctDNA检测技术。

传统癌症筛查的检测靶标是血液蛋白标记物，市场价在1500～2000元，其检测结果早期性、泛用性受限，敏感性小于60%，偏低。ctDNA检测的检测靶标是血液游离ctDNA，单项检测的市场价格也在千元以上，检出率在51.5%左右。

而瀚因生命正在研发与推广的cfcDNA检测技术，检测靶标是血液游离肿瘤特殊DNA，能够大大提升癌症早筛效率，采血更少，准确率更高，根据目前瀚因生命前瞻性研究数据，敏感性可高达95%，并且检测成本更低，大大降低了患者的经济压力。

IP INTELLECTUAL PROPERTY

2021年，瀚因生命团队世界首创cfc-Seq，优化测序平台，降低成本，达到临床商用级别。

团队 TEAM

瞿昆，项目创始人兼首席科学家，曾任斯坦福大学医学院生物信息中心主任，中国科学技术大学教授、博士生导师，国家杰出青年基金获得者。

方靖文，CEO，中国科学技术大学生物信息专业博士，曾任新格元生物科技有限公司 BD 经理。

郭闯,研发 VP,中国科学技术大学免疫学博士,副研究员,曾任珠海恺瑞生物科技有限公司 CTO。

胡乐,市场 VP,中国科学技术大学学士,北京大学硕士,曾任先声药业南中国区总监。

杨颂,运营 VP,中国科学技术大学学士,浙江大学 MBA,曾任世界 500 强外企项目经理。

融资 FINANCING

公司天使轮融资需求 3000 万元,主要用于:临检所建设及投产;完成 2000 例 IIT 前瞻性临床研究;泛癌筛查 IND 受理;LDT 产品小范围(市级)推广。

环境大数据 AI 智能系统

项目基于量子技术研制新一代大气环境监测量子激光雷达,致力于为大气环境污染监测提供强有力的数据与技术支撑,新一代大气环境监测量子激光雷达设备支持立体监测,可满足高灵敏、高分辨时空分布、多组分排放、跨区域传输、过程演变等方面的监测需求,产品可广泛应用于农业、工业、石油、海洋等众多领域。

项目团队持续专注于环境污染监测领域,产品广泛应用于大气复合污染(灰霾)立体监测、气象监测研究、海洋气候环境监测研究、城市颗粒物分布监测研究、大气污染预警等。

背景 BACKGROUND

当前我国生态环境正面临着全方位、立体化、复杂化的大气污染问题。中国科学家计划集合地基、机载及星载遥感等重大基础设施,对大气污染物进行高精度、高时空分辨率、全方位立体监测,为全面掌握大气污染状况和环境管理提供强有力的技术支撑,应该尽快发展大气立体探测技术,来满足科学研究中高灵敏、高分辨时空分布、多组分排放、跨区域传输、过程演变等方面的监测需求。伴随社会经济的快速发展,大气环境污染问题日益严峻,导致本应在不同阶段出现的环境问题在短期内集中体现和爆发出来,各种污染物相互耦合叠加,并逐渐呈现区域性和复合型污染的新特点。面对我国严峻的环境污染问题,采用先进的环境监测技术,以科学的方法、准确的数据表征我国当前环境质量现状和变化趋势,及时跟踪污染源变化,实现环境质量预报和预警是必然的选择。

环境科学监测仪器仪表是环保源头信息传输的依据,又是环境质量评价、监控和环境科学治理的必要手段,同时环保仪器仪表也是实现环保装备机电一体化、提升污染治理设备自动化水平的重要环节。随着环保方面法律法规的相继推出,环保执法力度将继续增大,在环保方面的投资也将持续增加,国家正在运用政策和市场双轮驱动行业发展,未来两年行业将加速发展,此次加大投资力度,扩大内需就将带来巨大的发展机会。

面对我国当前复杂的大气环境污染问题,对新型大气环境监测系统提出了更高要求,高精度、高时空分辨率、全方位立体监测必将成为大气环境监测新的发展方向。

产品 PRODUCT

项目将物联网技术、AI机器视觉技术、大气环境遥感监测技术与大数据技术相结合,开发了可视化精准溯源与管控系统,利用自主研发的 RaySound 系列激光雷达、大气气溶胶廓线探测激光雷达、大气水汽和温度廓线探测激光雷达、大气臭氧廓线探测激光雷达、大气风廓线激光雷达、便携式 VOCs 分析仪、3D 可视型激光雷达等多个系列产品及激光雷达监测网平台系统等,达到精准溯源与管控的目的,业务范围包括大气复合污染(灰霾)立体监测、气象监测研究、海洋气候环境监测研究、城市颗粒物分布监测研究、工业园区立体监测、源解析、大气污染预

大气颗粒物监测激光雷达

报预警等,涉及环境、气象、石油石化、消防、安监、质检、卫生、海关等领域。

 技术 CORE-TECH

本项目研发的环境大数据 AI 智能系统,主要探测大气污染物来源、污染物路径分布,对污染物排放、扩散及时空变化进行立体监测,满足环保监测部门对大气污染物高精度、高时空分辨率、全方位立体监测的要求。以工业园区为例,工业园区作为一种新兴产业聚集模式,近年来得到快速发展,自身存在环境污染问题,需要建立全面的大气污染监控和预警平台,掌握园区污染源实时排放情况和大气综合质量状况。针对典型工业园区监测需求建立空间三维立体大气质量监测系统,通过对污染源烟气和园区环境空气监测数据的实时采集、存储、建模、评估,为污染排放控制和突发污染事故的预测预警、污染溯源、应急响应提供关键数据和技术支持。

大气环境监测激光雷达系统由激光发射单元、接收光学单元、后继光学单元、信号探测与采集单元以及运行控制单元五个子系统组成。下图为大气探测激光雷达的基本结构示意图。

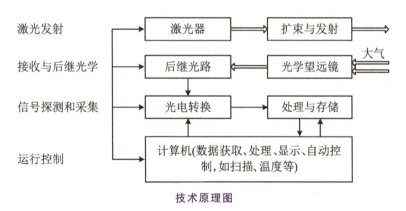

技术原理图

通过对污染源烟气和园区环境空气监测数据的实时采集、存储、建模、评估,为污染物排放控制和突发污染事故的预测预警、污染溯源、应急响应提供关键数据和技术支持。大气环境监测量子激光雷达系统通过大数据平台综合管理功能,实现各指挥中心之间、各双向可视调度点之间的视频会议,利用可视化、智能化的分析软件,深度挖掘数据潜在价值,根据可视化分析和数据挖掘结果做出预测性判断,为市级区域生态环境局科学决策提供数据支持和决策依据。

市场 MARKET

我国环境保护产业协会发布的《中国环保产业发展状况报告（2019）》显示，2019年全国环保产业营业收入约为16500亿元，较2018年增长约17.4%，其中环境服务营业收入约为9550亿元，同比增长约23.8%，环境保护产品销售收入约为7000亿元，同比增长约15.1%。

在大气污染防治领域，打赢蓝天保卫战（投资需求约为10178亿元，投资直接用于购买环保产业的产品和服务约为2530亿元）。未来三年，大气污染防治领域环保业务收入平均每年将增加843亿元。未来，环保产业仍将保持快速发展态势。

本项目开展的大气环境监测量子激光设备利用量子激光雷达遥感监测技术来组建"天地空"立体网格监测网，致力于高精度、可视化气象遥感检测，项目建成后必将拥有广阔的市场应用前景与巨大的市场需求潜力。

竞争 COMPETITOR

大气环境监测激光雷达的主要竞争对手为国外公司、无锡中科光电和北京怡孚和融。国外公司由于成本价格、国产化等方面的劣势，未来竞争主要集中在国内厂家。公司采取产品差异化战略，自主研发便携式高能高频大气环境监测激光雷达，搭建大气环境监测与管控系统平台，为环保检测与治理提供了数据支持。公司产品在价格和技术方法上具备一定的竞争优势，同时考虑便携性、机动性，适应环境监测部门机动性的需求。

案例 CASE

公司产品已获得国家气象局、中国环境科学研究院、青岛市环境保护局、安徽省环境监测站、山西太原环保局等多家环保单位意向试用，临沂市环境保护局、合肥市经济开发区环保分局、怀远县环保局等已经租赁公司设备，济源市环境监测站、永城市市政工程总公司等已经购买公司设备进行大气雾霾监测与治理，同时公司与国内多家经销商建立合作关系，初步打开了销售门路。

项目客户涵盖全国多地的环保局、监测站、科研院所等，产品技术处于行业领先地位，核心产品大气环境监测激光雷达已多次在环保监测监察中发挥重大作用，获得各地环保部门的多次表扬与感谢。

IP INTELLECTUAL PROPERTY

产品拥有核心自主知识产权，目前已经获得授权发明专利5项，实审发明专利15项,实用新型专利15项,软件著作权证书45项,软件产品证书3项,科技成果登记证书1项。已获得ISO9001质量管理体系认证、ISO14001环境管理体系认证、OHSAS18001职业健康安全管理体系认证;企业设有2个技术研发中心,研发团队有26人,汇集了光电、软件、自动化、机械、环境工程等领域的专业人才,企业技术中心下设软件开发部、产品装备试制部、产品测试部,配备了先进的检验、检测设备,为产品研发提供有力的硬件基础设施支撑。

团队 TEAM

本项目团队由具有光学、机械结构、环境气象、软件等专业的硕士、博士等组成。

曹开法,技术总工程师,中国科学院合肥物质科学研究院(中国科学院安徽光学精密机械研究所)博士,长期从事大气环境车载激光雷达、目标成像车载激光雷达和气象参数车载激光雷达的研究。

汪思保,市场总监,中国科学技术大学工商管理硕士,长期从事市场开拓工作,多年来带领团队负责国内外市场开拓管理和新材料、新设备技术开发等。

融资 FINANCING

公司2019年获得合肥市天使投资基金管理有限公司1000万元投资,2020年获得安徽省投资股份有限公司600万元投资。这充分肯定了公司的研发实力、产品竞争力以及企业未来的发展潜力。

伴随公司营业收入的快速增长和研发投入的持续增加,公司目前存在巨大的投融资需求,现有的现金流远不能满足研发试制投资对资金的需要。为推动公司快速发展,公司期望投资人以增资方式投资1000万元,本轮投资后投资人占据增资后公司总股本不超过15%的比例,引入投资者1~2家。

混合动力外骨骼下肢步行辅助系统

上海奕然康复器械有限公司(简称"奕然康复")是一家专业从事外骨骼运动康复设备的研发、生产和销售企业。奕然康复的愿景是帮助中国数百万因身患神
经系统疾病(包括脑卒中、脊髓损伤、小儿脑瘫等)而丧失行动能力的患者恢复行走能力、改善肌体功能,为提升其生活品质及最终回归社会提供有效的技术支持。

奕然康复研发的仿生机械外骨骼下肢康复运动器是一项新兴技术发展成果,它可以为脑卒中偏瘫患者提供安全、高强度的训练。这种先进的便携外骨骼设备可以减轻治疗师的负担,并且和传感器技术相配合可以持续监测患者的康复表现和进展,为中国各大康复医院/科室、社区康复中心和广大居家治疗的患者提供新型便捷的智能康复治疗方案。

背景 BACKGROUND

脑卒中由大脑血液循环障碍引发,其发病率比较高,主要发生在老年人身上。中国每年新发中风患者有250万例,造成的直接和间接经济损失超过700亿元。以脑卒中为例,患者在功能恢复初期往往存在患侧肢体肌力不足,并且出现足下垂和代偿性的异常步态。70%的中风患者会有一定程度的残疾、偏瘫或失语。出院后的治疗和康复费用每年可达3万~5万元。如果患者得不到有效的运动康复训练,致残率非常高(高达75%),主要为运动功能障碍。奕行R下肢康复运动器不但可以给患肢提供稳定支撑,还可以规范下肢步行运动轨迹,自然促进骨盆、髋、膝、踝多关节联动,矫正步态。在步态周期中,外骨骼肌腱弹性储能装置可以持续提供助动,从而大幅提高患者的行走效率,使他们在病情稳定后尽快离床,借助器械进行站立、步行康复训练,以预防并发症,最大限度恢复自理能力。

产品 PRODUCT

奕然康复开发的基于仿生学设计的外骨骼下肢康复运动系统将柔性多关节矫形器和外骨骼肌腱技术相结合,是世界领先的不需要外源动力的机械辅助行走设备。奕行R-Kickstart下肢康复运动器是纯机械结构,不需要复杂的电子控制系统,所以操作方便,使用简单,并且可以根据客户的要求定制。经过权威康复机构临床验证,该款产品可以有效改善脑卒中患者的肢体平衡,增强患侧着力,提供助动,矫正步态,从而帮助患者实现自主行走。

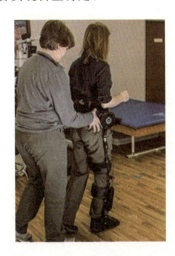

产品应用场景

目前公司的 KS120 可调节系列和 KS160 半定制系列都已经获得国家药监局的医疗器械产品和生产备案。公司的外骨骼肌腱专利技术也获得中国发明专利授权。作为一款普及型外骨骼下肢康复训练系统,此设备既可以用于临床康复中心为康复师提供更多的治疗选择,也可以用于出院后患者居家或在社区做康复训练使用。2021 年 4 月,奕行下肢康复运动器通过资质审查和专家评审,成功入选《上海市康复辅具社区租赁服务(试点)产品目录(2021 版)》。

技术 CORE-TECH

奕行 R 下肢康复运动器主要由腰部固定、柔性外骨骼支架和外骨骼肌腱 Exotendon-R 组成。核心外骨骼肌腱专利技术作用机制的灵感来自马后肢的解剖特征,作用类似于人工肌腱,在步态周期的站立期储存弹性势能并提供支撑与控制,在摆动相释放能量并提供助力,从而帮助患者提高行走效率。

市场 MARKET

据第六次人口普查数据估算,2018 年我国约有 194 万人死于脑卒中,脑卒中是我国成年人致死、致残的首位病因,首次发病年龄构成中 40～64 岁年龄段占比超过 66.6%。

根据 2010 年美国总人口及医疗卫生投入比例计算得知美国人均康复费用为 452.3 美元(包括长期护理在内);2013 年,美国康复医疗市场规模在 200 亿美元左右(人均 80 美元),若包括长期护理在内则有 2000 亿美元。

随着各种需求政策释放,我国康复医疗市场增长潜力巨大。2014 年我国康复医疗市场规模为 238 亿元(人均 18 元),2018 年为 450 亿元(人均 33 元);按照基本满足我国康复需求测算,市场规模将达 1033 亿元以上,按发达国家标准,会在 6000 亿元以上。

案例 CASE

上海作为我国最先进入老龄化的城市,社会对康复辅助器有很大的需求。2019 年,上海市作为唯一覆盖直辖市全市范围的城市,成为全国康复辅助器具社区租赁服务试点地区,"康复辅具社区租赁试点"项目在上海正式启动。截至 2020 年,全市共计 150 个租赁网点,租赁点多数设在试点街道的社区综合养老服务中心、养老机构等。

2021 年 4 月,上海奕然康复器械有限公司的奕行 R-Kickstart 家庭款下肢康复运动器通过资质审查和专家评审,成功入选《上海市康复辅具社区租赁服务(试点)产品目录(2021版)》。上海市户籍75周岁(含)以上老年人和60周岁以上低保、低收入老年人可以申请租赁服务补贴,每人每年最多不超过3000元。

团队 TEAM

管琦,项目创始人、总经理,浙江大学硕士,曾任职于雅培、百特、香奈儿等企业。

Brian Glaiste,CSO,发明人,毕业于美国华盛顿大学。

刘圆韵,市场总监,毕业于上海第二医科大学,曾任职于颂和集团。

马建华,采购生产总监,毕业于南京航空航天大学,曾任职于丹浦奇司、航空部贵航集团。

王孙玲,质量售后副总监,毕业于合肥工业大学,曾任职于凯利泰、安徽巨一自动化。

基于 NOR Flash 的 AI 芯片

恒烁半导体 NOR CIM 芯片主要解决 AI 模型从云端向终端转移过程中的功耗和成本问题。NOR CIM 芯片在 IP 摄像和自动驾驶汽车市场上做推理运算时,比现有

FPGA/ASIC 存在明显竞争优势。恒烁 NOR CIM 方案可使成本下降到原来的 1/10,而功耗则下降到现有方案的 1/1000~1/100。恒烁半导体在 NOR Flash 技术方面全国领先,具有深厚的技术积累。恒烁技术团队从算法、CIM 架构和 AI 芯片设计三重优化后的 AI 解决方案,可被广泛应用到人机交互、无人机和机器人、安防摄像、手机、自动驾驶汽车、IOT 等多个领域。

背景 BACKGROUND

2015～2018年,全球集成电路市场规模保持不断增长,从2015年的2745亿美元增长至2018年的3933亿美元,年均复合增长率达12.73%。受国际贸易摩擦影响,2019年全球集成电路行业市场规模为3304亿美元,较2018年下降16.00%。随着5G通信、新能源汽车、物联网、人工智能和其他新兴应用的持续增长,2020年集成电路行业有所复苏,全球市场规模为3612亿美元,较2019年增长9.32%。据WSTS预计,2021年及2022年全球集成电路市场规模将分别达到4596.85亿美元及5107.88亿美元,较上一年增长率分别为27.3%及11.1%。

基于NOR Flash的CIM芯片属于集成电路行业的重要组成部分。该芯片可被广泛应用于下列各领域:人机语言交互终端器件(如智能手环、亚马逊的Echo、离线语言翻译器和各种个人生活助理等)、无人机和机器人(如森林火灾预警、抓拍特定场景中的人脸或物体、根据场景拍照和编辑等)、电池驱动的安防系统(特定人脸识别、根据需要开启或关闭摄像、将所录场景进行自动归类、标记和剪辑)、手机(人脸识别、语言和语义识别、辅助摄影和录像、个性化推荐系统、野外医疗救助或急救等)和自动驾驶汽车(高级驾驶辅助ADAS、电脑视觉等)。

产品 PRODUCT

恒烁半导体(合肥)股份有限公司是国内专注先进半导体闪存芯片(NOR/NAND Flash)和微处理器(MCU)工艺研发、芯片设计和产品销售的高新技术企业。公司芯片可广泛应用于物联网、通信、消费电子、智能家居、工业控制、汽车电子等领域。着眼未来,公司结合在存储器和MCU方面的研发优势,努力开发基于NOR Flash的存算一体边缘计算AI芯片和IOT终端推理(Inference)方案。

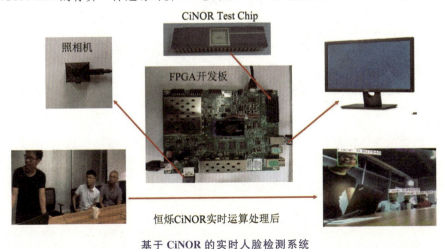

基于CiNOR的实时人脸检测系统

技术 CORE-TECH

冯·诺依曼结构中,计算模块和存储单元是分离的,CPU 在执行命令时必须先从存储单元中读取数据。每一项任务,如果有 10 个步骤,那么 CPU 会依次进行 10 次读取,执行,再读取,再执行……这就造成了延时,大量功耗(80%)花费在了数据读取上,这种中心处理的架构会限制处理能力的进一步发展。

学术界和工业界出现了向人类大脑学习体系结构的趋势,大脑的处理单元是神经元,内存就是突触。神经元和突触物理相连,所以每个神经元计算都是本地的,而且从全局来看神经元们是分布式工作的。

本项目是基于 NOR Flash 开发 AI 芯片:该方案利用 NOR Flash 的模拟特性(Analog)直接在 NOR Flash 存储单元内进行全精度矩阵卷积运算(乘加运算);规避了数据在 ALU 和 Memory 之间来回传输的瓶颈,从而使功耗大幅降低、提高运算效率。该芯片特别适合终端器件及 IOT 应用,即在终端上进行 AI 的推理(Inference on Device);利用在存储器中直接运算 CIM(Computing in Memory)的思路进行云端学习(Training in Cloud)和终端推理(Inference on Device)。

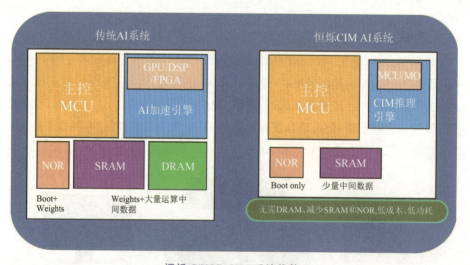

恒烁 CiNOR CIM 系统优势

恒烁半导体拥有 65/50 纳米 4 Mb、8 Mb、16 Mb、32 Mb 等多款 NOR Flash 芯片已经量产,128 Mb NOR Flash 已处于良率提升阶段,这些是恒烁公司基于 NOR Flash 开发 AI 产品的坚强基础。

市场 MARKET

越来越多人认为,人工智能将彻底改变全球消费者、企业和政府市场。根据市场研究与咨询机构 Tractica 的数据,人工智能 AI 技术几乎适用于所有行业,全球人工智能市场到 2025 年预计增长至 368 亿美元,年复合增长率(CAGR)超过 40%,蕴藏着巨大商机。

AI 芯片市场份额在 2025 年将占整个 AI 市场份额的 1/3,预计会在 120 亿美元至 140 亿美元。其中,定制化专用 AI ASIC 芯片(包括各类 CIM 类脑芯片)的出货量也将逐年大幅增长。

该项目产品可运用于安全防控、人脸识别、语音识别、自动驾驶等领域。前期重心在人脸识别、语音识别以及离线翻译器领域。目前科大讯飞对即将开发出来的可以应用于离线翻译器的 NOR CIM 芯片表示出浓厚兴趣,大疆无人机、海康和大华的智能安防摄像也是第一代产品的潜在客户。

IP INTELLECTUAL PROPERTY

打造国内首颗具有完整知识产权的"类脑"AI 芯片-NVCIM(NORCIM)。

团队 TEAM

吕向东博士,核心管理团队成员,曾就读于中国科学技术大学近代物理系;1994 年获得美国 Lehigh 大学博士学位。2007 年回国创业,先后创立了镇江隆智半导体有限公司和昆山纳创微电子有限公司。2008 年起担任隆智半导体首席执行官(CEO),研发并产业化中国完全自主产权的 NOR 闪存芯片。2015 年创立恒烁半导体(合肥)股份有限公司,担任董事长。具有 20 多年的半导体存储器设计研发、市场、销售方面的经验。

融资 FINANCING

目前公司已 C 轮融资完成,准备 IPO 上市。基于 NOR Flash 的 AI 芯片项目的设计研发、流片、测试、封装、市场、销售及前期小批量量产的流动资金,得到了公司的资金支持。

基于 SDN 技术新一代网络产品研发

　　苏州云融信息技术有限公司是全球首批专业从事 SDN 产品研发和推广的公司，主营业务包括计算机信息及软硬件领域内的技术开发、技术咨询、技术服务，软件开发和维护。

　　软件定义网络 (Software Defined Network，SDN) 是一种新型网络创新架构，是网络虚拟化的一种实现方式。云融基于 SDN 技术的云无线、云网络、云安全三大产品线，相对于传统有线和无线、网络和安全产品，通过自动化编排，替代人工运维，提高效率、降低建设和运维成本。

背景 BACKGROUND

软件定义网络(Software Defined Network,SDN)是由美国斯坦福大学Clean-Slate课题研究组提出的一种新型网络创新架构,是网络虚拟化的一种实现方式。其核心技术OpenFlow通过将网络设备的控制面与数据面分离开来,从而实现了网络流量的灵活控制,使网络变得更加智能,为核心网络及应用的创新提供了良好的平台。

2014年全球SDN最主要的开源社区OpenDaylight发布第一个版本ODL氢版本(Helium),同年云融公司成立。云融是国内第一个专业从事SDN产品研发和推广的品牌设备商,公司坐落于中国科学技术大学苏州研究院内。

云融作为网络界新进力量,从用户角度出发,坚持开放、标准、易用的SDN意志和精髓,推动构建解耦合、异构化和多元化的生态系统,解决传统网络厂商通过私有协议锁定用户的问题,是SDN理念的真实拥趸。

产品 PRODUCT

公司现有以下三大产品线:

(1)云交换:针对数据中心、城域网等专业场景,充分体现SDN网络可定义、易扩展的优势。

(2)云安全:以SDN安全服务链为核心,贯穿各种NFV产品,以安全态势感知为综合分析和全局展示。

(3)云无线:针对传统无线网络难部署、难运维等问题,基于云端部署,即插即用;并且云端具备丰富的数据采集、分析和展示特性。

技术 CORE-TECH

SDN产品技术构架如下图所示。

市场 MARKET

SDN长期发展趋势确立,带动已有千亿元级交换机市场持续增长。国内WLAN市场规模同比增长9.9%。预计未来在教育及企业需求的驱动下,WLAN仍将继续保持上升趋势。国内路由器市场同比增长15.7%,展望未来,SD-WAN将成为趋势,预计未来三年复合增长率超过100%。

竞争 COMPETITOR

在传统网络市场向SDN转变过程中,SDN厂商之间由于市场刚起步,相互竞争较少,竞争主要来自传统网络设备商对 SDN 的抵制。

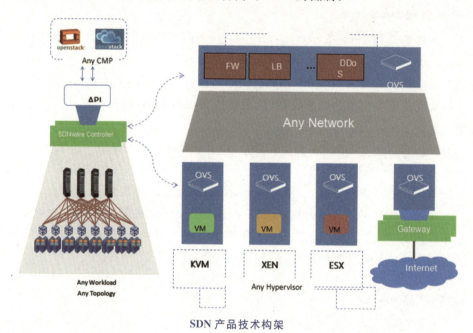

SDN 产品技术构架

案例 CASE

作为行业内的新兴技术,市场拓展前期主要面向行业头部客户。云无线产品在南京无线园区建设中获取鼓楼区、建邺区、南京开发区和白下产业园区等项目近 30% 的市场份额,SDN 安全服务链产品在江苏省委网信办、省通管局、苏州市电子政务网、苏州工业园区政务网、中国科大、中国矿大等众多企事业单位得到规模应用。云融相关产品也进入多家政府、企业及社会组织。

应用案例

IP INTELLECTUAL PROPERTY

公司现有专利2项、软件著作权17项。

团队 TEAM

王希强,创始人,CEO,负责公司运营管理、发展规划和目标落实。曾在国际500强企业研发、市场等核心岗位担任领导职务。

陈曦,联合创始人,CTO,负责产品定义和研发。曾任国内知名数通公司资深工程师。

倪乐,市场总监,2003年进入上海博达从事网络设备销售工作,历任湖南办事处主任、华中片区总监等职位。

融资 FINANCING

计划融资2000万元,用于扩建覆盖全国的市场团队及营销团队,增加研发人员,以便快速响应市场需求。

基于北斗高精度技术的城市危险源安全预警系统

上海海积信息科技有限公司成立于2011年,致力于成为世界领先的高精度导航定位解决方案提供商,结合对各行业在高精度定位、定姿定向、授时、通信等需求的深刻理解,为客户提供高性价比的高精度核心部件、终端及解决方案,同时具备提供定制化的服务能力。公司为国家高新技术企业、上海市专精特新企业、小巨人培育企业。

HIGH GAIN

背景 BACKGROUND

"城市危险源安全预警系统"是一种广泛应用于大型变形体（大坝、桥梁、高层建筑物、地质灾害等）的工业级远程监测系统，可对远程监测终端进行实时监测，支持数据自动采集、分析、预测及预警。该系统以GNSS精密定位技术为核心，集远程控制、数据通信、灾害预警等技术于一体，以无线网桥/GPRS/3G/4G/光纤为通信手段，融合多种监测传感器（GNSS接收机、雨量计、位移计、测斜仪、沉降仪、水位计、视频设备等），实现现场信息监测与获取、数据管理与集成、地质灾害预测与防治决策。

系统可广泛应用于存在安全隐患的滑坡地质灾害监测、坝体变形监测、矿区地表沉降监测、尾矿库变形监测、桥梁变形监测和建筑物变形监测等领域，可有效避免灾害事件发生，保障重要设施和人民生命财产安全。

产品 PRODUCT

系统组成：监测终端主要由GNSS一体化接收机、雨量计、渗压计、测斜仪、水位计、视频等组成，经过如无线网桥、2G/3G/4G、光纤、网线等多种通信方式，传输至数据处理服务中心，完成数据处理、数据分析、数据存储、报表生成等工作，并将监测结果实时显示，在线发布监测点实时数据和警报信息。另外还可以在监控中心实时查看现场变化情况。

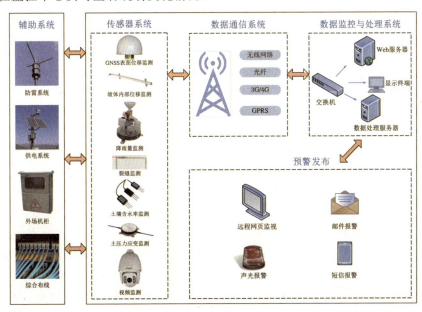

产品系统组成

GNSS 高精度接收机：支持多系统多频；高精度的多重相关 L1/L2、B1/B2 多模多频载波相位测量；其低噪音的 L1/L2、B1/B2 载波观测值在 1 Hz 带宽内优于 1 mm 的精度；经得起考验的低仰角信号跟踪技术；高度灵活的分体式接收机、天线设计，适用于变形监测、网络参考站等系统集成应用。

GNSS 高精度天线：相位中心稳定、精度达到毫米级天线部分采用多馈点设计方案，保证相位中心与几何中心的重合，将天线对测量误差影响降低到最小；天线单元增益高，方向图波束宽，确保低仰角信号的接收效果，在一些遮挡较严重的场合仍能正常搜星；抗高低温冲击、防水、防紫外线外罩，为天线能长期在野外工作提供保障。

技术 CORE-TECH

海积信息是全球少数几家拥有完全自主知识产权的北斗高精度（静态毫米动态厘米级）卫星导航定位高新技术企业。作为国内少数掌握多馈点多频天线技术的企业，海积信息通过自身技术积累实现了全品类天线产品高度覆盖，并牢牢把握用户市场。

海积天线研发团队实力强劲，处于国内领先地位，天线类型覆盖全行业全品类，包括北斗民用天线（北斗一代、高精度、测量型等）、北斗军用天线（弹载、炮载、舰载、单兵等）、通信天线（短波、超短波、通导一体化等）及卫通（大 S）天线等。

高精度终端产品已在自动驾驶、智能驾考驾训、形变监测、机场调度、智慧交通、智慧港口、智能高铁、人员巡检等领域得到全面应用。

市场 MARKET

针对水利、地质灾害、危楼新的行业需求，联合研发智能监测系统（硬件＋平台）；海积利用在尾矿库、地灾灾害监测成熟的设计经验为水利监测、危楼监测定制高精度监测硬件方案。整个市场在百亿元级，海积公司将争取 20 亿元市场份额。

竞争 COMPETITOR

国际/国内领先算法：抗窄带干扰技术（国内领先）；PPP 精密单点定位算法（国内领先）；组合导航算法（国际领先）；高精度 RTK 算法（国内领先）；高精度单历元解算算法（国内领先）。

全产业链开发经验：解算软件；地面参考站；高精度天线；高精度接收机；高精度板卡；组合导航模块/IP Core；应用终端及运营管理平台。

案例 CASE

地质灾害案例：配合各省市大型集成商，完成浙江、四川、山西、西藏地质灾害监测，客户完成超 2 亿元销售订单，其中海积终端供货超千万元。

尾矿库案例：配合中国移动在江西的尾矿库项目 20 多个，完成北斗＋5G 智慧矿区示范；已在全国完成 300 多个尾矿库项目，累计产生业绩超千万元。

水利/桥梁案例：配合水利设计院、桥梁设计院，完成前期大型水库与大型桥梁试点案例，水利部将拨付 200 亿元资金对水库水坝进行普适化监测、自动化监测推广，年销售额预计超千万元。

铁塔监测案例：配合国家电网重庆电力系统、铁塔公司进行铁塔监测示范，未来全国预计有 30 万以上铁塔需要进行北斗高精度监测，市场正在突破中。

楼宇监测案例：随着建筑高度的增加及周围环境因素的影响，直接影响建筑物的安全性、适用性、耐久性，甚至危害群众的生命财产安全，住建部将持续增加监测投入。

IP INTELLECTUAL PROPERTY

发明专利：50 项（授权 15 项，35 项已进入实质审查）；上海专利试点企业、企业技术中心实用新型：33 项（授权 30 项，3 项受理中）。

ISO 质量管理体系认证软件著作权：19 项；公安部交通安全产品检测合格证书；国际 NGS 组织认证证书。

基于人工智能的心理疾病辅助诊断系统

　　本项目以专业权威的医学结论及通用量表为前提,在大数据分析海量诊断报告形成的数据库及精神科医学理论的基础上,模拟医生他评诊断环节,运用语音识别技术、NLP自然语言理解、微表情图像识别、声音特征提取分析等人工智能技术对患者的面部表情、语言表达、声音特征、语音语调进行多维度全面分析,得出完整报告,从而实现快速诊断。

　　本系统不仅可以辅助用户自行检查,同时可为医院精神科医生减轻门诊工作量,提高问诊效率,从而提高门诊接单日接诊量。此外,还可帮助学校、部队、企业进行全覆盖的心理疾病筛查,有效评估人群心理状态,及早采取预防措施,减少自我伤害和他人伤害的恶性事件发生。

背景 BACKGROUND

随着社会的发展越来越快,生活节奏越来越快,一些人逐渐跟不上时代发展的步伐,工作生活压力、焦虑、抑郁等问题近年来凸显,心理健康问题越来越受到人们的重视。党的十九大报告中提出了"加强社会心理服务体系建设,培育自尊自信、理性平和、积极向上的社会心态"的要求。最新的《安全生产法》也增加了加强对从业人员的心理疏导和精神慰藉的条款。可见,心理健康既是广大人民群众的需求,也是党和政府的要求。

2018年11月16日,国家卫生健康委、中央政法委、中宣部等10部门联合印发了《全国社会心理服务体系建设试点工作方案》,通过试点工作探索社会心理服务模式和工作机制。2019年6月5日,根据各地申报试点情况,下发了《关于印发全国社会心理服务体系建设试点地区名单及2019年重点工作任务的通知》,一方面整理形成了全国社会心理服务体系建设试点地区名单,另一方面研究制定了全国社会心理服务体系建设试点2019年重点工作任务。

产品 PRODUCT

复变云愈心理测评系统是由苏州泛函信息科技有限公司全资子公司苏州复变医疗科技有限公司研发的一款人工智能心理服务软件。项目团队联合北京大学第六医院及广东医科大学附属医院,通过AI人工智能算法相结合,打造专业智慧心理服务平台,面向心理亚健康或心理异常群体,提供专业心理测评、心理疏导等服务,致力于让用户拥有高质量的情绪体验和生活品质。软件会根据患者回答问题时的声音和表情,结合语音识别技术、图像微表情识别、NLP自然语言理解、声音特征提取分析等人工智能技术,对患者面诊全过程的面部表情、语言表达、声音特征、语音语调进行多维度全面分析,综合判断受检者处于正常/抑郁/焦虑状态,并分析其病情的严重程度,给出适当的建议。

技术 CORE-TECH

(1)构建抑郁障碍自动评分预测的框架体系结构:基于临床实际数据,构建抑郁障碍自动评分预测的框架体系结构,包括视频帧面部表情的深度特征提取、生成动态特征、特征维数约减和回归。

(2)实现视频帧的各种特征提取:包括深度特征,并结合基于视频帧注意力机制的视频人脸表情识别算法,更好地捕捉面部表情信息,提升网络特征提取能力和表情识别能力。

(3)建立完整的多模态抑郁障碍自动诊断系统:鉴于多模态信息在抑郁障

碍检测中的重要作用,本项目设计多模态视音频抑郁障碍自动检测系统,利用静态图片模态、动态图片模态和音频模态信息,建立完整的抑郁障碍自动检测系统,降低临床抑郁障碍的误诊率,提高医疗效率。

市场 MARKET

本项目产品属于第三产业中的软件和信息技术服务领域,也属于医疗人工智能和健康医疗大数据领域。据相关调研数据,中国医疗人工智能市场规模呈高速增长态势,2016~2020 年复合增速 43.4%,预计到 2025 年中国医疗人工智能市场规模将达 2194.3 亿元,潜在市场空间巨大。

竞争 COMPETITOR

(1) 目前国内外对于抑郁障碍的计算机辅助诊断方面,有的通过语音语义进行辅助诊断,有的通过人机交互的自评量表进行辅助诊断。但是,临床医生诊断的流程包括他评量表及自评量表的综合,所以目前市面上还没有将自评与他评整合的基于深度学习的计算机辅助诊断系统。同时,目前在抑郁障碍临床诊断方面,无论是临床抑郁自评,还是他评,都受限于非量化指标。

(2) 本项目基于临床实际数据,构建抑郁障碍自动评分预测的框架体系结构,通过利用静态图片模态、动态图片模态、音频模态,并结合基于视频帧注意力机制的视频人脸表情识别算法,建立基于语音识别技术、图像微表情识别、NLP 自然语言理解、声音特征提取分析等多模态分类算法,对患者面诊全过程的面部表情、语言表达、声音特征、语音语调进行多维度全面分析,寻找特征变化规律,建立检测模型并多次迭代,研发一套体系化完整化深度学习辅助决策临床抑郁障碍自评与他评综合问诊系统,提高抑郁障碍临床问诊效率与准确率,助力提升国内外精神健康诊断水平,利用人工智能与数据建模技术助力构建人类命运共同体与人类精神卫生共同体,提升国内外患者乃至全人类幸福感、满足感、获得感。

案例 CASE

本项目前序研发的先行版心理检测软件(APP 版)已在中国科学技术大学、西北工业大学、长安大学、广东医科大学、新疆工程学院等单位对接试用。2021 年 6 月,公司与福建农林大学心理中心确立合作关系,对在校师生开展心理健康检测工作。2021 年 7 月,公司对中国石油新疆油田分公司全体员工进行了心理健康检测;2021 年 8 月,公司对福州地铁集团有限公司运营事业部(分公司)全体地铁司机进行了心理健康检测;2021 年 10 月,公司对郑州市公共交通集团有限公司60路全体公交车司机进行了心理健康检测。

团队 TEAM

谢宛青，项目负责人，哈尔滨工程大学海洋科学与工程数学技术实验室（工信部重点实验室）"大数据与人工智能研究中心"教授。主持团队从事类脑计算与人工智能、智能机器人与无人系统、混合智能与人体增强、智能系统与大数据、医疗人工智能、医疗大数据等方向的理论与应用研究。

项目主要参与人员蒋肖杰、阿茹娜、刘冰冰等毕业于中国科学技术大学，曾供职于华为、小米、TP-LINK等知名企业，具备丰富的技术开发/产品研发经验。

融资 FINANCING

泛函科技已获得来自中莱高科、宣城火花、苏州华兴昊君等知名投资机构超过千万元投资。

基于实时三维重建及 AI 视觉的开放式大场景多维应用

本项目运用自主研发的 AI 视频图像分析算法，研发适应各种复杂开放式大场景、落地实用的高准确智能视频分析应用产品。面向电力等多场景行业客户，提供智能分析盒、安全生产管控系统等软、硬件一体的安全生产行为智能管控解决方案。产品和解决方案改变了传统的生产作业管控模式，实现了对作业生产 24 小时智能化管控，通过丰富多样的 AI 智能分析算法自动实时监控作业人员的行为动作，对违规操作、危险作业进行及时干预控制，并对设备状态、输电线路隐患等进行智能识别分析，最大限度减少安全事故的发生，保障生命财产安全。

炬视科技专注于 AI 视觉产品的研发及解决方案的创新，以让机器看懂世界为愿景，以"AI 定义场景"和"AI 定义设备"作为方向，沿着五个递进的阶段（学术研究、行业验证、商业落地、行业平台、智能生态）不断努力，致力成为一家为安全生产保驾护航的人工智能公司。

背景 BACKGROUND

电力行业的信息化建设水平一直处于各行业前列,也是大力推广人工智能技术的几大行业之一。发电、输电、变电领域的人员及设备安全对人工智能旺盛需求被高度重视。

本项目从2012年承接国网继远科技项目,专注电力行业AI视觉产品研发与应用,2015年将AI技术转化为落地应用。经过多年的应用研发,项目团队认识到因为缺乏先进的管控能力和技术,电力行业发生了很多本可避免的安全生产事故,从而萌发要把从技术层到应用层贯通的能力转化为产品,更好服务社会,降低生产事故率,提高人员效率,为电力行业的智能化做出更大的贡献。

产品 PRODUCT

产品具备深度学习、强化学习、迁移学习、在线学习等智能技术持续演讲的能力,融合多种识别技术,深入客户业务场景。产品组合宽度从电力的输电场景、变电场景到配电场景,具有推出时间早、应用周期长、技术成熟等优势。项目拥有强大的AI顶层设计研发能力,能够快速定制出满足特定业务流程、适应各种复杂场景的产品及解决方案。

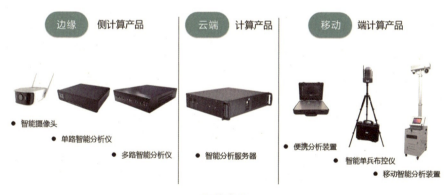

硬件产品

技术 CORE-TECH

AI产业链一般分为基础层、技术层和应用层。应用层针对不同的场景,将人工智能技术进行应用,并将其进行商业化落地。

本项目是人工智能行业下计算机视觉技术在开放式大场景下安全生产行为管控方面的应用。项目的核心技术是建立了融合三维重建及知识推理的开放式场景AI视觉平台。

自2012年开始运用视觉AI技术，深入电力领域，通过多个项目案例的积累，逐步形成涵盖安全生产行为检测、线路巡检、设备及仪表状态检测等在内的完整智慧电力解决方案，并拓展了该项技术在港口码头、基建工地等其他行业领域的落地应用。公司在深耕电力行业细分领域行为管控方面，十多年的行业应用实践积累了海量的现场样本数据库，如人员行为准则、穿着要求、施工车辆要求等现场数据均达到数十万级，丰富的场景、不同的拍摄角度、不用的拍摄时间极大丰富了样本的多样性，结合团队扎实的算法基础，大幅提升了算法的场景适应性和模型的精准度，精度高达98％以上，使得公司产品具有明显的技术优势。

市场 MARKET

公司的主要应用场景及对应客户分别是：三维虚拟周界智能管控系统解决方案——湖北省电力公司；一键顺控智能视频系统解决方案——武汉市电力公司；智能变电站作业现场行为管控系统解决方案——广东中山220 kV光明变电站；安全行为识别算法解决方案——天津港远航矿石码头有限公司等。

IP INTELLECTUAL PROPERTY

公司已取得发明专利3项、实用新型专利10项、软件著作权42项。

团队 TEAM

谭守标博士，创始人、董事长，中国科学技术大学计算机应用专业博士，读博期间任安徽科大奥锐联合创始人、技术总监，安徽省战略新兴产业技术领军人才，获得2018年安徽省科学技术二等奖等国家/省级奖项6项。

邵岭博士，首席专家，中国科学技术大学电子工程与信息科学学士，英国牛津大学信息工程硕士、博士，东安格利亚大学讲席教授，师从英国视觉与图像之父、"两院"院士Mike Brady爵士。

融资 FINANCING

公司拟出让18％股权，融资1000万元。用途：新产品研发300万元，现有产品200万元，搭建市场团队200万元，项目周转资金300万元。

基于药代动力学的 AI 模拟技术及生物芯片科创项目

溥思生物科技（Puissan Biotech）是一家聚焦 PBPK（生理药代动力学模型）模拟软件、器官芯片的前沿技术的公司，其颠覆传统的药物研发流程，重建"人体"，扬帆生物科技新蓝海。

溥思的 PBPK 模拟软件及器官芯片能够还原人体器官的复杂结构和真实环境，并能部分模拟来源器官或组织所特有的生理功能，将不同的器官芯片链接起来，能够重建器官系统甚至整个人体，可以更精确地模拟药物在体内的 ADMET（药物的吸收、分配、代谢、排泄和毒性）过程。依靠精准的实验数据，溥思可以帮助众多药企在源头环节降低研发成本，并最大化缩减新药研发的时间成本和机会成本，大大减少沉没成本的比例。

背景 BACKGROUND

传统新药平均的研发周期约 10 年,耗资可高达 1 亿美元,而高达 90% 的药物在临床人体试验中宣布失败。如果在早期阶段能确定候选化合物,可以大大降低失败率,从而降低成本和缩短药物上市的周期。药物研发过程中有很多挑战,比如没法对一些特殊人群(比如儿童)做试验,或者一些体内试验很难开展(比如血脑屏障),种属间的差异和人体复杂的生理结构使得传统的动物实验和体外细胞培养方法难以真实反映临床实验结果,存在相当大的局限性。全球各大法规机构一直都鼓励在药物研发的环节减少动物试验。美国环境保护组织呼吁截至 2025 年底能减少 30%,到 2035 年完全停止动物试验。基于以上原因,PBPK 模拟软件及器官芯片等技术应运而生。溥思目前使用 PBPK 模拟软件和算法,以及器官芯片来模拟药物的吸收代谢,攻克了一些药物研发环节中的壁垒,减低了研发成本,提高了效率。

近年来,FDA 和 EMA 相继出台了关于 PBPK 使用的指导原则,并建立起了专业的团队来指导和解决药物评审过程中与之相关的问题。

产品 PRODUCT

项目产品以 AI 算法为核心,同时结合器官芯片,从药代动力模拟切入,既可以覆盖新药研发的各环节,又可以延伸到慢病管理与治疗领域。

溥思 PBPK 可提供的产品及服务

产品/服务	研发状态	后续研发重点
PBPK 模拟软件	已完成 3.0 研发,并已获得计算机软件著作权,可投入市场,正与国内领先医药公司进行合作磋商	后续将进一步优化和提升人工智能和机器学习算法在新药研发中的应用,扩大和新药研发厂商的战略合作。 根据市场需求变化,不断更新应用模块,以最大程度地契合中国本土市场需求。 逐步推广 PBPK 模型在监管机构的影响力,将 PBPK 模型打造为新药研发过程中的新标杆方案
肿瘤芯片	专利申请流程中,可投入市场,正与上海若干知名三甲医院进行临床前研究	还原复杂的肿瘤微环境或者模拟肿瘤转移,从而测试抗肿瘤药物的效果;给癌症患者提供快速诊断和有效安全的新方法(预检方案);癌症的个体化免疫治疗(精准治疗);每个肿瘤所在位置不同,用 AI 结合芯片找到最佳路径,使药物按设计的路径直达肿瘤位置,最有效地杀死癌细胞(药物设计)

续表

产品/服务	研发状态	后续研发重点
器官芯片	研发中,目前肝芯片、脑芯片已有初代模型	器官芯片(Organs-on-a-chip)结合了仿生生物学和微加工技术,利用微流控技术控制流体流动,结合细胞与细胞相互作用、基质特性以及生物化学和生物力学特性,在芯片上构建三维的人体器官生理微系统。将不同的器官芯片连接起来,从而重建器官系统甚至整个人体,可以更精确地模拟药物在体内的ADMET过程
PBPK模型+器官芯片	完成第一代产品研发	PBPK模拟技术与器官芯片相结合,利用PBPK模型更加准确地模拟动物和人体的微环境,进一步提升模拟实验的准确率和效率。同时,用芯片可以得到一些在传统试验无法或者很难得到的数据,有助于进一步提升PBPK模拟结果的准确率

技术 CORE-TECH

基于生理学的药代动力学(PBPK)建模和模拟是一种计算机建模方法,参考生理和解剖特征以及指定药物的物理和化学特性来研究和预测药物药代动力学(PK),结合了器官的血流和组织组成来定义药物的药代动力学。

器官芯片是一种通过微芯片制造方法制造的微流体细胞培养设备。该设备包含连续灌注腔室,具有多细胞层结构、组织界面、物理化学微环境以及人体血管循环。该设备也可认为是可模拟和重构人体器官生理功能的细胞培养微工程设备。PBPK迭代的器官芯片可以在药物发现早期用人源细胞得出实验结果,从而构建模型,使得药企在早期能得到更加贴近于临床的数据,大大提高药物研发的效率和成功率。

市场 MARKET

目前新药中动物实验环节存在很多缺陷,食品药品监督管理总局也在积极寻找替代方式,溥思能够将器官芯片和药代动力学模拟软件完美结合,相关产品可以模拟人体复杂环境,替代体内、体外试验。本项目的技术专家潜心研发数十年,相关技术成果在欧洲市场已有一定的市场基础。伴随CDE连续关于PBPK发布指导原则,但是国内并没有相关技术,本项目的落地希望能解决专项技术"卡脖子"问题。

竞争 COMPETITOR

器官芯片与PBPK模型结合使用时,可用于研究动物模型或预测人类对刺激反应的有效浓度。在多腔室装置的开发中,可根据 PBPK 人体模型中的参数来指导腔室和流体通道连接布置的相关设计,提供临床的成功率。

软硬件结合能更精确地模拟人体机制。此外,芯片之间也可以多层叠加,每层模拟一种不同的器官,从而综合模拟了人体的环境,能够快速优化设备架构和功能。

团队 TEAM

王闻,创始人,首席执行官,连续创业者,苏州大学计算机科学与技术学士,英国南安普顿大学信息系统硕士。曾为芬兰 Xemet 生物医疗科技公司创始人,主营 PBPK 业务,负责公司开发新产品并提升 Xemet 在行业的知名度,成功为 Xemet 开发多家欧洲领先医药和化妆品公司客户。

BenedekPoor,联合创始人,首席技术官,获匈牙利布达佩斯技术与经济大学物理化学博士学位和生物工程硕士学位,在英国谢菲尔德大学担任博士后科学家;在美国俄亥俄州鲍灵格林州立大学担任博士后科学家,曾任赫尔辛基大学医学院研究科学家。研究重点为模拟人体生理功能的微流体系统的设计、制造和应用。

徐艾莉,联合创始人,首席运营官,连续创业者。曾创设人力资源公司,为多家全球知名生命科学、医药化工公司提供服务。

劳远志,首席医疗顾问,中国科学技术大学生命科学理学、电子工程与信息科学工学双学士,香港科技大学生物学博士,英国肿瘤研究所博士后。研究方向为药物研发、化妆品开发及大健康数据挖掘等。在《PNAS》《Autophagy》等国际知名期刊发表论文 40 余篇,获多项中国专利、PCT 专利、美国专利。

融资 FINANCING

目前溥思已获得天使轮融资,即将启动产业化融资,计划进一步推进生物芯片的研发,并建立自动化生物芯片产线。

基于知识图谱的 RFIC 智能调试平台

  本项目运用深度强化学习技术,达到了一台智能设备的生产效率超过人工 5 倍的目标,能高效解决射频类芯片器件需要依靠大量人工设计调试带来的用工难、成本高、效率低的问题。首次提出了基于知识图谱技术提取射频芯片的参数,运用深度强化学习从零开始训练 AI 控制机器人的运动。还针对机器人建立了一整套虚拟仿真环境,形成智能云平台,使用 56 颗 GPU 协同训练,算法迭代了数千万次来实现良好的收敛,最终达到一个机器人的生产效率超过人工的 5 倍的目标,从而大幅降低了生产成本,提高了生产调试效率,促进了我国射频类芯片设计生产的技术发展。

背景 BACKGROUND

随着信息产业的发展，腔体滤波器已经广泛应用到通信系统中。腔体滤波器作为通信系统中关键的选频装置，它的电性能优劣直接关系到整个系统的通信质量。目前，腔体滤波器的设计理论已经基本成熟，然而在滤波器的实际制造过程中存在着一个突出问题，即腔体滤波器的调试过程的稳定性。受材料的不一致性、加工误差、装配误差等因素影响，每只产品必须通过熟练工人反复调试，才能实现射频器件性能的一致性和稳定性，因此调试工作对工人的熟练度及实际操作经验具有很高要求。而培养一个经验丰富的调试人员至少需要半年甚至更久，人工调试带来的生产周期、成本和产能瓶颈大大阻碍了产品规模化生产。本项目主要定位方向为把人工智能技术应用到半导体设计生产过程中，实现跨学科融合，大力推进我国半导体领域产品技术发展。

产品 PRODUCT

本项目的产品架构由远端数据分析处理平台和交付到客户端调试机台两部分组成，分别如下图所示。

芯片智能调试平台

腔体、介质滤波器调试机台

销售模式分为直接采购机台和租赁机台两种模式，分别适合大型和中小型客户。大型客户订单量大，效益好，机台成本回收周期短，适合购买的方式。对于中小型企业，购买大量机台会占用较大的流动资金，可以选择租赁的方式进行机器换人的调试，以降低生产调试成本。

技术 CORE-TECH

本项目主要基于 AI 知识图谱技术对 RFIC 前端的滤波器进行智能调试，针对 4G 基站的金属腔体滤波器和 5G 基站的介质滤波器实现智能调试。

金属腔体滤波器

本项目提出了基于知识图谱和卷积神经网络的腔体滤波器辅助调试方法。该方法利用知识图谱方法将实际生产中的滤波器调试的人工经验转化为知识库,并以知识库为输入数据,利用卷积神经网络算法建立了螺栓调整量与滤波器电性能之间的非线性影响关系模型,高效地解决了腔体滤波器的生产调试必须要人工才能完成的问题。

本项目基于数百台RFIC调试设备,采集了丰富的实际运行数据,为机器学习算法训练提供了丰富的一线数据。团队核心成员的专业方向为AI和集成电路,为实现跨学科融合,促进我国集成电路领域产品技术发展提供了有力的技术保障,项目团队采用的核心技术为全球首次提出,还没有相关领域专利发表。

市场 MARKET

据权威专家预计,5G建设高峰期为2020~2023年,宏基站滤波器市场空间每年可达41.5亿至82.3亿元,是本项目的目标市场。中国移动启动23万个5G基站集中采购,千亿元"大蛋糕",国内滤波器行业企业,如武汉凡谷、大富科技、诺思、灿勤科技、嘉兴嘉利等在市场中占据了很大比重,也是本项目的主要客户。

本项目核心研发在中国科学技术大学苏州高等研究院,生产场地以及生产线建设在苏州锦富技术奥英光电和迈致自动化科技公司,目前已经进行机台结构的生产和调试。

本项目已和爱立信、大富科技、嘉兴嘉利等国内外滤波器调试大中型企业建立了稳定的合作,也作为本项目的核心客户渠道为做更大范围的推广打好了基础。

团队 TEAM

李利民,项目负责人,博士在读,硕士毕业于中国科学技术大学,擅长机器视觉、智能硬件系统、数据处理与机器学习等技术,以及该类技术在集成电路、智能制造领域的应用。苏州姑苏重点产业紧缺人才,苏州金鸡湖科教人才。在集成电路、人工智能领域有发明专利十余项。曾承担国家级核心技术研发项目。曾任华为技术有限公司企业业务BG智真产品图形图像组研发组长;Intel(上海)并行计算高速处理研发中心核心团队负责人、高级产品经理;阿里巴巴(杭州)智能硬件与人工智能高级技术专家、产品专家。

团队合影

融资 FINANCING

已获苏州某上市公司投资,并准备启动公司注册,或选择现有公司做法人变更。暂无融资计划。

金雀医疗：临床麻醉智能辅助系统引领者

本项目面对麻醉行业人才持续性短缺的现状，深入分析临床麻醉工作负担重、质量控制难的行业痛点，依靠科技创新和人工智能，形成人机协同式工作新模式，将临床麻醉医师的劳动时间从繁杂的生命指标监护等事情上解放出来，并在麻醉医师需要相关临床麻醉知识和应急处理规范时，自动提醒麻醉医师，让临床麻醉紧急事件处理更加规范、科学和安全，以此弥补临床麻醉从业人员短缺的问题，切实保障医疗安全，让麻醉科医师有精力去思考去分析更加疑难的问题。

背景 BACKGROUND

相比于其他学科医师,麻醉科医师需要更强的判断力、更快的反应力、更准的决策力、更高的注意力。著名畅销书《To Err is Human》提到美国每年因为医疗差错死亡的人数为44000~98000人,这些医疗差错主要是由医护人员的遗忘、分心、行动迟缓、不关心、疏忽、鲁莽等人脑共同的弱点所致。麻醉科医护人员更是需要时时刻刻面对这些人脑弱点的挑战,需要不断地应对和克服这些弱点。然而,在手术麻醉时需要监测的指标达100多个(如脉搏、收缩压、舒张压、体温、呼吸、麻醉深度,等等),而人类大脑同时处理的数据指标一般不超过4或5个,这就决定了麻醉科医师需要借助人工智能系统来辅助做好临床麻醉工作,从而切实保障临床安全和麻醉手术的质量。

人工智能在医学领域的发展创新日新月异,从成熟的机器人辅助手术系统如达·芬奇机器人,到正在快速成长的机器人辅助诊断系统如沃森医生,这些人工智能改变了过去的医学模式,让传统意义上复杂而高危的手术变得简单而微创,让深奥而冗长的诊断治疗变得便捷而快速。这些人工智能已经在改变临床医师们的诊疗习惯、学习方式和培训模式,也给临床麻醉人工智能的发展提供了鲜活的范例。

中国科学技术大学联合中国科学技术大学附属第一医院(安徽省立医院)、大数据分析与应用安徽省重点实验室共建"智慧医疗大数据研究中心",着眼研发业界首套临床麻醉智能辅助系统,将人工智能与医疗相结合,为医务人员与医疗机构提供扩展服务能力,对进行临床手术的患者麻醉后的身体情况进行监控,通过手术全过程的信息化服务,实现智能临床麻醉,缓解我国麻醉师人才缺口问题,为临床医疗保驾护航。

产品 PRODUCT

临床麻醉智能辅助系统服务于临床手术,以软硬一体机的形式嵌入麻醉医师工作场景,在术中辅助麻醉医师临床操作决策。产品会对术中患者各项生命指标进行全面监测,实时分析记录,为麻醉手术部医护人员提供及时可靠的预警,并对麻醉医师的急救措施进行专业化、规范化、科学化的指导辅助。该系统涵盖以下功能服务:实时监测多项生命体征数据;并行处理195项生命指标,实现临床突发事件动态感知;精准关联应对突发事件所需的专业诊疗知识,进而通过人机多轮自适应交互实现临床麻醉智能辅助决策。

技术 CORE-TECH

本系统在临床麻醉领域人工智能的核心技术使用上实现了多个"首次":首

次使用多重对级贝叶斯个性化排序,实现了知识排序推荐功能;首次使用稀疏自动化表征技术,完成了风险监测特征学习;首次进行对比学习预训练、生成式预训练,完成了知识表示预训练;首次使用终身学习算法,使智能辅助系统相关深度神经网络能够持续性学习。

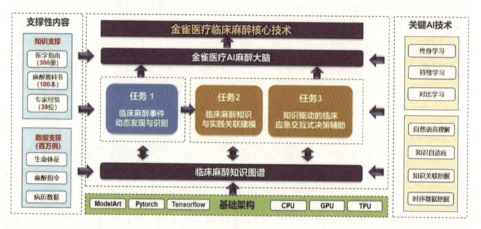

技术原理图

市场 MARKET

随着经济的发展,我国的医疗卫生水平正在逐年提高,各地区各等级的医疗机构建设进程加速。据《中国手术室及外科手术数量增长情况》,从2015年到2019年,国内手术室的数量每年保持着6.6%左右的稳定增长率,截至2019年底,国内手术室拥有量达到了13.9万个。按此规律预测,到2024年底,国内将拥有约19.3万个手术室。

从2015年到2019年,国内进行的外科手术数量每年保持着9%左右的增长率,截至2019年底,国内全年进行的外科手术次数达到了6532.5万次。预测到2024年,国内全年将进行约9642.9万次外科手术。如何在此高压工作的环境下保障患者的生命安全是医院和医师共同面临的巨大挑战。作为手术时的辅助设备,临床麻醉智能辅助系统具有广阔且稳定持续发展的市场。按照每个手术室配备一台临床麻醉智能辅助系统,结合临床麻醉智能辅助系统20万元一台的招标价格进行估测,本项目中国潜在市场规模近300亿元,2024年将达400亿元,市场潜力巨大。

竞争 COMPETITOR

临床麻醉智能辅助系统是人工智能在临床麻醉领域应用的先行者,率先使用了知识与数据双重驱动的智能服务策略。相比于现有医疗深度学习人工智能大多停留在训练数据集的数据感知阶段,难以应用于临床医学此类对分析复杂性、输出精确性有极高要求的领域,本系统首先进一步建立了数据驱动的实时监测模型,实现了患者术中数据监测的动态性与突发预警的推送的及时性。同时,本系统开创性地建立了临床麻醉专业知识图谱与知识驱动的诊疗流程推荐体系,使人工智能临床诊疗的专业性与可靠性提高到一个新的层级,实现麻醉知识导航的精准性与交互决策辅助的有效性。

产品的技术壁垒主要由三部分构成:数据、算法和算力。其中数据主要是我们自主提取和构建的临床麻醉医学知识库,其来源包括医学教材、专家知识、专业应急指南等。而算法则包括知识自动提取构建技术、临床麻醉事件动态识别与发现技术、临床麻醉知识与事件自适应关联技术和面向临床麻醉事件的知识推荐与决策辅助技术。算力壁垒则体现在我们所设计的可高效运行的本地系统-云服务系统架构上,其能有效地分配计算资源使整个系统高效地运作。

本公司的竞争对手主要是深耕于麻醉监护系统或者研究医疗智能辅助诊断及医疗信息化的公司,主要有 GE 医疗、灵医智惠等企业。

同类产品对比

品牌	注册地	成立时间	适用医院规模	业务简介	分属领域
GE医疗	美国	1890	大型	致力于成为引领精准医疗的创新者,GE医疗提供智能设备、数据分析、软件应用和服务,实现从疾病诊断、治疗到监护的全方位精准医疗生态体系	麻醉监控仪器
迈瑞医疗	中国	1999	大中型	致力于临床医疗设备的研发和制造,产品涵盖生命信息与支持、临床检验及试剂、数字超声、放射影像四大领域	麻醉监控仪器
灵医智惠	中国	2000	大中小型	灵医智惠是由百度打造的AI医疗品牌,基于灵医智惠技术中台,构造临床辅助决策系统	CDSS
行心科技	中国	2011	大中型	行心"临床辅助决策支持系统"是一套面向基层医疗机构的综合应用系统	CDSS
惠每科技	中国	2015	大中型	惠每覆盖信息、临床、医管三大维度的医疗质控解决方案——Dr. Mayson	CDSS
金雀医疗	中国	2021	大中小型	专注于智能麻醉、医院临床数据中心、医疗大数据及相关应用	医疗大数据+智能临床麻醉

团队 TEAM

项目执行团队是一支凝聚了"人工智能+临床麻醉"双重基因深度的融合团队,由4名博士研究生、5名硕士研究生、2名本科生组成,主要来自于中国科学技术大学大数据学院、计算机学院、生命科学与医学部、少年班学院、管理学院,多样化、立体化的优秀团队为项目的顺利开展提供了先决条件。

程明月,项目负责人,中国科学技术大学大数据学院数据在读博士。研究方向包括医疗大数据分析与挖掘、人工智能、推荐系统。曾系统地接受过工商管理教育,有过连续创业经历。在大学生创新创业赛事中荣获多项荣誉奖励,荣获腾讯科技PCG项目卓越奖和个人优秀奖。

融资 FINANCING

本公司拟引入风险投资1000万元,占公司整体估值的10%。其中700万元用于初始投资各项目建设,300万元作为流动资金。

金途科技　　分支无忧

金途科技是一家为用户提供信息化故障恢复产品、服务及解决方案的AI科技公司。公司聚焦于"缩短用户的故障恢复时间",帮助客户提高故障恢复效率,提高终端设备在线服务率,减少信息化运维成本,为客户创造价值。

金途科技提供软硬件结合的产品及解决方案,帮助具有多分支的客户或客户具有多分支场景的情况下,方便、快速、安全地建设、管理及运维分支各类IT设备,出现故障解决问题等无需技术人员去现场,真正让客户对分支的IT运维管理不再烦恼。

背景 BACKGROUND

随着各行各业的迅速发展,信息化建设中的大量业务和数据需要依靠信息系统来完成,这使得构建稳定可用的 IT 系统成为企业业务发展的基础条件,而 IT 运维管理也随之成为企业信息化建设的重要环节。随着企业规模的不断扩增,分支设备数量增多、位置分散,对于分支 IT 设施的日常管理,需要专业运维能力,才能有效保证各分支 IT 应用系统的常态稳定。金途科技则专注于多分支及多 PC 的 IT 故障恢复场景,助力分支的 IT 运维与管理。

产品 PRODUCT

金途科技当前可提供从底层的基础设施(云 PC、综合接入、边界网络及边界安全)、故障恢复终端(UBS&RBS、AR&SR)、故障恢复 BI(UBM&RBM、ZCM&SDM)到故障恢复 AI(iGentoo 金途大脑)的全系列产品、服务及解决方案。

公司提供的 IT 信息化产品主要包括云 PC、用户行为管理系统、综合接入网关、资源行为管理系统、安全运维管理系统及服务调度系统等。

AI	iGentoo					
	预测性维护(智能发现)			超自动化运维机器人(自动操作)		
核心产品	CPC 云PC 桌面管理	UBM 用户行为管理系统 桌面监测	SAG 综合接入网关 网络互联	RBM 资源行为管理系统 网络及各类设备监测	SOM 安全运维管理系统 运维管理控制中台	SDM 服务调度系统 运维流程服务平台
	CPC	UBS	GVR	RBS	AR	SP
核心功能	·标准版/增强版 +GVM/PC转云 ·云教室 ·终端的安全、管控、零运维	·桌面行为 ·文档操作行为 ·工作效能分析 ·定期输出终端报告 ·辅助决策	·一线通 ·用互联网链路替代专线保证传输品质 ·零配置上线,零运维	·分支重点业务或设备的资产测盘,实时监控,异常告警,故障通知 ·快速定位,快速响应	·分支运维统一接入 ·运维可管控、可审计 ·运维新常态 ·高效运维 ·全面运维 ·应急运维	·便捷报障 ·服务可视化 ·知识库建设 ·供应商评价 ·服务评价 ·辅助决策

公司提供的 IT 信息化产品

公司自行研发软硬件结合一体的产品,掌控自主核心技术,在产业链中处于下游厂商并直接为客户提供产品及解决方案。

技术 CORE-TECH

专注于多分支/软硬件一化的产品能力(从芯片到操作系统到应用的全能

力）及 AI 场景的准确定位与预研，核心技术自主可控。

市场 MARKET

根据《2020 年中国 IT 基础架构运维市场研究报告》，中国 IT 市场总支出 3 万亿元，其中 IT 服务占 10.6%，IT 设备占 34%。而多分支的 IT 信息化建设、管理及运维约为 4000 亿元，占比约 13%。

金途科技是一家专注于为客户在多分支场景提供信息化建设、管理及运维的产品及服务的高科技公司。成立以来，公司已服务过教育、医疗、交通、政府、地产、民生、金融等各类行业客户，为客户在多支信息化建设、管理及运维上，提供各类解决方案，帮助客户实现"分支无忧"。

竞争 COMPETITOR

目前，金途科技相关产品的主要竞争对手如下表所示。

主要竞争对手

金途科技产品	竞争对手	专业领域
云 PC	深信服	专注于企业级安全、云计算及基础架构
	和信创天	专注于虚拟化及云桌面
	噢易云	专注于多架构融合桌面云
综合接入网关	星网锐捷	专注于企业级网络、通信、终端设备、视频应用
	山石网科	专注于网络安全、云计算安全及数据安全
资源行为管理	天玑科技	专注于 IT 运维服务
	蓝海讯通	专注于 IT 运维管理、OneAPM
用户行为管理	艺赛旗	专注于机器人流程自动化（RPA）
故障恢复	贝瑞信息（向日葵）	专注于远程控制及操作桌面
服务调度系统	BMC（美国）	专注于 IT 管理系统
	ServiceNow（美国）	专注于 IT 服务支持及管理的 Sass 平台

案例 CASE

目前产品及解决方案已落地各行业客户及众多案例。

客户案例

IP INTELLECTUAL PROPERTY

上海市高新企业，通过 ISO 9001 认证，拥有 10 多项专利、30 多项软件著作权。

团队 TEAM

创始团队专注 IT 信息化领域十年以上，团队经验丰富，能力互补，且具备较强的行业资源。

安斐，联合创始人，CEO，负责销售。中国科学技术大学化学系学士，有 10 年外企销售及销售管理经验，近 3 年国内创业云计算独角兽企业销售管理经验。

安卓，联合创始人，COO，负责运营。清华大学电子系学士，北京大学光华管理学院 MBA，有 6 年 IT 售前工程师经验，8 年融资租赁业务经验。

卫平青，联合创始人，CDO，负责研发。中国科学技术大学计算机科学与技术专业学士、硕士，有 13 年研发经验，在云计算、网络、存储及桌面虚拟化、大数据分析及自动化测试等领域具备深厚造诣。

融资 FINANCING

本公司 A 轮计划融资 1000 万元，主要用于研发投入、增加销售收入、市场推广、公有云/IDC 资源投入、内部系统完善。

玖熠半导体:芯片 EDA 之 DFT 工具

玖熠半导体从事的是芯片电子设计自动化(Electronic Design Automation,EDA)领域,专注于提供数字芯片所涉及的 DFT 工具。DFT 是数字芯片设计中不可或缺的环节,在半导体产业链属于核心的上游位置。玖熠半导体 2021 年 2 月成立于无锡,目前是我国唯一从事 DFT 方向的 EDA 企业。创始人来自业界领先的半导体本土设计公司和跨国公司,拥有独创的核心的 DFT 可测性设计技术,结合 AI、EDA 上云、数据分析等新兴技术,产品广泛应用于芯片设计公司、科研军工院所等。

背景 BACKGROUND

EDA处在半导体产业链的顶端。EDA在半导体设计行业成本占比较高，作用突出，是战略高地，是信息产业发展的基础，更是集成电路产业的"命门"。

国内EDA市场空间大，产业链需求迫切，但自我供给能力严重不足。国内产业人才的储备也非常不足，从研发人员规模的角度，仅Synopsys的EDA研发就有7000人，而我国从事国产EDA研发的只有600人。EDA方向技术壁垒高，研发投入大、周期长，往往是极少数的顶尖人才决定产品的成败，同时需要产业链上下游生态协同配合，门槛很高。国内缺乏数字芯片软件平台，更缺乏DFT相关的软件，产业需求迫切。

DFT(Design for test)即可测试设计，用于流片以后测试芯片成品是否正常工作的额外设计。DFT软件工具则是用于对设计完成的芯片进行逆向处理生成测试向量，以供流片以后的测试设备来进行芯片的检测。数字芯片的逻辑门单元多达上亿，因为复杂的工艺，所以可能产生的缺陷种类也有很多，观测难度非常高。DFT工具所作用的过程可以这样类比：芯片内部有很多的知识点要测，通过DFT设计汇集整合成关键考点埋伏在芯片中，通过ATPG这样的工具对芯片逆向生成试卷，也就是测试向量，给到流片之后的测试机去对芯片进行考试。通过这样的过程实现DFT对于芯片的品质把控的作用。可以筛选出有缺陷的芯片，以及对晶圆进行分级从而降低封装成本，也可以定位缺陷并进行问题分析，此外可以把芯片的初始生产良率从非常低的40%～50%推高到90%以上。

产品 PRODUCT

玖熠半导体产品包括Scan Insertion, ATPG, LBIST, MBIST, Coverage Diagnosis, FLOORSWEEPING等。

技术 CORE-TECH

玖熠半导体完全自主知识产权的EDA工具：运算高速，运用领域广泛；避免疏漏，故障覆盖率高；提升效率，测试向量数量少；配置简单，推广落地便捷；反应及时，技术支持全面。

市场 MARKET

EDA软件整体市场空间接近120亿美元，欧美公司垄断超过95%市场份额。DFT领域市场空间超过3亿美元,100%外国企业提供。2012~2017年,EDA销售额的平均年增长率为20%,同期全球EDA增长率为7%。国内EDA市场融资和发展日渐活跃。DFT可测性设计约占整个市场的2.5%,市场空间为3亿~4亿美元;中国市场还在快速增长中。

竞争 COMPETITOR

在DFT方向国内没有能量产的企业,玖熠是能量产、验证的国内唯一企业。国际上主要竞争对手为EDA的三大巨头:Synopsys、Cadence、Mentor。

竞争对手对比

	玖熠半导体	竞争对手(S/C/M)
团队能力 产品能力	核心研发团队来自美国头部设计公司,具备数十个先进工艺芯片的设计经验;2007年起投身DFT工具领域专业研究,已形成完整的产品技术储备,拥有丰富的DFT应用经验	经验积累历史悠久,技术实力强,产品处于产业垄断地位
知识产权	国内自主知识产权	海外自主知识产权,各自成体系
客户服务	定制化、本土化服务,快速响应满足客户的需求,从结构设计初始即考虑云上服务	海外公司,中国为服务中心但决策速度慢,海外支持到位性差
通用性 兼容性	通用性高,适配性好,和S/C/M的流程皆可兼容。定位清晰,以兼容其他公司流程为主,主动开放接口和流程	相互不兼容,仅对接自己的前后道
产业机会	紧抓EDA产业本土化需求,并择机海外扩展;因国内没有第二家量产竞争对手,主要核心对手为海外企业	不符合国家安全可控的需求,受制于美国政策和政治

团队 TEAM

公司创始团队均具十年以上半导体从业经验,具有国内外行业巨头的产业经历,核心创始人之间是大学同学关系,磨合超过20年,经过长久合作考验。

马凌,董事长,复旦大学电子工程系学士,国内头部芯片上市公司创始成员,知名上市公司销售总负责人,近20年行业内销售和市场工作经验。

钱静洁,CEO,复旦大学电子工程系学士、硕士,历任Nvidia、AMD等知名企业DFT经理,领导过DFT工具链的开发和实施,并且在公司成功商用,领导过通信、图形以及AI相关的多款大规模芯片设计、流片、测试投产的全流程。

王军英，副总裁，中国科学技术大学 MBA，创办了泰州市天弘电子科技有限公司、苏州诗洛讯科技有限公司、苏州市群华电子科技有限公司，从事半导体行业近 20 年。

融资 FINANCING

计划融资 1000 万元，投后估值 1.5 亿元，以推动 2023 年销售超过 3000 万元。

巨安储能:为固定式储能提供安全低成本方案

巨安储能武汉科技有限责任公司于2021年成立,公司旨在开发应用大规模特高安全储能系统,公司核心团队起源于华中科技大学动力与储能电池实验室、武汉光电国家研究中心与创新研究院。

现有研发人员10余人,在自分层电池领域拥有8项发明专利。公司已开发两代大规模储能电池,其中第一代储能电池已实现产品化与系统工程化设计,拟于2022年建设巨安百吨级电解液生产线与自动化电堆生产线。

背景 BACKGROUND

近些年,国家发改委和能源局相继发布各类文件,提出各地要加快新能源储能设施的发展。目前全国已有11个省份明确要求发展新能源发电项目必须配套储能设备,缓解风电并网消纳压力。在政策导向下,储能电池市场容量速增,储能产业迎来高速发展契机。相较于锂电池,液流电池在大规模、长时储能等方面具有显著优势,但目前仍存在电池成本高、能量密度低等痛点,难以满足长期运营的投资收益率要求,因此市场占有率偏低。

然而,新能源企业在配置储能装置时面临多重困难:储能电池成本高、安全性难以保障、服役寿命短,这三大问题的存在使得企业难以满足长久运营所要求的投资收益率。现有储能电池种类虽多,但各有短板,无法从根本上解决上述市场痛点,政策难以顺利推行。

本团队专注研究电池7年多,首创的对流增强型自分层储能系统兼具高安全、低成本、长寿命、可回收等优点,完美匹配大规模储能对安全性和经济性的要求,可有效解决市场难题,促进"新能源+储能"快速发展。

产品 PRODUCT

本产品提出了一种新型液流电池储能方案,兼具四大核心技术优势:一是低成本,正负极自动分层无需隔膜,结构精当,制备快速,成本极低;二是高安全,水性电解液遇火不燃,稳定安全;三是长寿命,天然免疫传统电池失效机制,搅拌增强离子对流,突破电池极限,预计寿命20年;四是可回收,采用环保材料,可实现组分100%回收再利用,可满足大型电站、工厂、社区等场景储能需求。

针对不同用户,可定制额定能量和功率的电池储能系统,用于存储太阳能、风能发电,减少弃风弃光,实现电力存储与稳定输出;可利用电网峰谷价差套利,低价充电、高价放电,降低用电成本;也可参与电网调峰调频,缓冲电网波动,保证电网平稳运行。

技术 CORE-TECH

核心技术:极性溶剂双相分离技术;离子溶剂化相分配技术;三维多孔道传质技术。

新一代储能活性材料:改昂贵的钒系电解液为成本极低的自分层电解液。

对电极材料改性,提高功率密度:提高碳基集流体表面的反应活性位点,改善电极反应动力学。

提出全新的"光—热—储"复合循环系统,引入热化学电池,协同提高能源转换效率15%~20%。

性能参数:采用水系体系,安全不燃;新型活性物质原材料成本低,280元/kWh;正负极活性物质自分层、无隔膜、不串液;采用碱性体系,析氢少,比酸性体系更安全;库仑效率达99.9%,钒系液流电池只有95%~97%;添加剂使电池稳定性进一步提高,循环2000圈容量不衰减;改善集流体亲水性、增加反应活性位点,电流密度提升至150 mA/cm²。

锂离子电池发明人、诺贝尔化学奖得主J. B. Goodenough教授评价本产品:"对流增强型自分层储能电池是一场革新!具有与其他电池截然不同的架构和原理,非常适用于电站储能。"

市场 MARKET

根据市场分析及行业数据,本项目市场发展预测如下:

2022年:光伏储能10 MWh;研发基于AI数字能源管理系统;树立行业标杆、规范标准;规划生产基地建设方案。

2023年:出售30 MWh民用级电池及系统;迭代储能电池,升级能源管理系统;推出百兆瓦电站级储能系统解决方案;建设完整生产能力的生产基地。

2024年:建设多个大型储能基地;综合储能与能源管理技术全球领先。

竞争 COMPETITOR

本产品现已在新能源路灯、屋顶光伏、工厂分布式储能等场景使用,效果良好,受到用户高度评价。

主流电池储能技术的特性比较

	液流电池 RF	钠硫电池 NAS	铅酸电池 Lead Battery	锂电池 Lithium Battery
大容量化	优秀	良好	一般	困难
充电状态可计量性	优秀	一般	一般	一般
安全性	优秀	一般	优秀	一般
加热	不需要	需要300℃高温	不需要	不需要
充放电次数	无限制	有限	有限	有限
成本	高	高	低	一般

储能产品对比

产品类别	公司团队	安全性	价格（元/kWh）	循环寿命（次）	效率	可回收程度
锂离子电池	宁德时代 比亚迪	中	1000	10000	90%	电极材料隔膜回收难
液流电池	大连融科 普能世纪	高	2500	10000	75%	隔膜回收难
新型电池	巨安储能	超高	500	10000	85%	100%回收

团队 TEAM

孟锦涛，创始人兼CEO，武汉光电国家研究中心博士，自分层液流电池发明人，拥有发明专利8项。

蒋淼，项目联合创始人，中国科学技术大学材料物理博士，曾任宁德时代系统工程师。

科研精密仪器设备的研发和产业化

安徽科幂仪器有限公司创始团队瞄准价格高昂的进口仪器和质次价低的国产仪器之间巨大的市场空白,发挥团队技术研发骨干既是仪器工程师又是科研一线用户的跨专业优势,从科研用户的实际需求出发,自2012年起,自主原创研发了一系列用于化学、材料、催化、能源等领域科学研究的仪器设备,市场面向广大高等院校、科研院所和企业研发部门。

公司自2014年3月正式成立,目前主营产品为快开式微型反应器、模块化桌面级分子蒸馏器,以及定制化催化剂评价表征系统、中小试示范生产线等仪器设备。团队自主原创研发的仪器能够为科研用户节省60%以上的仪器设备购置费和75%以上的试剂消耗,并提高科研时效达60%以上。

背景 BACKGROUND

科教兴国是我国的基本国策之一,国家每年在科技研发方面的投入也逐年增加,《2020年国民经济和社会发展统计公报》显示,2020年我国全年研究与试验发展(R&D)经费支出24426亿元,比2019年增长10.3%。当今时代,尖端科学技术研究工作的开展,必须有精密的仪器设备作为保障。然而,我国现今的科研仪器行业整体水平仍然相对落后,国产科研仪器与国外主流科研仪器厂商的产品相比存在差距,每年我国对进口科研仪器的依赖度达6000亿元以上,部分领域高端科研仪器100%依赖进口。创业团队正是瞄准目前进口仪器和国产仪器中间巨大的市场空白,综合高品质产品和本土化研制的优势,为科研工作者提供最具性价比的中高端原创科研仪器产品和技术服务。

产品 PRODUCT

快开式微型反应器系列:公司结合国外产品优势,自主创新研发了快开式微型高压釜系列,填补了国内高端实验室反应器的市场空白。

微型高压反应器实物图(左为机械搅拌微型反应器,右为光催化微型反应器)

无电机驱动的磁力耦合机械搅拌反应器系列:公司研制的基于传统的磁力耦合传动反应器搅拌装置结构的基本思想,即变动密封为静密封。

中试级聚合反应器系列:科幂聚合(聚酯)类反应釜依据聚合方法、分子量高低及链结构的不同,可以满足低密度、线性密度、高密度以及具有特殊性能的产品。

烯烃聚合反应装置　　　　高温高压智能台式反应釜系统

技术 CORE-TECH

公司专注于实验室级别的精密科研仪器研发制作,虽然目前规模、设备等硬件远远小于各主要竞争对手,但产品寿命长,前期的市场投入受到用户的一致好评。同时,采用灵活的业务模式,可针对不同用户群体的需求特点制作不同的反应器设备、智能控温仪等实验设备。公司产品均有创新的设计和技术,拥有完全自主知识产权。

市场 MARKET

统计数据显示,2019 年我国科研仪器行业市场已达 1.9 万亿元,并稳步增长。然而目前中国科研设备投入的 60％用于购买进口仪器,部分领域高端仪器 100％依赖进口,造成大量外汇流失,降低了科研效率。

当前,国产反应器设备在国内市场占有率颇高,但是竞争也相当激烈。其焦点主要集中在技术水平、产品质量、价格方面与售后服务。我国目前的反应器设备对国内来说供应充足,但是难以与国外抗衡,主要原因是核心技术掌握不足,国内企业规模比较小,产业集中度不高。今后几年,我国反应器设备需求将进一步增长,这就要求企业不断对技术进行创新,生产满足市场需求的产品。

竞争 COMPETITOR

综合高品质产品和个性化研制的优势,本项目定位于高性价比的高端科研仪器提供商。经测算,公司的反应器产品相对国产同类产品,可以提高实验效率 3 倍以上,节约试剂 80％以上,而价格仅为进口同类产品的 25％～50％。

竞争产品对比

对比项目	进口(美国 AE)反应器	国产某品牌反应器	科幂©反应器产品
设计理念	先进,原创度高	陈旧,用户体验差	以科研需求和用户体验为导向,原创度高
产品个性化	一般不支持,且周期长	缺乏技术实力支持	有原创技术研发实力,供货周期短
制造工艺与品质	工艺先进,品质优秀	工艺落后,制作粗糙	先进工艺,做工精良,品质优秀,有 SGS 质量体系、特种设备制造资质等保障
单台价格	约 20 万元	约 2 万元	约 5 万元
综合性价比	较低	低	极高

IP INTELLECTUAL PROPERTY

公司目前已申请国家发明专利 6 项,实用新型专利 44 项,软件著作权 9 项。2017 年获"国家高新技术企业"认定,并获质量管理体系 ISO9001 认证。2018 年获"中华人民共和国特种设备制造许可证"。2020 年通过两化融合管理体系评定。

融资 FINANCING

2022 年,融资 3000 万元,用于新产品研发以及投产,释放股权 8%。

团队 TEAM

公司现有员工 97 人,其中专业技术人员 27 人,高级工程师 2 名,博士 2 名,硕士 4 名,本科及以上学历占比超过 50%,形成了一支高水平、跨学科的技术研发人员团队。

徐清,董事长,技术合伙人,中国科学技术大学化学系学士、博士,研究方向为可再生洁净能源。在攻读博士学位期间,参与了国家"973"重大基础科研项目、中国科学院重要方向项目、安徽省科技攻关项目等研究,完整参与了"生物基新材料呋喃聚酯"产业化项目的研发。

李俊涛,总经理,管理、营销合伙人,中国科学技术大学 MBA,曾就职于安徽江淮汽车有限公司,创办合肥益百城商贸有限公司,具备丰富的营销推广、自主创业以及公司行政管理经验。

可交互空中成像

安徽省东超科技有限公司（简称东超科技）是一家以空中成像技术为重点研发方向，依托中国科学技术大学和中国科学院的科学力量进行技术转化的国家级高新技术企业，创始团队均来自中国科学技术大学。

其核心技术——可交互空中成像技术，是一种颠覆式、革命式、国际领先的显示技术，它可将各种显示信息直接呈现在空气中，代替传统的显示屏幕。利用这项技术，生产了非接触式医疗自助机、非接触式电梯交互终端等一系列空中成像产品，并成功投用到医院、银行、交通、国防等行业，取得了很好的社会效益和经济效益。2021年4月，团队凭借这项技术荣获了"2020年度安徽省科学技术进步奖"一等奖。

背景 BACKGROUND

随着科技的进步,光显示行业发展迅速,新兴显示形式不断涌现。东超科技希望通过技术创新,消除用户对实体屏幕的依赖,并最终改善人类的视觉方式。截至目前,可交互空中成像技术已在智能车载、医疗显示、智能家居、信息安全等多领域实现场景应用。未来,东超科技将在空中成像领域持续深耕,积极创造生产生活场景中人类视觉用户界面的变革。

可交互空中成像技术系全新的显示方式,它击破了传统显示介质依赖、错觉虚像、不可交互等诸多痛点,真正将科幻电影中的视觉方式带入了生活。东超科技希望借助这项技术,帮助用户在不接触实体屏幕的情况下,实现在常规设备上的所有操作。在医疗行业,医院对非接触式产品有着天然的刚性需求,除已在各大医院的自助机和电梯产品中落地外,公司亦积极探索非接触式智慧病房、非接触式智慧手术室的解决方案,通过科技的力量,给医务工作者提供更便捷的工作空间,守护最广大人民群众的生命健康。在智慧车载领域,可交互空中成像技术是颠覆未来汽车、人车交互的新技术,能够实现车载显示从有介质成像向无介质成像、影像空间化的历史性跨越,也是汽车智能化发展的必然趋势。

产品 PRODUCT

目前东超科技自主研发的可交互空中成像技术,处于国际领先地位。该技术是东超科技研发团队首次提出基于光波导阵列的空中成像方法,自主研发了具有负折射功能的新型显示材料,并首创空中影像手触交互系统,实现空中成像的可交互式操作。同时突破生产工艺瓶颈,实现空中成像核心显示材料负折射平板透镜的量产应用。

可交互空中成像技术的创新点在于:一是真正实现了空中无需介质即可成像,不借助任何载体、屏幕;二是所呈现的空中影像具备交互性,用户可直接进行点击、放大、缩小等各种操作。

可交互空中成像技术可广泛应用于军工显示、公共服务自助终端、医疗显示、智能车载、信息安全、工程安全等领域。

无触摸人机交互终端

技术 CORE-TECH

东超科技拥有国内外多项核心技术专利,其中自主研发的 DCT-plate 又称负折射平板透镜。DCT-plate 利用光场重构的原理,镜片通过将任意点光源发散的光线重新汇聚成一点,在镜片另一侧的空中成实像,无需任何介质承载,结合交互体感装置实现人与实像的直接交互。该技术现处于国内唯一、世界领先地位!

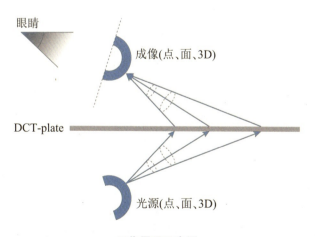

工作原理示意图

DCT-plate 可以实现真正的空中成像,不需要通过介质承载,根据场景的需要,可设置不同的影像呈现角度,原物到透镜的距离和透镜到影像的距离相等,可成像的尺寸及可成像的距离由透镜的尺寸决定。

搭载可交互空中成像技术的各类终端,于实际中应用具备"防污染""防窥视""防指纹""防静电"等特点,可广泛应用于医疗显示、公共设施、智能车载、信息安全、智慧家居等领域。在医疗显示领域,核心产品"非接触式医疗自助机"已在中国科学技术大学附属第一医院(安徽省立医院)、阜阳市第六人民医院、武汉市肺科医院和重庆医科大学附属第一医院等全国数百家医院投入使用;在公共设施领域,非接触式电梯交互终端陆续在安徽省人民政府、中国科学技术大学、中国建设银行、合肥新桥国际机场、沈阳嘉里中心等机构落地;在智能车载领域,公司目前已与长安汽车、奇瑞汽车等车企开展广泛合作,研制出"空中成像车载显示系统"等产品,持续为智能车载显示产业提供新动能。

市场 MARKET

东超科技的核心产品属于新型显示领域。基于自主研发的可交互空中成像技术,研制了以"负折射平板透镜"为核心的多款非接触式产品。2019 年,公司投资近亿元,在合肥高新区建设"负折射平板透镜产业化项目",实现了从技术研发向产业化生产的跨越升级。目前已建成现代化生产线并实现规模化生产,核心产品的各项指标全面超过国外同类水平,在国内亦处于领先地位。目前,公司完成了从技术研发、材料生产到产品销售全产业链布局。

案例 CASE

2021 年 9 月 29 日,《安徽省绿色建筑发展条例》经安徽省第十三届人民代表大会常务委员会第二十九次会议通过,在第四章"技术推广应用"中,东超科技"无接触空中交互"技术被正式列入,核心技术获支持在全省推广应用。此外,公司自主研发的非接触式电梯交互终端和非接触式医疗自助机两项"拳头"产品,亦分别入选"2020 年安徽省首台套重大技术装备名单"和"2020 年支持中国声谷建设首台(套)创新产品示范应用计划",产品在省内的市场通路被全面打开。

IP INTELLECTUAL PROPERTY

东超科技已累计申请国内外包括发明和 PCT 在内的技术专利 370 余项,其中自主研发的可交互空中成像技术,处于国际领先地位。发展至今,东超科技获得社会各界的关注与认可,累计获得 2020 年安徽省科学技术进步奖一等奖、安徽省新型研发机构、安徽省科技成果认定、国家级高新技术企业认定、国家工信部科技成果认定、安徽省科技成果认定、2018 年"创响中国"安徽省创新创业大赛一等奖、第五届中国"互联网＋"大学生创新创业大赛金奖等众多荣誉。

企业知识产权

同时，东超科技获批组建安徽省新一代光学成像技术工程研究中心，关键技术入选重点领域补短板产品和关键技术攻关任务，关键产品分别入选安徽省首台套重大技术装备及中国声谷首台（套）创新产品示范应用项目，承担2019年合肥市第一批重大新兴产业专项、2020年科技部"科技助力经济2020"重点专项，创始团队获批2019年安徽省高层次科技人才团队。

团队 TEAM

韩东成，中国科学技术大学光学硕士，安徽省东超科技有限公司创始人兼董事长，安徽省工商联执委，安徽省青联委员，安徽省青年企业家协会副会长，安徽省新一代光学成像技术工程研究中心理事长，先后获得2020年安徽省科学技术进步奖一等奖（第一完成人）、2018年安徽年度经济人物称号、第24届安徽五四青年奖章、2019年中国"互联网＋"大赛全国金奖、2018安徽省创响中国创新创业大赛一等奖、合肥市创业领军人才称号，入选福布斯中国30位30岁以下精英榜。

范超，公司创始人，2016年8月联合创办安徽省东超科技有限公司，担任CEO，负责理论创新与产品架构设计、技术方案探索、生产实现、企业管理等工作。曾获2020年安徽省科学技术进步奖一等奖、2018年安徽年度经济人物称号、2018年"创响中国"安徽省创新创业大赛冠军、2019年中国"互联网＋"比赛金奖,入选创业邦2020年30位30岁以下创业新贵榜单等。并参与承担2018年中央军委科技委国防特区科技专项、2019年合肥市第一批重大新兴产业专项、2020年科技部"科技助力经济2020"重点专项、重点领域补短板产品和关键技术攻关任务揭榜任务,获批2019年安徽省高层次科技人才团队,获批建设安徽省新一代光学成像技术工程研究中心并任中心主任。

融资 FINANCING

东超科技前期通过参加合肥高新区举办的融资路演,成功获得合肥高投800万元天使轮融资。目前公司已完成四轮超亿元融资,公司的研发团队也完全稳定了下来,为持续保持核心技术领先奠定了坚实的基础。

可靠测试护航智能出行

苏州瑞地测控技术有限公司(简称"瑞地测控")成立于2015年9月,是国内优秀的智能网联测试设备供应商。公司致力于为汽车行业的主机厂、零部件企业、智能汽车研发团队提供测试解决方案。

公司作为牵头单位,联合行业上下游共同编制的 T/CAAMTB 15—2020《车载毫米波雷达测试方法》团体标准已正式发布并实施;从测试手段、测试标准、测试解决方案着手,全方位助力智能网联产业发展;公司总部设在苏州,并在合肥、西安设有研发中心,为更多客户提供优质服务。

背景 BACKGROUND

高级驾驶辅助系统（ADAS）是传感器、处理器和软件系统的融合，旨在提高安全性并最终提供智能驾驶功能。以美国、欧盟成员国、日本、加拿大、澳大利亚为代表的发达国家和地区以及以中国为代表的新兴市场国家都制定了推动高级驾驶辅助系统（ADAS）应用的具体时间表。希望 ADAS 能尽快在本国汽车上得到普及，从而在汽车智能驾驶领域占得先机。

ADAS 模组检测校准是生产的必要环节，行业内称"百百测"——需要进行百分之百的测试和必要的补偿校准以满足系统公差要求。对于汽车关键零部件，制造企业生产过程执行管理系统需要每一件产品的测试结果。该数据需要提供给甲方（主机厂）进行参考，是提升产品质量、提升可靠性和降低汽车电子零部件召回风险的手段之一。

瑞地测控以智能网联汽车 ADAS 测试作为业务目标，定位为下游行业的测试测量服务提供商，随着下游行业整体发展而壮大。

产品 PRODUCT

瑞地测控为智能网联汽车的传感器提供全方位的测试系统，包括毫米波雷达、超声波雷达、摄像头、激光雷达以及通信测试。提供传感器的空口仿真注入组件（如毫米波、声波、激光信号）和硬线仿真注入组件（专用协议实现，如 DSI3、视频流信号），再基于核心组件开发实验室和产品线的测试系统，并可构建大型在环仿真系统。

技术 CORE-TECH

瑞地测控技术领域覆盖毫米波雷达测试、超声波雷达测试、激光雷达测试、摄像头测试、ADAS ECU 模组测试、无线通信测试、感知融合测试及 ADAS 硬件在环测试；设备能力覆盖实验室测试和量产测试。

以声、光、电信号仿真和测试技术为核心技术，完成硬件设计到软件开发，机电一体自动化设备设计开发，形成完整高效的测试解决方案。

以毫米波雷达测试为例：ADAS 毫米波雷达及激光雷达测试设备可以将雷达发射机性能测试和雷达目标模拟功能集中至一个系统中，使汽车雷达测试变得简单、快速而高效。为应对毫米波雷达研发测试过程复杂度提升和量产测试成本降低的需求，瑞地测控开发出独有的雷达信号发送及接收链路并行测试技术，同时实现多目标物体、角度、距离、速度的仿真技术以及自有知识产权的底层代码及自动化程序优化等关键技术。帮助用户在此平台上，实现雷达产品的测试认证以及快速迭代开发。

市场 MARKET

通过战略分析公司的预测数据可以看出,未来全球以及国内ADAS市场需求情况逐年上升,基于历史数据推算测试市场占比情况得出2027年智能驾驶测试市场规模约为50亿元。

竞争 COMPETITOR

从2015年开始,汽车行业的测试测量业务得到了快速的发展,行业销售额占比和行业销售增速均突破10%。汽车电子在汽车模组比重的增加,以及智能网联为汽车的传感器测试和通信测试带来的一系列机会。

公司的竞争对手主要是康莱德(Konrad Technologies)和诺芙智(Noffz Computer Technik)两家德国企业,两家企业的核心研发团队在德国,具有海外部署经验,但在中国本地支持能力薄弱,本地化服务能力不足。

相比于康莱德与诺芙智这两家外企,瑞地测控的优势是本地化服务能力比较强,响应快速,形成国产替代。

案例 CASE

国内某知名汽车检验检测机构在智能驾驶行业新兴初期,采用了从德国进口的全套解决方案,在近期的项目中已经全面导入瑞地测控的产品作为标准设备对行业内的客户进行标定检测和二次开发集成。瑞地测控的毫米波雷达仿真模拟、超声波雷达的仿真模拟、摄像头的视频流注入设备均成功地实现了国产替代。

IP INTELLECTUAL PROPERTY

公司目前持有实用新型专利20项、软件著作权36项、在申请专利7项。目前国内车载毫米波雷达测试测量领域基本为空白,公司将继续申请相关专利,构建行业内专利与技术壁垒。

团队 TEAM

核心团队均毕业于国家"双一流"A类院校,获得硕士及以上学位,具有多年的行业经验。

郑凯,项目创始人,中国科学技术大学核技术及应用博士,毕业后进入NI(National Instruments)中国公司,成为NI中国区的第一位系统工程师,组建了

NI亚太区最大的系统工程部门,支持NI测试产品在中国的系统级交付,测试对象涵盖通信、光学、声音及振动测试、分布式数据采集、便携式采集及记录设备、硬件在环设备和卫星导航模拟等;服务行业涵盖消费类电子、汽车电子、航天航海和科研院所等;后成为中国区的第一位BDM,负责行业拓展及产品设计。

融资 FINANCING

公司拟引入风险投资3000万元,占公司整体估值的10%。设备购置及生产用流动资金储备30%、研发投入50%、公司运营10%、市场推广10%。

锂离子电池全温度区间风险防控装置

  随着能源危机和环境污染等问题的出现，以锂离子电池为首的新能源储能媒介被广泛应用于新能源汽车和储能电站等电子领域。但由于锂离子电池内部的活性物质，其在过热、过充过放、机械撞击等滥用情况下，极易发生热失控，从而引发大规模火灾甚至爆炸事故。为了有效防止锂离子电池热失控发生，并在其热失控发生时进行有效抑制，本项目着眼于对锂离子电池全温度区间进行多级监控预警以及及时触发冷却措施，再结合热失控后的灭火和水雾冷却技术，以预警、冷却、灭火三位一体的方式对锂离子电池热失控进行高效的主动防护，降低锂离子电池热失控风险。本项目对提高锂离子电池储能系统安全性具有重要意义，且可为锂离子电池进一步商业化发展提供安全技术保障。

产品 PRODUCT

本项目是自主设计研发的一套用于锂离子电池火灾的预警-灭火-降温一体化消防装置发明,可实现锂离子电池热失控的预警与高效灭火降温。

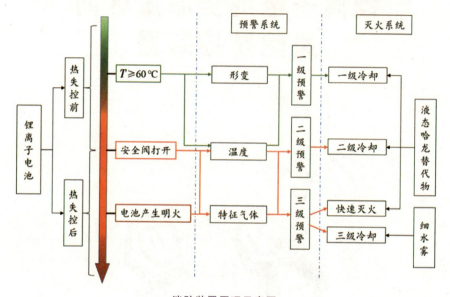

消防装置原理示意图

(1) 本装置的特点如下:采用温度、特征气体及应力形变等多种高精度传感器,较现有装置预警时间提前,预警精度提高。

(2) 采用绝缘介质喷雾冷却的方式延缓和预防热失控,为本行业内首次提出此类概念。

(3) 在电池未失控阶段释放的冷却液为绝缘清洁冷却液,对电池系统与电子线路等无任何损害。

(4) 考虑了电池灭火后的降温问题,增加了水雾冷却装置,灭火效果大大提升,降低了热失控传播的可能性。

(5) 创造性地提出了全温度区间的风险防控,使本装置与现有热管理系统形成热失控闭环防护,大大提高了系统的安全性。

主要涉及的技术参数有有效预警时间、灭火后电池降温速度等。本项目拟达到的技术指标为实现热失控前 5 min 的符合国标要求的提前预警,单体三元电芯明火在灭火系统启动后 5 s 内消失,灭火后电池表面温度在 10 min 内降低至 150 ℃。

技术 CORE-TECH

本项目中智能高效的锂离子电池火灾预警-灭火-降温一体化消防装置是基于锂离子电池热失控中的特点设计而成的,主要由预警模块、灭火装置和水雾系统组成。相对现有的锂离子电池预警与灭火装置,本装置将多种传感器引入系统,通过多种信号的协同作用对电池热失控进行预警,有效降低了预警系统的误报率;本装置首次提出全温度区间防控概念,有效弥补现有电池管理系统及消防系统的空白防护温度区间;使用喷雾冷却技术和全氟己酮对电池进行冷却和灭火,可靠性高、灭火效率较高;考虑了电池灭火后的高效降温,为行业内首次提出此类概念,全氟己酮释放后通过压力传感器自动触发细水雾,使本装置灭火后电池温度较低,可有效抑制热失控的传播。

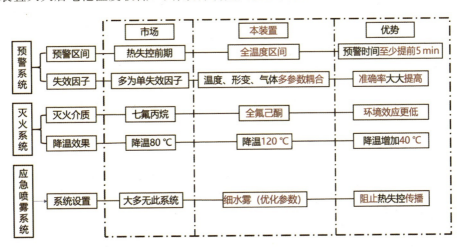

相关产品特点对比

市场 MARKET

2017年,电动汽车的销售量达到77万量,且电动汽车的销售量还以较快的速度增长。仅以电动汽车计算,此类预警与灭火系统的年市场需求量将达到1.54亿元。现阶段,已有中科中涣、中汽客、烟台创为等公司在做相关的产品。其中,较多的企业研发的预警与灭火系统为基于气溶胶的灭火系统,其虽然轻质,但灭火效果差,且对电池组的损害较大,一旦灭火剂误喷,整个电池组将难以清理及再次使用。

竞争 COMPETITOR

现阶段,对锂离子电池灭火技术的研究主要集中于国内外的科学工程研究机构及少数的高校和企业。国外从事此类研究的主要以各类研究机构为主，如FM 全球（FM Global）、联邦航空管理局（FAA）和美国航空航天局（NSAS）等研究的锂离子电池灭火设备多集中于飞船、飞机以及武器装备中。国内从事此类研究的主要为中国科学技术大学火灾科学国家重点实验室、天津消防所等。中国科学技术大学首次提出并开发了具有二次灭火功能的锂离子电池灭火系统，现已应用于南方电网宝清电站。天津消防所对锂离子电池灭火进行了研究，研究了不同介质对锂离子电池的灭火效果。中国民航大学研究了含添加剂的细水雾对锂电池热失控的抑制效果。

国外对于锂离子电池灭火的研究大多集中于各类灭火剂的测试，即通过测试筛选出效果较好的灭火剂，其几乎没有考虑灭火剂对电池的影响以及灭火剂对电池系统比能量的影响。国内对锂离子电池灭火的研究仍处于探索阶段，多数研究仍围绕灭火剂有效性开展，但已有电池模组及电池模块的灭火测试。因此，国内锂离子电池灭火技术的研究水平领先于国外。

团队 TEAM

本项目团队成员均为中国科学技术大学硕士研究生，主要研究方向为锂离子电池热失控后灭火等被动防护、锂离子电池热失控预警策略设计与预警模块开发等，所在实验室实力雄厚，具有良好的学科背景。在近两年的研究中，本团队在锂离子电池热失控、燃烧特征、热失控预警及灭火等相关方面进行了大量的理论研究和技术开发，形成了完备的研究体系。在锂离子电池热失控方面，研究了锂离子电池各个组分的热稳定性以及各类电池的热失控临界条件。在锂离子电池灭火方面，研究了各类灭火介质对锂离子电池火灾的抑制作用，并研发了基于火探管的自动灭火系统。

联苯-联苯醚的复叠朗肯循环发电系统的经济性分析与应用

本项目提出一种基于合成油联苯-联苯醚的复叠朗肯循环热发电系统,该系统将常规聚光太阳能集热-多级抽汽回热水蒸气朗肯循环系统与有机朗肯循环相结合用于太阳能热发电中。项目产品应用于太阳能热发电领域,在产业链上作为技术供应商。

本项目首次将复叠 ORC-SRC 与双罐结构结合用于太阳能发电中,将 Therminol®VP-1 用于直膨式系统中,主要解决常规双罐熔融盐系统热发电效率不高以及导热油在集热管中只经历液相导致平均吸热温度和集热效率不高的问题。同时通过技术创新进一步提高对太阳能的利用效率,从而缓解目前能源不足的问题。

背景 BACKGROUND

在"碳达峰""碳中和"目标引领下,我国将迎来可再生能源大规模开发利用的时代,目前出现的"限电"现象,更加说明"能耗双控"是贯彻新发展理念的重要抓手,也是落实"双碳"目标的必由之路。积极构建绿色低碳产业体系,推动能源结构优化将日益举足轻重。相比于风电、光伏发电与生俱来的不稳定性,太阳能热发电具有蓄热功能,可保证电力输出的稳定性和连续性,所以在未来新能源领域将扮演重要角色。

产品 PRODUCT

该系统包括左侧循环回路和右侧循环回路。左侧循环回路包括太阳能集热场、再热器、过热器、蒸汽发生器、预热器、高温罐、有机朗肯循环涡轮机、第一发电机、内部换热器、低温罐、工质泵,回路的循环工质为 Therminol VP-1。右侧循环回路包括再热器、过热器、蒸汽发生器、预热器、高压蒸汽轮机、低压蒸汽轮机、第二发电机、冷凝器、水泵、封闭式给水换热器、开放式给水换热器、节流阀,回路的循环工质为水。

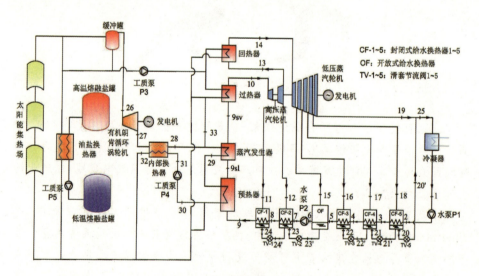

产品结构图

技术 CORE-TECH

该系统具有两种运行模式:额定模式和放热模式。光照充足时,系统运行额定模式,集热与换热同时进行;光照不足或者没有光照射时,系统运行放热模式,保证了系统发电的稳定性。该系统显著提升了系统效率。热力学分析表明,当系统的蒸发温度为 260 ℃时,该系统的效率达到最大值 42.66%,明显高于传统的双罐 CSP(集中太阳能发电系统)-SRC 系统的效率(38.15%)。此外,该系统解决了直膨式因为温度下降有限而造成的蓄热罐蓄热能力低和系统变工况运行的缺点以及蓄热水罐和集热管道中承压过高的问题。

额定模式:太阳辐照较强时运行在额定模式。联苯-联苯醚在集热场中被加热蒸发,进入高温罐。高温罐顶部的气态联苯-联苯醚进入涡轮机做功,再进入内部换热器换热,接着分别进入蒸汽发生器和预热器向蒸汽朗肯循环中的水放热。高温罐底部的液态合成油分别流入过热器和再热器对进入高、低压汽轮机的蒸汽进行过热和再热。

放热模式:辐照不足的阴雨天或夜晚系统运行在放热模式。高温罐底部的液态联苯-联苯醚分别进入四个换热器对右侧水蒸气循环放热,释放的热量用于驱动右侧循环。左侧循环不运行。

两种模式的切换可保证系统全天发电的稳定性。

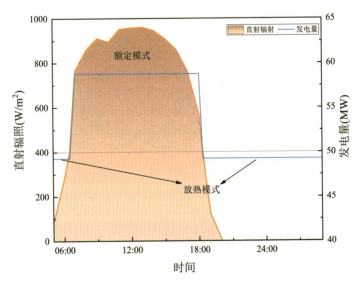

一天中辐照和运行模式的变化

市场 MARKET

目前,国内从事太阳能热发电的设计、建造和研发的相关企业有中广核新能源控股有限公司、浙江可胜技术股份有限公司、东方电气集团有限公司、中国能源建设集团有限公司、中国船舶重工集团新能源有限责任公司、常州龙腾光热科技股份有限公司等。但目前设计和建造的热发电站都是基于双罐熔融盐的槽式或塔式系统,且 Therminol®VP-1 仅作为集热介质。建成的 PTC 电站有 50 MW 首航光热德令哈电站、100 MW 内蒙古巴彦淖尔电站、50 MW 甘肃酒泉电站等。

竞争 COMPETITOR

本项目有以下创新点：

（1）计算得出复叠循环最大效率为 42.66%，高于传统的单级水蒸气循环效率 37.7%，有望解决效率的"卡脖子"问题。

（2）首次将联苯-联苯醚在集热器中直接蒸发膨胀，由于在集热器中经历了气液两种状态，平均集热温度大幅度提高。

（3）首次将联苯-联苯醚用于做功发电的工质，且首次将复叠朗肯循环与双罐蓄热结构结合用于太阳能发电中。

（4）联苯-联苯醚高温下的压力远低于水蒸气，避免了常规水蒸气系统中集热和蓄热压力高引起的一系列技术难题。

案例 CASE

中广核德令哈 50MW 项目是我国首批光热发电示范项目，采用的正是联苯-联苯醚作为载热流体，于 2018 年建成投运。目前已与所在的博士后工作站东方电气集团达成初步计划，采用其自主生产的汽轮机和换热器，同时拟从苏州首诺导热油有限公司购买联苯-联苯醚，并在中广核德令哈槽式光热项目的基础上进行改造，初步建立一个复叠循环示范项目。

团队 TEAM

李鹏程，项目负责人，2016 年 6 月毕业于中国科学技术大学，获得热能工程博士学位。合肥工业大学研究生导师，从事新型热力循环、太阳能热发电研究。负责项目创新设计与协调。

李晶，英国 Hull University 高级研究员，欧盟玛丽居里学者，担任国际可再生能源、材料与技术大会，国际传热、流体力学与热力学大会等 10 个国际会议的分会主席。负责提供技术分析与方案研究。

奚正稳，东方电气集团东方锅炉股份有限公司教授级高工，中国电机工程学会光热发电专委会委员。负责现场施工与技术支持。

裴刚，中国科学技术大学工程学院博士生导师。主要从事天空辐射制冷、新型热力循环、太阳能高温热发电、太阳能光热/光电综合利用、空调制冷等领域的研究工作。负责总体规划。

量子工业测量

本项目是量子精密测量技术在工业检测领域的应用,利用金刚石 NV 色心对磁场的高敏感度响应,开发新型量子磁力传感器;基于该传感器,进一步开发出高精度新型量子电流互感器。新型量子电流互感器在电力行业主要应用在电流互感器中;利用该量子测量技术的新型量子电流互感器主要应用于特高压电流计量与继电保护。

背景 BACKGROUND

国内特高压(直流 800 kV 以上/交流 1100 kV 以上)领域电子式电流互感器发展缓慢,并且设备存在明显精度和稳定性缺陷,因此电网在特高压领域并未大规模推广该技术,主要存在以下几个问题:

(1) 稳定性较差。全光纤光学式电流互感器核心部件是高精度光纤传感器,传感器传感单元和传输单元都是极细的特种光纤材料,材料材质较脆、容易损坏是影响全光纤光学式电流互感器稳定性的最大因素。

(2) 测量精度不达标。实际工作环境的复杂程度高。产品实地测量精度 0.5 级,未达到实验室测量精度 0.2 级,另外由于光纤材料的二次折射等因素导致漂移,一定程度上影响了测量的精度。

(3) 核心技术被美国控制。目前用于制备高精度光纤传感器的传感光纤技术被美国通用掌控,国内并未取得该项核心技术;核心传感材料基本从美国进口,受国内光纤产业链和光刻蚀技术的制约,该特种传感光纤短期内难以突破。

(4) 传统的电磁式电流互感器在直流电能测量上,并且在能耗和智能化上难以满足现代智能电网的要求。

公司研发的量子电流互感器旨在解决上述难题,在国产化的基础上创造一款高精度、稳定的电流互感器,促进国家特高压事业发展,保障居民安全用电。

产品 PRODUCT

本项目自主研发基于量子精密测量技术的量子磁力传感设备,通过对交直流周围磁场的测量,间接得到传输电流的相位与幅值信息,利用该技术研制的量子电流互感器,可通用于交、直流电能的检测计量。本项目产品属于量子科技开创性的研究成果,测量精度高,运行稳定性强,结构简单安全,应用范围广。

新型量子电流互感器以实现新型量子传感设备的国产化替代、现有老旧设备的高性能替代为目标,主要应用于新一代智能电网,广泛分布在发电、送电、变电、用电各环节,重点布局在 110 kV 以上高压、特高压电网的电能测量。相比于传统电流互感器,新型量子电流互感器在测量精度、结构安全性、能耗等方面具有绝对优势;相比于电子式电流互感器,新型量子电流互感器精度更高、稳定性更强、适用范围更广。

产品具备三大优势:0.1 级高精度、50 年寿命高稳定、交直流通用性。

技术 CORE-TECH

量子精密测量技术是利用量子点与周围环境的相互作用,从而使得自身状态发生变化,通过量子操控与测量方式,读取量子点的状态,从而得到外界环境场的性质。其优势在于灵敏度高、位置探测精确、响应带宽大。

本项目推出的量子电流互感器,将量子磁力传感技术、量子算法及光学操控技术相结合,通过量子精密传感技术测量导线周围产生微弱磁场的强度,反向测算出电流强度,实现高精度、高稳定性、大动态范围的电流测量。项目拥有三项核心技术:量子磁力传感技术、光学操控技术、量子算法。产品实现三种主要功能:电能计量、继电保护、精准调控。

利用量子科技优势结合工业应用场景,解决现有工业电能计量中的技术难题,提高计量精度、扩大适用范围、优化设备结构,力争用高科技技术,生产高端工业仪器设备,促进工业发展,推动产业升级。

市场 MARKET

作为全国首家量子工业测量公司,安徽省国盛量子科技有限公司致力于将量子精密测量技术应用于工业领域检测。2021年推出的量子电流互感器,属于精密仪器仪表,应用场景有环流站/变电站、新能源发电站等。用户包括电网运营商(国网、南网等)、发电企业、电气设备集成商。而根据三胜咨询行业调研数据,2022年我国电流互感器市场将达1388亿元。

量子测量能赋能的产业远不止电力行业,未来对国防安全、生物医疗、建筑基建、芯片半导体、教育科普等行业,都会有强大的推动发展作用。

IP INTELLECTUAL PROPERTY

项目团队发表SCI论文百余篇,取得发明专利11项,公司申请发明专利20项,正在受理。

团队 TEAM

赵博文,项目创始人,中国科学技术大学博士。

孙方稳,联合创始人,中国科学技术大学教授,青年长江学者。

张少春,技术总监,中国科学技术大学博士,中科院量子信息重点实验室研究员,实现了1 nT以下的磁场测量灵敏度。

王泽昊,产品总监,中国科学技术大学博士,参与国际项目进行数据处理、数据分析和科学可视化研究。

国盛量子的核心成员均为中国科学技术大学硕士、博士研究生,公司研发人员来自中科院量子信息重点实验室。

项目团队

融资 FINANCING

公司拟出让10%股权,融资3000万元。其中,产品升级开发投入1500万元,实验/检测平台建设拟投入1500万元。

2021年已获得合肥市高新建投集团1800万元融资款,目前股权正在变更中。

陆基高精度自主 PNT

  PNT 是"导航、定位、授时"的意思，该产品是一套部署在陆地上的完整导航定位系统，不需要接收天基信号。其价格低廉，但拥有强大的能力，能够使应用场景的导航定位能力达到厘米级。

  随着全球信息化程度的提高，以及智能化的发展，需要精确时间（授时）的领域越来越多，如电力系统、通信、公路交通、航海、测绘、防震救灾、公安、林业、广播电视、银行、气象预报、激光测距、科研、军事等，授时体系对于国家经济命脉、国家安全至关重要。美国国土安全部第21号总统政策指令所确定的16个关键行业中，就有11个依赖于精准授时。

  当前，国内授时主要依赖于北斗/GPS，北斗/GPS的授时精度是60～150纳秒，未来高科技需要依赖亚纳秒级乃至皮秒级的授时技术。

  解决这个问题可行的方案是部署栅格化的光纤授时网，采用时钟同步的方式解决授时精度问题。物朗的光纤授时系统是一套完美的解决方案。

  成都物朗科技有限公司分别用光纤和微波两种媒介实现了超高精度的时间同步，单跳精度10～30皮秒，全球领先。此核心技术背后是一项世界性难题。掌握了此底层核心技术，可以轻松开发出各类上层应用。

背景 BACKGROUND

从建立一个现代化的大系统工程总体考虑,导航定位和授时(Positioning, Navigation, and Timing, PNT)系统应该说是基础中的基础,它对整体社会的支撑几乎是全方位的,星基导航和授时是未来发展的必然趋势。

时空基准包含了地理空间的几何信息和时空分布信息。万物皆存在于时空之中,通过时空来产生联系。时空基准是我们用数字描述我们生活世界的基础。随着万物互联时代的到来,智慧城市、智能物流、智能驾驶、无人机等应用场景,对精准时空的需求越来越强烈。打开智能化未来大门的钥匙有几把,时空基准是其中关键的一把。

产品 PRODUCT

成都物朗科技有限公司有两类产品:一是陆基高精度自主PNT产品,二是光纤授时设备,这两类产品属于陆基导航定位授时领域。这两项产品的技术都是全球领先,且拥有完全自主知识产权,未来还可以通过底层技术发展出更多的拳头产品和解决方案。

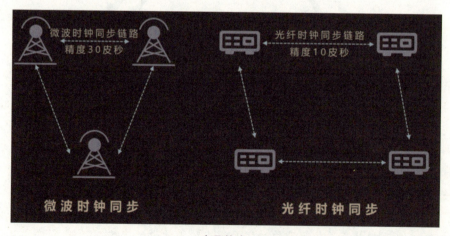

产品技术

产品一:微波时钟同步+导航定位模块+陆基部署=陆基高精度自主PNT。其应用场景包括自动驾驶/车路协同、智慧港口/矿山、无人机配送、无人机着舰、精准打击等。

导航定位厘米级,形变监测毫米级,授时精度30皮秒。产品已进入小批量状态,有大量测试案例,包括北京顺义外场测试、上海天文台佘山科技园演示及部署、公主岭智慧管廊测试、东土科技宜昌科技园智慧工厂验证项目等。对比全球唯一竞争对手澳大利亚的Locata,物朗科技产品技术指标更高。

产品二:光纤时钟同步＋大规模陆地部署＝光纤授时网。单跳时钟同步精度10皮秒。产品已进入小批量状态,已进行了长期、多场景测试。与行业客户和专家进行过深入沟通对接,受到高度认可,已为某行业客户"十四五"大规模建设做好了准备。基于时钟同步的底层技术,物朗科技还可以开发出其他上层应用产品。

技术 CORE-TECH

陆基高精度自主PNT技术门槛主要体现在:一是利用微波相干性实现高精度的时间同步的技术,达到了极高的时间同步精度,但成本低廉,且同步拓扑灵活,可星形组网或链式组网;二是抗远近效应的信号捕获与跟踪技术,在信号功率相差几万倍的大信号中捕获跟踪到远端小信号。

光纤授时设备技术门槛体现在四方面:一是高精度时间同步的核心算法;二是实现光纤内单波双向,需要解决驻波问题;三是灵活的组网能力,拓扑可以做到无限灵活;四是解决了工程部署难题,不用改动现有光通信网的设备,也不会造成网络大割接。

市场 MARKET

陆基超高精度授时市场的主要行业和领域包括电力、铁路、海洋、电信、金融、军工、区块链等,陆基授时需要基于通信管道,包括光通信、数通、无线等,通信管道全球市场规模每年超过2万亿元,光纤授时按占比5%～10%计算,为1000亿～2000亿元。

室内定位市场包括交通、工矿、市政、快递等,根据科技行业咨询公司IDTechEx预测,2024年室内定位产品市场规模将超过600亿元。

根据IHSMarkit预测,中国整个自动驾驶市场规模在2030年将达到2.25万亿元,复合增长率在20%～28%。陆基高精度PNT可按占比2%～3%计算。考虑全球市场,则远大于此数据,可按国内2倍计算为1350亿～2025亿元。

竞争 COMPETITOR

对标公司一:千寻位置网络有限公司,2015年由中国兵器和阿里巴巴各出资10亿元合资成立,2019年融资10亿元,估值130亿元。

对标公司二:新南威尔士大学的Locata公司,1997年成立,2015年与美空军无人机合作后,不再发布新闻。

团队 TEAM

物朗科技拥有成熟的核心团队,团队关键成员原本是中兴通讯、烽火等公司的资深人员,在科研、市场、管理上拥有丰富经验。

姚春波,团队负责人,毕业于中国科学技术大学近代物理系核电子专业,工学硕士。具有中兴通讯16年移动通信产品研发经验,原中兴通讯CDMA总工、WiMAX总工、无线技术总监,资深架构师、讲习师;同时是H863"无线类星授时与导航增强技术"课题负责人。

融资 FINANCING

融资需求:2000万～5000万元,主要用于光纤授时产品定型及系列化、陆基高精度自主PNT终端ASIC化、光纤分布式PNT研制开发、市场推广和人力资源等支出。

面向柔性印刷器件的电子墨水开发及转化

  项目所开发的电子墨水以银包铜纳微米结构为导电填料，以水性丙烯酸树脂为分散稳定剂，并开创性采用辐射交联技术使树脂分散剂与聚合物基材发生交联反应，显著提升印刷电路与基材的结合力，满足众多场景中柔性可穿戴电子的应用要求。

  项目开创性地发展辐射技术交联印刷电路与柔性聚合物基材，以水性树脂作为电子墨水分散稳定剂，可与柔性聚合物基材发生交联反应，利用辐射交联产生的化学键将印刷电路与基材牢固锁紧，柔性印刷电路表现出优异的耐水性、揉搓性能，在以纤维织物为基材的可穿戴电子领域表现出巨大应用前景。

背景 BACKGROUND

"十四五"时期,要把产业高质量发展、现代产业体系建设作为今后制定实施产业政策的核心目标,把增强自主创新能力、实现由"中国制造"向"中国创造"转化作为政策重心。

当前,随着5G行业、人工智能、物联网的高速发展,万物互联时代正在逐步到来,柔性可穿戴电子设备是实现人、机、物交互沟通的重要桥梁。柔性电子市场前景广阔,规模迅速扩张,正发展成为国家支柱、主导产业;据IDTechEx预测,柔性电子产业2028年有望达到3010亿美元,处于长期高速增长态势。作为柔性可穿戴电子设备的关键部件,柔性印刷电路板(FPCB)智能制造迎来发展新机遇。

产品 PRODUCT

研究团队积极拓展所开发电子墨水的应用场景,加速电子墨水产品的落地与转化,与合作企业推广电子墨水及其所衍生的柔性可穿戴电子产品。电子墨水自身作为销售产品,在柔性可穿戴电子器件与印刷线路板组装、半导体集成电路封装、光电器件封装等领域拥有巨大市场。为满足不同场景的应用要求,团队已成功开发三个系列的电子墨水产品,分别为柔性印刷电子墨水、溶液型电子墨水以及功能型电子墨水。

技术 CORE-TECH

在银包铜导电填料的设计与开发方面,发展了外加还原剂与络合剂的还原镀银技术制备银包铜导电填料,与传统置换镀银相比,外加络合剂可有效降低Ag+还原电位,抑制其与铜的置换,所得银镀层光滑、致密,最高可节省70%的银用量,并表现出优异的抗氧化性能。

在电子墨水的配方设计方面,采用零维纳米银包铜与二维微米银包铜填料复配,零维纳米结构可有效填充于二维微米结构的空隙,提升导电性;同时,由于纳米尺寸效应,零维纳米银包铜熔点显著降低,可高效焊接二维银包铜微米片,大幅降低固化温度(100~150 ℃)。

市场 MARKET

柔性电子墨水市场规模巨大。据相关统计数据,生物传感市场规模预计破1500亿元,其中可穿戴相关传感器约占总体比重的20%;电子器件年市场规模破6000亿元,民用电子器件约占总规模的80%;医疗检测市场规模破180亿元,柔性印刷电路板占检测设备制造的1%。预估全国约有60亿元柔性电子墨水市场需求。

技术优势

竞争 COMPETITOR

当前,电子墨水严重限制柔性电子的印刷制造与推广。现有国内同类产品以低端为主,高端稀缺,性能无法满足柔性电子应用。本项目产品核心指标可与进口墨水媲美。

	日本京瓷	德国汉高	美国奥斯邦	鑫威新材	本产品
导电性 (μΩ·cm)	30~400	30~400	600~900	800	10~400
固化温度 (℃)	200	200	150	175	150
价格 (元/g)	>40	>40	20	15	10
结合力	较弱	中等	弱	较弱	强

导电性 **高**、固化温度 **低**、结合力 **强**、价格 **低**

本项目产品与竞品指标对比

案例 CASE

项目开发的电子墨水在大幅降低成本的前提下,成功解决了导电性差、固化温度高、印刷电路与基材结合力差等一系列行业痛点,并与上海理凯材料科技有限公司、厦门银方新材料科技有限公司开展合作,推动电子墨水的批量生产并开拓应用场景,对其耐候性展开验证,目前已成功应用于柔性红光面膜仪、高精度熔断器以及柔性传感器等产品。

IP INTELLECTUAL PROPERTY

团队累计申请并授权发明专利10余项,发表学术论文20余篇。主要包括外加还原剂与络合剂的还原镀银技术,共还原与热熟化相结合制备 Cu@Sn-Bi 核壳结构技术,电子墨水低温烧结技术,辐射交联、化学镀提升印刷电路与柔性基材结合力技术等。

团队 TEAM

自2006年,主创团队面向未来电子器件的智能化制造,以纳微米电子材料、高分子材料的辐射制备与改性为基础,印刷电子技术为手段,研究、开发、转化柔性可穿戴电子器件的基础理论及关键技术。

张震,创始人,博士,安徽省优秀毕业生,上海市挑战杯、互联网＋竞赛优秀指导教师。

方斌,联合创始人,教授,国务院特殊津贴获得者,上海市实施高新技术发明成果优秀企业家及总工程师。

南栖仙策业务智能决策平台项目

南栖仙策于 2018 年 9 月 30 日成立,专注于智能决策领域,是南京大学人工智能创新研究(南京智谷人工智能研究院新型研发机构)技术孵化企业,具备全球领先的人工智能能力。

南栖仙策独特的开放环境、自主决策的核心技术,打破了 AlphaGo 等以往决策技术无法突破封闭环境的屏障,实现了实际业务中智能决策的落地,在多种业务场景得以验证。南栖仙策的创新前沿技术、落地客户价值,致力于在广泛的业务中释放人工智能的决策力量,成为人工智能工业革命的领导者。

背景 BACKGROUND

传统工业新品的前期研发面临大量试错调整,研发周期可能需要超过一年的时间。客户通过南栖仙策的智能决策平台减少试错,能够把研发周期缩短到半年甚至几个月。而在网约车优惠券营销方面,在同样的成本下,南栖仙策的技术能够在短时间内帮企业提高5%~8%的净利润;而随着决策算法的进一步优化,这个比例还可以持续稳步提升。

产品 PRODUCT

仙启(Revive)业务智能决策系统,是一款工业级 SaaS 软件平台,基于南栖核心决策算法,在功能上提供业务场景决策优化、基础数据处理、模拟器训练、策略推演等全流程的业务智能决策服务。

该系统目前已研发完成 2.0 版本,在核心算法包优化的基础上,实现了对更多业务场景的训练支撑,尤其是在营销发券解决方案上实现了深度定制,更便捷、高效地实现发券业务决策。无论对于算法人员,还是模型调试人员、运营人员,都能高效便捷地使用起 Revive 平台,在提高生产力的同时,实现更优的业务决策效果。2.0 版实现了项目多人协同分享,方便训练信息共享。目前在不同领域,已有数十家规模客户在使用南栖仙策的产品解决方案。

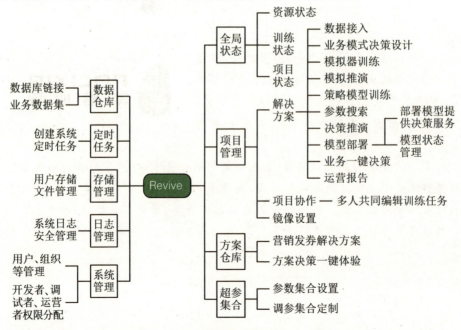

智能决策系统结构

技术 CORE-TECH

智能决策系统是南栖仙策将强化学习能力算法应用到实际业务中的重要体现，可应用于多个实际业务场景中，只需接入环境交互数据、业务指标、业务约束，将真实环境构建成一个虚拟的模型，系统即可运行，寻找最优业务指标的决策策略。

▶ 输入目标、约束、数据，通用过程产生决策模型

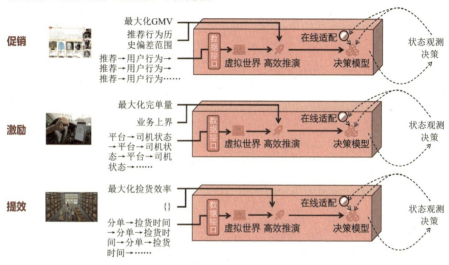

决策模型原理

市场 MARKET

目前在单一行业中，已有其他使用非强化学习技术为客户提供智能决策优化的企业，尤其是数据积累丰富的电商零售、内容推荐等领域。

根据艾瑞数据，2022年人工智能技术辅助决策应用落地的市场规模将达到55.86亿元。以制造业为例，目前已经有不少工业数字孪生系统出现，不过这类系统需要有资深行业背景的专家进行搭建，研发周期很长。而南栖仙策的系统不仅可以帮助缩短开发周期，还可以降低开发门槛与应用门槛，降低企业成本。

案例 CASE

已在科研项目上与淘宝、滴滴、菜鸟仓库等企业建立了合作，进行了算法打磨与技术验证。比如在菜鸟网络的仓储拣选优化场景中，能够用技术模拟数种不同的派单策略，最终得出让工人效率最高的派单方案。

俞扬,公司创始人兼CEO,南京大学计算机科学与技术系博士,曾获OpenAI强化学习国际比赛冠军。其他核心成员大多来自南京大学、中国科学技术大学等高校的计算机专业,不少成员曾供职于华为、北京博电、施耐德电气等企业,具有丰富的工业研发及市场经验。

脑功能健康

爱可泰思是一家科技和临床共同驱动的医疗创新企业,主营医疗人工智能应用及设备开发,通过创新数据和科技,寻找脑功能健康领域切入点,实现数据革新诊断、科技增益治疗的目标与愿景。本项目目标市场为医院的高端影像设备市场,为其提供领先的无创脑功能检查设备和人工智能辅助诊断方案,应用于医院各科室或体检机构有脑功能检查需求的人群。

背景 BACKGROUND

脑是人体最复杂的器官,被最坚硬的骨头包围,脑功能障碍是诊断和治疗的难题。中国每年新发脑卒中超过330万人,超过600万AD患者且持续增加,失眠人群超过1亿人;目前,涉及脑功能检查的科室非常多,临床缺乏客观的无创检查工具。

因为医疗技术手段的限制,以精神疾病为代表的脑功能异常相关疾病无法定量影像检查,依赖于人工访谈,这进一步放大了中国医生资源不充足、不均衡带来的影响,落后地区的临床患者往往不能得到及时诊断,错过治疗黄金时间,发展为重症精神疾病。脑功能影像技术已经在科学研究领域应用超过20年,发现了很多潜在的精神疾病标志指标。目前亟待研制医疗级影像诊断设备,形成诊断指标和常模,让患者有希望只用低廉的价格即可享受先进的诊疗技术,生活质量更好。爱可泰思的"脑功能网络成像设备",即医学影像和大数据的创新应用,开创真正意义上的"世界首台"医用脑功能影像设备。医疗数据具有很强的隐私性,若不掌握影像设备这一数据入口,很难获取大样本的数据库,不可能形成人工智能诊断模型。本项目团队集自身专业优势,致力于fNIRS脑成像技术和人工智能的结合。以自有医疗设备为基础,打造完全自主知识产权的AI+高端医疗影像设备,将形成极强的市场竞争壁垒。

产品 PRODUCT

爱可泰思全力专注于脑科学领域,聚焦脑功能健康问题的临床无创诊断和干预技术以及智能应用。目前正在攻坚研发的产品是捕手——世界首台医用脑功能网络图机。脑功能网络图机将首次实现脑功能障碍的临床影像诊断,并且作为大数据入口将形成百万级样本量行业优势,基于脑网络大数据的AI辅助诊断将成为可能,对康复评估、精神疾病诊疗、认知功能干预评估、AD早期筛查等医疗应用产生巨大推动影响。

另外,爱可泰思在失眠、帕金森、脑卒中等多项脑功能疾病领域亦有研发规划,其中秒着——即时助眠智能硬件将于2022年率先进入市场,帮助上亿失眠患者即时入眠。所有产品核心知识产权全部来自企业自主研发,目标是两年内获批两项二类医疗器械产品注册证。

技术 CORE-TECH

已形成自主研发关键技术神经血氧光谱成像通道,全国产器件性能已达国际先进水平。其中,光源功率线性调节精度达1/10000级,光源电路底噪低至千万分之一,光源漂移低于 2‰,微弱光信号检测灵敏度达 1/100000 级。

快速全脑成像的创新结构装置:突破经颅脑功能成像共性瓶颈。提供贴合力,排除头发干扰,具备 SOP,实现快速佩戴。

快速全脑成像的创新结构装置概念图

竞争 COMPETITOR

本项目产品与市面现有产品在以下方面具有一定竞争优势。

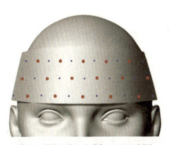
竞品-前额(无头发)3×11阵列

创新-全脑8×24阵列

现状	本项目技术
仅覆盖额叶及部分颞叶	覆盖皮层大部√
信号质量人工判断	信号质量自动检测√
无脑网络指标	脑网络定量指标√
光纤光路损耗	前端高质量采集√

竞品对比

案例 CASE

经影像医师检查发现:某患者额顶功能网络可见,全局网络连通性值偏低,局部网络连通性正常,右侧顶叶 BA39 区(角回)存在低于正常值的跨半球网络连接;诊断意见:结合临床,考虑额顶网络发育滞后,疑 ADHD 可能。

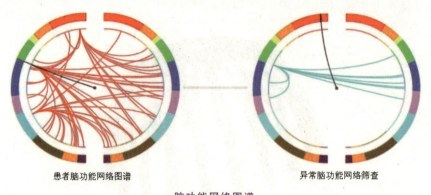

患者脑功能网络图谱　　　　　异常脑功能网络筛查

脑功能网络图谱

IP INTELLECTUAL PROPERTY

项目团队已申请及获得发明专利 4 项,实用新型专利 1 项,集成电路布图设计专有权 1 项。

团队 TEAM

李睿,创始人,计算机+认知神经科学交叉背景,北京师范大学脑与认知科学研究院硕士、博士,NIRS(近红外光谱成像)技术专家,中国自主 NIRS 脑功能成像系统 BrainScanN3001"研发-临床-注册"全流程负责人。

张丽,联合创始人,15 年深度耕耘精神神经类药品营销,曾任国际著名药企中国销售总监。

吉丽丹,联合创始人,ISO13485 体系、GMP 体系专家,曾任迈迪顶峰、先瑞达医疗高级工程师,从业 6 年共计 70 余项医疗产品研发、注册和质量管理经验。

融资 FINANCING

种子轮融资金额 500 万元,主要用于团队组建、关键技术研发;Pre-A 融资 2000 万元,主要用于加速研发测试、NMPA 获证、团队扩充。

轻型协作机器人及无人车应用

江苏集萃智能制造技术研究所有限公司由江苏省产业技术研究院、智能制造核心团队与南京市江北新区于 2016 年 9 月共同发起成立,主攻虚拟工厂的设计、高端装备的研制与可制造执行系统开发三大方向。培育江苏省智能机器人创新中心与江苏省智能机器人工程研究中心,被评为国家高新技术企业、2020 年度江苏省专精特新小巨人企业。

公司通过了 ISO9001 质量管理体系、武器装备质量管理体系、CE、CNAS、ISO27001 信息安全管理体系、ISO20000 信息技术服务管理体系要求、CMMI 3 级认证、CCRC 软件开发三级认证,并通过保密资格审查。

公司以市场需求为导向,开发了 2 款代表产品:协作机器人、无人清洗车,获得机器人领域最高荣誉恰佩克新锐奖,并成功应用于 3C 电子、汽车零部件、餐饮、环保等行业,为企业的智能化升级提供助力。

产品 PRODUCT

协作机器人：聚焦3C电子、汽车零部件、餐饮、零售等行业重点推广产品；联合苏美达等知名企业打造典型应用案例，提高行业影响力；根据已有案例重点优化锁螺丝、码垛、喷涂、装配等功能，根据市场需求继续开发抛光打磨、检测、去毛刺等应用场景。

无人清洗车：针对园区、商场、工厂、高铁站等场景重点推广基础款清洗车；根据餐饮、医疗两大行业市场需求，开发推广送餐及消杀系列产品；联合医疗服务机器人厂家重点针对医院应用场景布局市场。

技术 CORE-TECH

针对协作机器人：自主研发核心零部件力矩电机、设计驱控一体化关节模组、机器人本体；谐波减速和高精度编码器之间的配合，重复定位精度达到0.03 mm；实现无传感器的碰撞检测，保障人员和设备的双重安全性；自主研制气动、电动、液压等末端夹具，实现多场景应用；集成视觉设备，赋予机器人检测、引导等能力；共申请专利39项，其中发明专利27项，已授权13项，授权发明专利3件。

针对无人清洗车：使用BCD算法实现清扫区域的之字形全覆盖；基于自主研发的激光视觉融合建图算法，实现高精度地图构建；依靠编码器（encoder）、惯导传感器（IMU）、激光雷达、视觉里程计等多传感器融合算法，实现精准定位，确保运行的鲁棒性和安全性；自主研发水循环系统，实现对污水的自动回收、多重过滤、循环使用；共申请专利16项，其中发明专利9项，已授权5项。

市场 MARKET

2019年，中国商用清洁机器人市场需求规模在3.8亿元左右。2020年，受新冠疫情影响，商业市场、公共市场对商业清洁机器人需求旺盛，中国商用清洁机器人市场需求规模达到7.5亿元。未来中国商用清洁机器人市场需求仍将保持较快增长，预测到2025年整体市场需求规模将达到27.8亿元。

竞争 COMPETITOR

现有协作机器人同类市场产品及其特点

品牌	主推产品	劣势
遨博	AUBO-I3/I5/I7/I10	· 配套末端执行器外购,未能开发自己的产品; · 视觉设备外置,未与机器人本体集成; · 核心零部件磁编码器外购,未能自主研发; · 使用霍尔传感器,定位精度低
节卡	JAKA Zu3/7/12/18/S	· 核心零部件电机、磁编码器等均是外购,未能自主研发; · 使用霍尔传感器,定位精度低
艾利特	EC66/63/612/75	· 碰撞检测功能采用外置力矩检测传感器,成本偏高; · 核心零部件电机、磁编码器等均是外购,未能自主研发

集萃智造优势:掌握核心技术,自主研发电机,成本低于市场价一半;正在自主开发核心零部件磁编码器;自主开发系列末端执行器,支持个性化定制;使用高频注入方式获取电机转子初始位置角,定位精度准;开发 E 系列新品将视觉设备集成在本体中;通过电流检测实现碰撞检测功能。

现有清洁机器人同类市场产品及其特点

品牌	主推产品	功能	产品劣势
高仙	Ecobot scrubber 50/75 Ecobot Anti-virus	· 自动回桩充电; · 智能语音/触屏/APP等多种交互方式; · 避障、防撞、防打滑、防跌落; · 自动识别清洁污渍、检测清洁质量; · 自动报告任务详情、反馈任务进度; · 自主加排水、自动回收污水; · 独创污水循环系统; · 除菌	· 采用激动雷达导航、核心零部件激光雷达采购成本高
新松	松净机器人	· 洗扫尘推; · 杀菌消毒; · 智能路径规划; · 智能工作,实时汇报; · 大屏广告互动; · 3D实景互动	· 产品功能较单一,应用范围小
广州艾可	ismart交互媒体保洁机器人	· 自主避障; · 自主充电; · 单个区域自主清扫路径规划; · 跨区域路径规划; · 多重安全保护	· 缺少污水循环系统、加水频繁、用水量大; · 洗扫款净重与体积偏大、运输不便、不适合狭窄空间使用

集萃智造优势：视觉＋激光雷达导航结合，导航成本低；正在自主开发核心零部件激光雷达；开发清洁、送餐、导诊、消毒、转运5个系列产品，满足多场景应用需求。

团队 TEAM

骆敏舟，董事长，中国科学技术大学博士，主攻智能机器人/智能制造方向；任国内多个智能机器人领域的咨询专家及集团理事，多个国内知名核心期刊的审稿专家；获全国五一劳动奖章；获吴文俊人工智能科学技术奖（中国智能科学技术最高奖）。

全面云端 CAD/CAE/CAM 一体化研发设计工业 SaaS/PaaS

　　本项目核心业务是基于全面云端架构的三维 CAD/CAE/CAM(CAX)一体化研发设计类工业软件和工业云平台的研发及推广。核心产品是国内首家且唯一、业内领先的全面云化(Full Cloud based)、全平台轻量化终端(All-Platform Thin Client)、支持协同协作(Real-time Collaboration)、高性能 3D 渲染、基于完全自主可控三维 CAD 核心技术的产品研发设计 SaaS 平台。

　　通过自主研发逐步沉淀能和海外巨头媲美的核心 IP,包括 3D 参数化建模、3D 曲面建模、柔性物理仿真、光线追踪渲染、实时协同协作等,领跑国内同跑道竞争对手。科燃智能推出的 3D CAX 研发设计类软件,是计算机、应用数学、物理学和工业硬核知识的结晶。

背景 BACKGROUND

CAD是指运用计算机制作并模拟实物设计,展现新开发产品的外形、结构、质感等特色的过程。CAD等研发设计类工业软件是人类基础学科和工程知识的集大成者,是架构在计算机技术、数学科学、物理科学和工程技术之上的宏大建筑,应用于电子计算机及其外围设备,协助工程技术人员完成产品设计和制造,提升产品开发效率,降低开发成本,缩短开发周期,提高产品质量。

CAD等研发设计类软件是难度最大的工业软件细分领域。在该领域,中国厂商和海外竞争对手间存在着悬殊的差距。如果说在芯片领域光刻机卡了中国芯片的"脖子",那相对设计研发等核心工业软件,中国在智能制造领域则是被卡住了"头"。

未来工业软件的产品形态不是"软件License",而是"云Cloud"。同时掌握计算机行业前沿技术(云计算、GPU渲染、协同软件架构等)和工业设计仿真领域核心技术(三维几何建模、物理仿真、有限元分析等)的创业团队,将迎来降维打击和弯道超车的历史性机遇。

产品 PRODUCT

公司是行业内首家轻前端、重后端、跨全平台的云3D CAX厂商。已发布了行业内首款、也是唯一一款产品,真正实现让用户在所有移动端设备(安卓、iOS、鸿蒙等)、平板设备(安卓、iOS、Windows等)、AR/VR设备和其他低功耗设备上进行流畅的3D建模和仿真交互,并支持复杂的三维几何模型建模和物理仿真计算。基于最前沿全面云端(云原生引擎)软件架构,产品在性能和成本上具备天然的绝对竞争优势。

技术 CORE-TECH

核心3D建模仿真技术,不仅具备跨行业的通用性质,而且具备垂直性质,能够为特定行业开发应用产品。目前已有潜在合作伙伴的行业落地方向,包括汽车工装件设计仿真、汽车白车身概念设计、建筑BIM设计、鞋服行业3D数字化、数字孪生等。

市场 MARKET

升级智能制造,是新一轮工业革命,也是我国制造业转型升级的钥匙,而工业软件是智能制造的核心和灵魂。我国作为全球唯一具备完整工业体系的国家,为自主实现智能制造产业升级,须尽快弥补工业软件"短板"。2016~2019

年，我国工业软件产品市场增长率为16%。2020年，我国工业软件产品收入达到1900亿元。"华为事件""MATLAB事件"拉响工业软件"卡脖子"的警报，核心技术自主可控箭在弦上。特殊行业、高科技行业、大型国企均有高度信息保密需求，工业软件自主可控国产化是必由之路。目前研发设计类工业软件海外巨头在我国的市场占有率接近90%，国产渗透率低，行业发展潜力好。国家政策也大力支持，工信部相关报告指出，"十四五"期间，追加工业软件为工业"新五基"。财政部相关报告指出，制造业企业研发费用加计扣除比例提高到100%。现在正是硬核科技创业者和工业软件跑道创业的最好时代！

竞争 COMPETITOR

公司是行业内首家轻前端、重后端、跨全平台的云3D CAX厂商。持续积累完全自主可控的工业级3D CAD技术平台，并通过自主研发逐步沉淀能和海外巨头媲美的核心IP，包括但不限于3D参数化建模、3D曲面建模、柔性物理仿真、工业级光线追踪渲染、实时协同协作等，领跑国内同跑道竞争对手。

案例 CASE

相关产品在汽车工装夹具模具设计仿真和服装产业3D数字化设计打样生产中均有较好的应用案例。

团队 TEAM

创始团队共4人：创始人兼CEO陈聪、创始人兼CTO陆扬、创始人兼COO张滔、首席科学家申远。陆扬曾任职于全球GPU和AI巨头Nvidia最核心的GPU计算架构组，在GPU体系结构和并行计算领域为国内稀缺的架构和算法级别专家，掌握行业最顶尖基于CPU+GPU多核多线程架构的高性能3D建模仿真渲染的软硬件优化能力。

团队成员主要毕业于中国科学技术大学，且多为连续创业者。团队成员均曾在科技和工业领域全球顶尖企业担任研发和技术要职，从业经历全部超过10年；在计算机图形引擎、CAD/CAE工业软件、工业数字化领域有着丰富的产品研发、实施管理和市场运营经验；熟练掌握计算机3D建模、GPU渲染、云计算、物理仿真、有限元分析、大数据、AI等领域核心技术，均为自主研发，关键核心技术完全自主可控。

融资 FINANCING

本公司拟引入首轮风投1000万元，融资75%用于研发。

全色激光电视

合肥全色光显科技有限公司是一家专业从事全色激光显示研发、生产、销售及相关技术服务的国家级高新技术企业，成立于2018年，是由中国科学技术大学激光显示研究团队与合肥市高新区高新产业投资集团联合成立的产学研公司，许祖彦院士和欧阳钟灿院士担任公司首席科学家。公司发展高端全色激光显示技术，在我国激光显示领域"卡脖子"技术及核心共性技术领域取得重大突破。公司产品通过了安徽省科技厅技术成果鉴定，"整机国际先进、散斑抑制及光效国际领先"。

背景 BACKGROUND

全色激光显示技术是继黑白显示、彩色显示、数字显示之后的第四代显示技术,是我国具有核心竞争力的主要领域之一,已被列入国家战略性新兴产业规划。激光具有方向性好、单色性好和亮度高三个基本特性,可实现大色域、双高清(几何、颜色)视频图像显示和真三维显示,被认为是实现高保真图像再现的最佳技术途径,能为观众提供更绚丽的彩色。人眼能看到的色域中,液晶只能再现27%,而激光显示可显示人眼可视颜色的95%以上,是传统显示的3倍以上。同时,激光显示还具有寿命长、亮度高、节能环保和易实现高分辨大屏幕显示等优点,比如寿命超过3万小时,而功耗仅为传统显示的1/10。另外,激光显示采用漫反射原理,长时间观看不会产生视疲劳,非常健康护眼。

产品 PRODUCT

公司主要产品为全色激光显示系列产品,具有色域广、寿命长、亮度高、健康护眼和能耗低等优点,代表着显示技术领域的重大技术发展方向,可广泛用于智能家居、激光影院、户外楼宇亮化、裸眼灯光秀、舞台投影、汽车大灯、医疗照明、办公终端显示等多场景,市场空间巨大。

技术 CORE-TECH

激光显示目前还存在"卡脖子"技术(激光光源芯片及显示芯片),处于被国外垄断的状态。公司通过自主创新,已在"卡脖子"技术上实现突破,研发了可以替代"卡脖子"技术的全色激光显示技术,公司研制生产的全色激光投影机所采用的技术为全色激光投影技术,是第四代显示里的最新一代激光显示产品,代表着激光显示的最终发展方向,技术上具有前瞻性。

公司研发团队针对LD激光显示整机共性关键技术问题(散斑抑制、颜色管理、光学引擎设计、光源模组技术等)开展研究,在核心技术方面取得了一系列突破性进展,拥有多项激光显示核心技术。

市场 MARKET

激光电视是近年来较受用户欢迎的电视产品,上市5年来整体复合增长率达到281%。2019年,根据有关调研数据,超过93%的用户因健康护眼的体验优势选择激光电视。据统计,2020年,全球显示行业逆势增长11.4%;中国新型显示行业增长29.6%,新增投资超过1500亿元;公共显示等创新应用营收规模大幅提升,2021年预计达到604亿元;2019年我国激光电视出货量为29.6

万台，2019～2021年复合增长率为64.87%。激光电视已成为销售增长最高的显示产品，预计在2～3年内迎来市场爆发期，公司目标是进入激光电视出货企业全国前三位。

竞争 COMPETITOR

目前全球范围内，激光显示产业也吸引众多企业，如海信、长虹、小米、光峰等国内企业相继布局激光显示发展，但目前都主要走激光加荧光粉的技术路线，与全色激光显示技术还有差距。

全色光显拟继续发展全色激光显示技术路线，在高端激光电视市场快速推出产品，并与国内高端电视机大厂合作，通过合作模式，快速在市场上形成规模销售和巨大影响力。目前已初步达成合作意向，陆续将形成初步规模产线，建成渠道销售平台。激光电视将定位为高端激光电视市场精品产品，通过独有技术优势，实现高端市场认可后，形成行业口碑，逐步在中端市场推进。

案例 CASE

作为中国科学技术大学激光显示研究团队的创新成果，公司全色激光投影机为中国科学技术大学六十周年校庆日大型露天晚会提供全程投影服务，4K户外大尺寸高清投影效果得到了中国科学技术大学返校校友的一致认可，成为全场晚会的一大亮点。公司三基色LD激光显示研究团队基于整机关键科学技术的研究优势，连续三年将激光显示应用于全国科普活动周的宣传推广。

公司自成立以来全色激光系列产品获得多个行业及媒体的称赞，其中包括中央电视台、安徽电视台、合肥电视台、科技日报、新华网等多家媒体的专题报道，受到广大群众的认可。

相关报道

IP INTELLECTUAL PROPERTY

团队长期从事激光显示关键技术基础研究,已在国际核心期刊上发表相关论文 80 多篇,获授权发明专利 40 多项,在全色激光显示领域解决了一系列关键科学技术问题(如散斑评估与抑制、颜色管理理论与技术、一体化光学照明设计等),相继获得国家重点研发计划、安徽省科技重大专项等项目的支持。

团队 TEAM

公司核心团队由中国科学技术大学安徽省光电子科学与技术重点实验室的部分老师及不同行业领军人才组成,团队成员包括许祖彦、欧阳钟灿、许立新、李涤非、顾春、张先明和尹亚铁。该团队在许祖彦院士和欧阳钟灿院士的领导下,长期从事激光显示及其他现代显示技术的研究工作,已发表相关论文 100 多篇,获授权发明专利 20 多项,相关专利曾获 2015 年日内瓦发明展银奖。

许立新,董事长,CEO,中国科学技术大学教授,国家重点研发计划首席专家,新型显示协同创新 PI 科学家,安徽省重大研究计划项目负责人,中国科学技术大学安徽省光电子科学与技术重点实验室副主任。

李涤非,运营负责人,中国科学技术大学 MBA,高级会计师,拥有知名 IT 上市企业深厚的运营管理、战略管理经验。

顾春,技术负责人,中国科学技术大学副教授,国家重点研发计划课题负责人,安徽省重大研究计划副组长,长期从事激光显示研究及产品开发。

张先明,产品负责人,曾就职于中国电子科技集团公司第三十八研究所、华为公司,有丰富的市场及产品规划设计能力。

尹亚铁,生产负责人,激光显示行业专家,具有丰富的生产管理和供应链管理、产品质量管理经验,曾就职于北京中视中科光电技术有限公司(中国第一家激光显示企业)。

柔性仿生木材

　　本项目选用天然橡胶作为主要基体材料,以水性树脂作为增强体,结合高端的冰模板取向冷冻技术,模仿天然木材内部的取向孔道结构,得到具有轻质高弹性高韧性的柔性仿生木材。通过掺杂导电纳米材料,可以实现智能仿生木材的制备,可作为可穿戴智能器件以及各向异性柔性传感器。该系列材料具有轻质、柔韧、耐疲劳、抗冲击、各向异性等优异的综合性能,与市场上所用的工程材料相比,具有相当的竞争力,有望应用于航空航天、电子器件、建材板材等领域。该系列材料可以说是灵感源自木材,但价值高于木材,相比于天然木材具有更短的生长周期,更高的耐腐蚀性,更丰富的应用场景和附加值。公司正在进行生产工艺的改进,目前已取得切实的进展,可以实现低成本、大规模生产。

背景 BACKGROUND

多孔弹性材料因其轻质高能的特点在汽车工业、航空航天、电子器件等领域具有广泛的应用,可以通过能量损耗从而降低受保护对象的损伤,降低负载来减少能源消耗,也可以作为电子产品中的柔性器件。使用高性能弹性材料在各个领域具有重要的意义,在国家"十四五"规划明确提出推动绿色发展的具体要求后,节能减排势在必行,对高性能绿色弹性材料的持续更新换代已经提上日程。

然而,目前商业的弹性材料主要集中在聚苯乙烯制品、聚氨酯等化工热塑性弹性体材料。这些石油化工材料原料丰富,但是耐热性和耐溶剂性差,且加工工艺复杂,成本偏高。聚苯乙烯、聚氨酯等发泡产品极容易燃烧,已引起多起重大火灾。同时,聚氨酯泡沫的发泡剂常用氟利昂等,会严重破坏大气层。气凝胶等制品虽然隔热防火性能优异,但是高端工艺技术都掌握在国外企业(如美国 Aspen 公司)手中,产品的价格高昂,国内买家议价能力低。

天然橡胶作为传统的绿色高分子材料,本身阻燃耐温性能优异,弹性远高于聚苯乙烯、优于聚氨酯等,其复合材料已广泛应用于各个领域。酚醛树脂作为传统高分子材料,本身防火性能优异,抗冲击等力学性能突出。因此,我们选用天然橡胶作为主要基体材料,酚醛树脂作为增强体,结合高端的取向冷冻技术,模仿木头内部的取向孔道结构,生产具有轻质高弹的柔性仿生木材。

产品 PRODUCT

根据不同的基体材料制备了一系列产品,所得仿生木材与天然木材相比,具有明显的条状纹理,达到形似的效果。通过扫描电子显微镜对材料内部的观察,可以看到,在微观尺度上,所得仿生木材均具有类似天然木材的取向孔道结构。正是这种孔道结构,赋予材料轻质高强的特点,同时层层薄壁起到了阻隔热量扩散的效果,使材料具有良好的隔热性能。

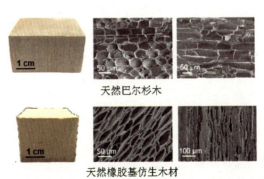

天然巴尔杉木

天然橡胶基仿生木材

天然木材与仿生木材的宏观照片、微观结构的对比

技术 CORE-TECH

项目团队发明了一系列仿生人工木材,既构筑天然木材取向孔道的结构,使其具有轻质高强的特点;同时,选用天然橡胶与酚醛树脂作为基体材料,赋予其优良的弹性和一定的强度。并且,项目团队正在进行生产工艺的改进,目前已取得切实的进展,可以实现低成本、大规模生产。作为新型的仿生工程材料,该系列材料具有轻质、柔韧、耐疲劳、抗冲击、隔热防火等优异的综合性能,与市场上所用的工程材料相比,具有相当的竞争力,有望应用于航空航天、电子器件等领域。

市场 MARKET

据相关统计数据,2017年我国木材消费总量约为60941万立方米,其中三分之一的木材用于制造人造板、实木地板等。随着环境保护的加强,木材的开采量处于逐年递减趋势,木材市场供需失衡。

有关仿木头结构的研究是国际上仿生材料研究领域的热点之一。然而,传统的仿木头结构材料的力学性能远不能令人满意。因此,如何制备真正具有轻质高强特点的仿木材结构材料是仿生材料研究领域面临的挑战。

本项目产品的主要市场为高铁船舶耐腐蚀地板(或减振缓冲层),轻质高弹性的特点在减轻车身重量的同时,还可以起到一定的缓冲作用,起到节能减排的功效,木材纹理美观大方,起装饰作用;次要市场为电子元件中的柔性传感器材料、器件保护缓冲材料等,可以复合碳纳米管,大幅度提高其传感性能,也可作为车辆撞击模拟实验中的应力分析传感器。

竞争 COMPETITOR

仿生木材由于具有独特的孔道结构,因此相对于商业的聚氨酯泡沫,除了弹性相当且强度更高之外,还具有隔热防火的特点。与市售的聚氨酯泡沫产品在物理性能方面作简单比较,以表现两者的区别,如下表所示。

商业聚氨酯(PU)与仿生木材的性能参数比较

性能	聚氨酯泡沫	柔性仿生木材
密度($kg \cdot m^{-3}$)	57	160
压缩强度(MPa)	0.2	2.1
抗冲击强度(MPa)	1	6
热导率($W \cdot m^{-1} \cdot K^{-1}$)	0.025	0.065
孔类型	闭孔	开孔

与商业的聚氨酯泡沫相比,仿生木材将密度提高3倍左右,强度却提高了10倍多,抗冲击性能提高6倍。这表明仿生木材具有更好的承载能力,2.1 MPa 意味着只需要一个鼠标垫大小的样品,就可以承载起一辆普通轿车的重量(约1.5吨),在受到外界冲击的情况下,柔性仿生木材能起到更好的缓冲保护作用。这充分说明,相比于商业的聚氨酯泡沫,该产品具有更优异的性能和广阔的应用前景。

IP INTELLECTUAL PROPERTY

公司拥有一系列树脂基多孔材料相关专利并发表多篇相关学术论文。

团队 TEAM

高宇诚,项目负责人,高分子材料与工程专业学士,研究生方向为仿生材料,仿生木材研发的参与者,具有两年以上研发经验,目前主要研究功能化仿生木材的制备工艺,博士一年级。

于志龙,主要成员,仿生木材的发明者,具有三年以上研发经验,目前主要研究基于仿生木材的功能化应用,博士后,博新计划获得者。

马致远,主要成员,仿生木材研发的参与者,具有三年以上研发经验,目前主要研究防火隔热涂层的应用,博士后。

秦冰,主要成员,研究生方向为仿生材料,仿生木材研发的参与者,具有两年以上研发经验,目前主要研究通过常压干燥技术、规模化制备仿生木材的工艺,博士三年级。

屠化,防火隔热涂料项目参与者,目前主要研究先进气凝胶涂料的技术攻关。

融资 FINANCING

本公司拟引入风险投资1500万元,占公司整体估值的10%。其中1000万元用于初始投资各项目建设,500万元作为流动资金。

锐竞科研采购平台

锐竞科研采购平台属于科研行业的垂直电商，主要目标客户群体包括全国3000多家高校、900多家三甲医院和200多家科研院所。平台汇聚了全国12000家科研物资与服务供应商，主要向这些科研机构提供科研物资采购，市场空间约为2000亿元/年。

锐竞科研采购管理平台曾获第八届中国常新创业大赛优秀企业奖，2020~2021年未来医疗100强等荣誉。未来企业仍将以"打造阳光便捷的科研协作平台，做中国科学技术发展的助推器"为愿景，以"基于互联网打造科研新生态"为使命，在互联网的发展道路上不断前行，用信息技术为中国科研发展助力！

背景 BACKGROUND

随着"八项规定"和政府反腐工作进入深水区,各大高校、科研院所和医院都有对科研试剂耗材等分散采购进行规范管理的需求,急需对科研经费"跑冒滴漏"的情况加以约束。2021年8月,《国务院办公厅关于改革完善中央财政科研经费管理的若干意见》发布,要求在赋予科研管理更大自主权的过程中,把科研人员从报表、报销等具体事务中解脱出来;同时,要求高校科研人员不得弄虚作假,骗取科技项目、科研经费。

产品 PRODUCT

锐竞平台结合互联网的模式,采取了"前店后管"的模式,在搭建互联网电商平台的基础上,在采购流程中根据科研管理的特点增加了合规管理的各种功能,如经费预算匹配、订单多级审批、拍照验收、电子签名、出入库管理、在线竞价、危化品管理、汇总结算等。商品采购,在线竞价,微信审批,电子签名,打造阳光便捷的科研协作平台。

技术 CORE-TECH

锐竞科研采购管理平台是广州锐竞信息科技有限责任公司针对科研分散采购(非招标类采购)管理的痛点,推出的"互联网+监管"解决方案。方案以急需解决的科研试剂耗材采购管理和合规化管理为切入点,主要针对以下问题:科研试剂耗材缺乏行业标准导致的产品质量问题,信息不对称造成的价格虚高问题;科研试剂耗材采购金额少、频次高、品种杂、实时性高等特点导致管理成本高、财务人员工作量大的问题,监管缺失导致的底层腐败问题;未对接信息系统无法形成"人、财、物"闭环管理导致的报销混乱、虚假交易、出入库不符等审计问题;危化品采购管理缺少监管导致的实验室安全问题。

市场 MARKET

目前已经有包括中山大学及其10家附属医院、南方医科大学、暨南大学、陆军军医大学、郑州大学第一附属医院、上海第九人民医院、贵州医科大学、浙江省肿瘤医院为代表的150多家高校和医院使用锐竞平台,超过12000家优质供应商入驻平台,提供了5500余万种商品,品类涵盖科研试剂耗材、科研服务、实验动物、工业品、办公用品、仪器设备、电子元器件等。用户已经使用该平台采购了超60亿元的科研类试剂耗材。使用单位实现了对采购流程的实时监管,有效地降低了试剂耗材采购成本,把科研工作者从"报销繁"中解脱出来,并将"放管服"思想落实到科研采购管理之中。

竞争 COMPETITOR

由于科研领域相对封闭,具有较高的行业壁垒,该领域的垂直电商数量极少,而采用锐竞平台这种"前店后管"模式,突出科研经费监管的互联网平台目前只有两家。目前,锐竞在医院和高校领域的市场占有率排名第一。

IP INTELLECTUAL PROPERTY

公司拥有 33 项软件著作权、3 项发明专利,获得安全等保三级、高新技术企业等各种资质。

团队 TEAM

任间,锐竞平台创始人兼 CEO,中山大学生命科学学院教授、博士生导师,2007 年于中国科学技术大学近代物理系获物理电子学博士学位,首届广东省自然科学杰出青年基金获得者,教育部新世纪优秀人才。长期在生物医学领域从事一线科研工作。

王斌,创始合伙人,在宝洁和惠普公司有 20 多年工作经验的职业经理人,管理过来自 23 个国家超 4000 人的团队,负责公司管理、企业文化建设、市场战略等。

王跃飞,创始合伙人,具有十多年经验的专业投资人,专注于股权架构设计、股权激励、寻找投资等工作。

融资 FINANCING

目前公司正在进行 A 轮融资,估值约 6 亿元。

设备预测性维护

安徽智寰科技有限公司成立于 2019 年 3 月,由中国科学技术大学博士团队创立,致力于应用人工智能、物联网、大数据等先进技术

为工业客户提供数字化智能化一站式解决方案,通过先进机理算法与 AI 智能算法的融合建模,多维度洞察数据价值,实现数据信息知识的精准挖掘,帮助提升工业客户运营决策效率,降低运营成本,助力客户实现数字化智能化转型升级。

智寰科技以工业生产的核心装备——机器全生命周期健康状态为中心,通过接入声音、温度、振动、转速等多维数据,通过边缘智能与云端智能协同机制,实现机器状态的智能预警、智能诊断、预测性维护,大幅降低客户使用机理算法、AI 智能算法与预测性分析技术的门槛,大幅提升机器管控数字化与智能化水平。

背景 BACKGROUND

在当前工业 4.0 的时代背景下，智能制造、工业物联网、工业互联网蓬勃发展，工业领域迎来新一轮科技革命浪潮。机器是制造业的核心资产，也是保障生产的最基础保障。

机器的运维模式，按照发展历程主要分为故障后维修、定期维修、人工点巡检、状态维修、预测性维护等模式。特别是机器预测性维护，是机器数字化智能化发展的大方向，已在航空发动机、工程机械等领域应用中取得了良好效果。

近年来，随着微电子、数据采集、数据传输、物联网云平台、智能算法的技术升级迭代，硬件成本不断下降，平台技术、数据分析技术逐渐趋于完善，工业机器预测性维护模式在各行业开始试点应用，得到客户的广泛认同和接受，目前批量复制推广的条件已经成熟。机器预测性维护应用在国内外各类专业权威机构评估中，已被公认为工业物联网领域的杀手级应用，并逐渐在各行业推广和复制。

产品 PRODUCT

创始团队基于多年研究成果积累，已成功研发出基于人工智能算法的机器智能诊断系统、基于机理算法模型的机器智能专家系统，并开发出融合机理算法与智能算法的具备自学习能力的 AI 机器智能系统，与智慧水务、智慧水泥厂、智慧消防、梯联网、智慧港口、空调压缩机等领域客户达成初步战略合作意向。

智寰科技主营业务聚焦智能传感、智能网关、机器机理算法、AI 智能算法、预测性分析、大数据等先进技术与智能软硬件产品与解决方案的研发与应用推广，践行为工业客户创造切实可验证价值的初衷。

技术 CORE-TECH

智寰科技核心技术主要集中在两方面：一是行业领先水平的内嵌智能算法的软硬件一体化智能云平台、云端智能与边缘智能融合的系统方案设计；二是具备极高精准度的机理算法与机器智能算法等原创研究成果。

核心产品的创新点在于：根据机器预测性维护应用场景，对于物联网平台底层架构进行性能优化和功能重构，能够实现工业现场应用操作的毫秒级响应（相比现有传统监测分析系统性能提升 10 倍以上）；基于新的业务架构设计，可实现云端与边缘端的协同，10 倍级提升工业客户现场系统部署的效率，极大提升客户体验;将传统分析工具进行可视化升级,提升分析工具的易用性、体验和分析效率。

市场 MARKET

国际数据公司(IDC)发布的《中国制造业物联网市场预测 2016—2020》报告显示,预计到2020年,中国制造业企业物联网支出将高达1275亿美元,未来五年年均复合增长率为18.84%。其中软件和服务将会引领中国制造业物联网支出快速增长,二者所占市场份额超过60%。

机器的智能化运维是符合行业发展趋势的大方向。在国家宏观政策的推动及内部需求的双重因素驱动下,工业企业在机器监测分析领域数字化智能化转型设计的需求已被激发,市场潜力将逐步释放出来。

公司主营业务围绕工厂核心生产机器,具有广泛的行业普适性,适用于各主流工业行业,如造纸、矿山、火电、风电、钢铁、化工、煤化工、水泥、港口、轨道交通等资产密集型行业;同时适用于电机、风机、齿轮箱、泵、压缩机等通用生产机器,遍布全国的机器OEM生产商都属于潜在客户。

竞争 COMPETITOR

国内同类厂家更多聚焦在特定行业上,以在线监测和故障诊断相关软硬件产品及服务为主。以上公司主要属传统的点巡检仪器公司和监测技术公司,在对机器监测分析上仍依赖于传统的人工专家分析,带来效率、准确率、服务及时性、一致性等诸多问题。智能算法最新研究成果没有应用或应用程度偏低。

国外厂商如本特利、B&K公司等,不仅做传感器业务销售,其业务范围还涵盖在线监测和故障诊断系统。与国外公司相比,智寰科技主营产品在性价比上具备明显优势,国外产品升级迭代更新慢,软件使用体验较差,在工具易用性和算法有效性上不如智寰。

智寰科技基于10年的技术研发成果积累和行业机理知识沉淀,将其与人工智能、物联网云平台、云计算等最新技术结合,推出的基于物联网云平台的机器智能系统,可以实现基于算法的智能报警、智能诊断,算法结果推送的准确性达90%以上,同时整合全国优质专家资源,提供基于AI与专家的极简、极准、极速机器托管服务。公司系统产品推出后,将成为国内同类应用的首创者,对于行业的整体发展将起到显著推动和引领作用。

团队 TEAM

张海滨,创始人兼CEO,中国科学技术大学博士。依托中国科学技术大学精密测控及智能信息处理实验室,长期从事机器状态监测、故障诊断与预测性分析技术以及相关自动化产品的研发。

刘莹,博士,合伙人,传感器研发负责人,中国科学技术大学博士,有10年传感器研发经验,主持多款MEMS、压电、压阻、气体等多型传感器的研发制造。

李龙云,合伙人,核心成员,软件架构师,有5年软件开发经验,负责多款软件系统开发项目,曾任科大讯飞资深架构师。

翟中平,中国科学技术大学硕士,市场总监,机器预测性维护解决方案专家,智能制造机器预测性分析技术国标主笔,有7年工业应用与市场开拓经验。

何清波,教授,首席科学家,中国科学技术大学博士。上海交通大学机械与动力工程学院教授、博导,IEEE仪器与测试学会信号与系统技术委员会成员,中国通用机械协会振噪检测与故障诊断专业委员会委员,中国振动工程学会故障诊断专业委员会理事。

融资 FINANCING

本公司拟引入风险投资2000万元,出让公司股权10%。其中600万元用于研发团队建设,600万元用于营销团队建设,300万元用于内部管理体系建设,500万元作为现金流补充,用于日常经营活动。

深圳微言科技有限责任公司

微言科技专注提供普适化的决策型人工智能平台。产品以微智·智能决策平台为核心,包括智能决策模块、自动建模模块以及核心专家算法集;同时集成与生态合作伙伴共同开发的联合 SaaS 服务,为各场景客户输出适用于具体业务场景的应用服务。

背景 BACKGROUND

人工智能行业可按照应用领域分为四大类别,分别是决策型人工智能、视觉人工智能、语音及语义人工智能、人工智能机器人,其中决策类人工智能是增长最快的类别。2020年,中国决策类人工智能市场的支出规模达到268亿元,预计2025年将增长至1847亿元,年均复合增长率为47.1%。

在技术的更新迭代下,目前AI已经能实现高水平的决策智能,但高成本及低迁移性限制AI赋能碎片化场景的能力,使其商业化能力仍存在较大的提升空间,尚未实现智能决策技术落地并赋能各行各业,大部分行业处在萌芽期,面临着训练模型的成本高、场景碎片化、多样化、模型难以复用等行业痛点。降本提效是AI规模应用的关键,微言科技专注提供普适化的决策类人工智能平台,打造普惠的产品化人工智能决策服务平台,封装技术细节,让用户专注业务,通过提供产品化的自动建模平台,以及普适性专家算法,降低建模的门槛,实现无需AI基础轻松实现模型搭建及应用。

产品 PRODUCT

自动建模系统:AutoML自动建模核心能力,使用大规模并行处理来训练和评估各开源库中的上千个模型,并通过数百万种可能的算法组合,为用户的数据集和预测目标提供最佳模型。

智能决策系统:集成自学习体系,通过智能标签技术分类记录特征类型,并通过运筹学等最优化算法对模型参数进行差异化动态训练和调整;集成模型全生命周期管理,支持模型一键发布、动态跟踪、自动调参、梯度上线、冠军挑战等智能化决策管理。

核心专家算法集:如风险谱、superscore、关系谱等通过海量数据建立的核心专家模型,通过知识图谱、迁移学习等前沿算法能力支撑各类场景的冷启动,适用于客户信贷审批人群信用评级、精准营销客户分类等多场景使用。

PaaS工具层+SaaS服务:微言科技已经和多家互联网头部平台,如征信持牌机构、人民银行子公司、金融机构科技子公司等SaaS服务提供商形成生态合作,与合作伙伴联合打造SaaS服务,可基于产品底层逻辑根据客户业务场景数据实现定制化。产品全面标准化,两大产品体系紧密绑定客户,支撑可持续的现金流业务的核心商业逻辑。

技术 CORE-TECH

(1)自动建模系统,全自动构建高精度模型。独创参数搜索算法:解决人工调参(近百超参数的调整)费时耗力的问题。独创重要性采样技术:选择1%的样本就能达到90%的样本效果。独创特征工程算法:组合特征挖掘效率提升上千倍,丰富的高阶特征提取算法方式;支持从无标签数据中提取有效特征。模型算法优化:浅层模型算法,LR收敛速度提升60%;FGBDT算法比XGBoost既快又好。大规模神经网络:支持千亿样本、千亿特征数据量,模型从浅层到深层灵活支持,可建立万亿链接神经网络结构DNN。支持场景化:建模技术及算法根据不同场景做优化,充分考虑到行业特点,利用行业经验对原始变量进行合理加工,对模型产出进行适配变换,可直接在指定场景上线应用。

(2) 智能决策系统,零代码实现策略配置。已达到信创国产化适配标准:依据工信部及监管机构的指导方针,各大机构都应逐步开始软件/系统国产化转型,而微言科技的决策系统已作为信创供应商。面向业务人员的零代码策略配置:由变量到策略全流程开放式灵活配置,无需开发人员介入,十分钟实现策略迭代;通过拖拉拽的方式将配置好的规则组嵌入策略流程中。安全稳定的自动决策架构:架构方面使用dubbo+zookeeper进行分布式应用管理,实现负载均衡并提供容错机制,集群可以灵活地根据业务量来进行扩容和缩容;数据库MySQL使用主从模式+读写分离,MongoDB使用副本集模式,在发生故障时能够实现主备切换来保证服务的高可用性;应用层面所有业务消息队列来调度任务,使用RabbitMQ作为消息队列服务,有效保证消息持久化不丢失。

(3) 核心专家算法集:具有普适性适用于各类业务场景。具有易用性、普适性、稳定性、科学性等优势。

市场 MARKET

人工智能行业可按照应用领域分为决策型人工智能、视觉人工智能、语音及语义人工智能、人工智能机器人四大类别,决策型人工智能是增长最快的类别。微言科技就处于决策型人工智能赛道。

人工智能产业链包括三层:基础层、技术层和应用层。其中,基础层是人工智能产业的基础,主要包括AI芯片等硬件设施及云计算等服务平台的基础设施、数据资源,为人工智能提供数据服务和算力支撑;技术层以模拟人的智能相关特征为出发点,构建技术路径;应用层是人工智能产业的延伸,集成一类或多类人工智能基础应用技术,面向特定应用场景需求而形成软硬件产品或解决方案。微言科技产品处在产业链应用层,公司定位为决策型人工智能平台服务商,集成上游基础层数据资源和算法、面向下游场景需求提供决策型人工智能软硬件解决方案。

竞争 COMPETITOR

在系统层面：微言科技的主要竞争对手有邦盛、安硕、第四范式、Fico、益博睿。邦盛和安硕主要为金融机构做全流程系统，微言在智能决策领域更为精准；Fico和益博睿非国内企业，目前在国产化替代、金融机构分批上信创项目的前提下，未来国内市场发展空间非常有限；第四范式主要面向大行等大客户，定制化程度高，项目制模式不太适合中小银行市场。

SaaS服务层面：微言科技的竞争对手主要有同盾、百融、融汇金科、冰鉴。随着征信业务管理办法的正式出台，要求金融机构在2023年6月前，全部实现断直连，只能与有征信牌照的公司合作。目前市场上只有百行征信、朴道征信两家，而微言科技在征信服务领域是唯一一家与两家征信公司签订合作协议，且产品已开发上线的AI服务商，未来两家征信公司进一步引入合作伙伴的可能性也较小，因此微言科技已抢得先机，在金融机构SaaS服务领域在未来一年半中有高速发展的机会。

案例 CASE

微言科技与多家国内大型科技公司，包括腾讯、京东、银联、中经网等都达成深度合作，互为生态合作伙伴，依托合作伙伴市场影响力、销售体系开拓市场。自成立以来，已经拥有50多家长期合作的在国内的金融机构及企业客户，如金融机构方面的光大银行、北京银行、北银消金、长安信托、大地保险等，大型企业方面的美年大健康等；同时微言科技也参与地方政府的数字化平台建设项目，如与深圳征信专业平台项目、顺德惠企平台项目等，在行业内积累了广泛的知名度。

IP INTELLECTUAL PROPERTY

公司已取得28项软件著作权。

团队 TEAM

微言科技拥有一支顶尖的精英服务团队，有超过80%的团队成员是人工智能、机器学习、风险管理、反欺诈及数据等领域的资深专家，经过市场检验，团队经验丰富。

黄聪，创始人兼CEO，人工智能和大数据领域专家，2003年毕业于中国科学技术大学少年班数学专业，2008年于美国耶鲁大学获统计学博士学位。研究方向为数据挖掘和机器学习。

姚志平(William Yao),联合创始人,风控专家,人工智能应用研究学者。

融资 FINANCING

2017年4月获得软银中国资本的天使轮投资;8月完成A轮融资,由软银中国资本领投,A股上市企业、数字营销为主业的利欧股份(002131)跟投;2018年获得信义资本、汇尊资本及聚嘉基金的投资。目前已完成3轮投资。其中获得软银中国持续投资,在4个估值点投资4次。

苏州易康萌思网络科技有限公司

易康萌思网络科技有限公司于2010年正式成立,公司聚焦消费升级,以品牌管理为核心,数字化推动国际领先品牌及潜力品牌快速成长,立志成为领先的国际  知名电商公司。易康萌思系天猫较早的服务商,是天猫国际较早和专业的服务商之一,专注品牌管理和持续经营。

易康萌思在行业中属于全链路服务商,上游对接食品保健、美妆个护、母婴用品、服饰等品牌方以及优质供应链,下游包括天猫、京东等传统电商平台,抖音、小红书等新兴电商平台,中小型平台,各类分销商包括但不仅限于淘宝卖家、微信社群卖家等。

背景 BACKGROUND

数据显示,中国网络零售额规模持续扩大,2019年已突破十万亿元大关。而2020年虽然总体经济受到疫情冲击,但网络零售额规模也达到117601亿元,占社会消费品零售总额的三成。艾媒咨询分析师认为,中国电商行业发展成熟,线上渠道成为中国消费重要阵地。面对整体消费环境的变化,各品牌方对线上发展的重视程度也日益提升,积极推动品牌业务电商化、数字化发展。

2020年中国已累计开通5G基站超70万个,5G终端连接数超2亿;随着新基建的不断推进,5G覆盖范围由广到精,为电商服务数字化提供基础技术支撑,而AI人工智能与云端等高端技术的应用落地,能促进电商模式线上智能化发展,帮助品牌电商服务商提供更好的服务。

产品 PRODUCT

易康萌思(ECSTORM)始终将品牌与消费者高效链接为核心,聚焦消费升级,致力于通过全方位的品牌管理、专业的电商运营,数字化推动国际领先品牌和潜力品牌在中国市场快速发展。

产品主要分为以店铺代运营、品牌咨询、客服、IT、仓储物流为主的服务赋能和以旗舰店运营、分销供货为主的产品经销。专业赋能方面,则是以提高品牌专业性的品牌咨询、代运营等服务为主;经销方面,主要是成为国内外品牌在我国的总代理或电商总代理或核心经销商,主要平台为阿里系,另外还有其他各平台的官方旗舰店。

技术 CORE-TECH

两大核心优势:一是电商综合运营能力,主要包括店铺运营、创意营销、视觉设计、客服服务、分销业务等;二是供应链整合能力,主要包括海外供应链集团、国际一线品牌、新锐品牌合作、自有品牌、多地分仓等。

市场 MARKET

艾媒咨询数据显示,中国品牌电商服务市场规模保持较快增长速度,2019年已突破2000亿元,2022年有望达到3663.2亿元。艾媒咨询分析师认为,品牌电商服务内容从单一的店铺运营、基础功能服务,逐渐延展到全链路、全流程的数字化服务,面对不断成熟的电商市场和新兴电商业态,品牌方对电商服务的需求仍将持续增长,整体市场规模也有望继续扩大。

案例 CASE

经销型合作关系的客户,包括国际零售巨头,例如,爱尔兰的零售和批发巨头 Musgrave、泰国商超巨鳄尚泰、国际一线品牌 3M、纽威集团;新锐成长型品牌,例如,ozlana、YPL、cemoy 等。服务型合作关系的客户有西门子、AOSmith(高端设计服务)、三枪、森马(客服服务)等客户。

团队 TEAM

汪建刚,创始人兼 CEO。毕业于苏州大学,中国科学技术大学 MBA。有 10 年电商经验,5 年跨境进口经验,曾任淘宝大学机构讲师、天猫服务商讲师。

张宏,联合创始人、财务总监,19 年知名欧美外企上市公司财务管理工作经验,10 年财务总监岗位历练。

周娟,联合创始人、副总经理,PMP 项目管理专业人士,毕业于江南大学,在消费品贸易管理和品牌运营方面拥有丰富的经验。

漆艳霞,联合创始人、人事行政总监,毕业于苏州大学,获有高级项目管理师证书。主要负责统筹和优化员工招聘、培训、激励及企业文化等。

融资 FINANCING

公司历史融资及未来融资计划如下表所示。

公司历史融资及未来融资计划

时间	投资方	投资金额	投后估值
2016 年初	国内私募基金	600 万元	4000 万元
2018 年 7 月	以色列家族基金	1800 万元	1.8 亿元
2021 年 7 月	贸易投资公司	2000 万元	3.6 亿元
本轮	待定	5000 万~6000 万元	5.2 亿元左右

TimesAI 深度学习开发平台

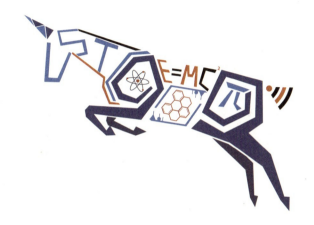

  合肥中科迪宏自动化有限公司（简称中科迪宏）成立于2017年，是一家专注于深度学习开发平台及智能装备研发的工业AI服务商。核心团队来自中国科学院及中国科学技术大学，拥有尖端的AI技术人才队伍和优秀的工业精益专家团队，学术背景深厚，并深耕工业和视觉检测领域多年。

  中科迪宏致力于将现代化的人工智能（AI）技术融入智能制造，为3C、5G、半导体、新能源、装配、家电、汽车等行业提供深度学习开发平台、AI-视觉检测设备、AI-MES、AI-决策等先进工业AI产品及智能化解决方案，目前已配套全球知名的科技公司以及领益智造、立讯精密、Jabil、HP、格力、中物院、中电科等大型公司和研究所，为产业打造无人化生产线提供工业AI支撑条件，助力企业在智能制造时代不断升级。

  中科迪宏现为高新技术企业，获得安徽省软件行业协会双软认定，已通过ISO 9001质量管理体系认证，拥有28项自主知识产权，拥有一项商标注册证。

背景 BACKGROUND

机器视觉是人工智能范畴重要的方向。根据国外调研机构 Markets and Markets 的数据,2010~2020 年,全球机器视觉市场规模呈现不断上升的趋势。2020 年,全球机器视觉市场规模达 107 亿美元,近 5 年复合增速达 14.48%。人工智能的发展与智能制造装备的渗透将双重加速机器视觉的进步。

国外高端制造业及自动化进程较早,机器视觉领域亦随之发展,目前全球的机器视觉主要供应商仍为美、德、日等巨头企业,其中美国康耐视、德国 MVtec 与日本基恩士作为全球机器视觉巨头,有很强的竞争力。

机器视觉是将图像处理应用于工业自动化领域进行非接触检测、测量,提高加工精度、发现产品缺陷、进行自动分析决策的一项技术,具有高效率、高精度、稳定可靠等优势。

机器视觉检测与人工视觉检测能对比

项目	机器视觉检测	人工视觉检测
效率	效率高	效率低
速度	速度快	速度慢
精度	高精度	受主观影响,精度一般
可靠性	检测效果稳定可靠	易疲劳,受情绪波动
工作时间	可 24 小时不停息工作	工作时间有限
信息集成	方便信息集成	不易信息集成
成本	规模化后成本降低	人力和管理成本不断上升
环境	适合恶劣、危险环境	不适合恶劣、危险环境

产品 PRODUCT

本项目开发的 TimesAI 深度学习开发平台集成了机器视觉技术领域最先进的深度学习算法,同时结合团队长期在工业检测一线进行实际项目落地的经验,集成了众多有特色的机器视觉算法库、深度学习自训练平台、多尺度产品缺陷库、工业设备通信库,并在此基础上提供了标准化、可视化的操作接口。

该系统可以有效降低开发人员的技术门槛,节省项目开发周期,减少非标开发带来的技术风险,同时大大提升针对复杂缺陷检测的技术攻关能力。

该平台可以应用于 3C 电子、5G、半导体、汽车制造、新能源等行业的具体视觉检测场景,检测类型包括缺失检测、条码读取、缺陷检测、特征定位、OCR 识别、引导对准、复杂缺陷检测、残缺/变形特征定位、缺失/遮挡/变形 OCR、字符缺失检测等。

技术 CORE-TECH

该平台提供了算法开发工具以及运行统计工具,具有如下功能:用于检测算法开发、在线图像标注、模型训练、在线/离线缺陷检测;包含通用算法工具包、深度学习工具包、机器人引导算法包等;可实现目标检测、图像分割、图像分类、2D/3D 图像检测等算法;可用于工件尺寸检测、外观检测、平面度和厚度检测、物体识别和计数、定位引导等应用场景;尺寸检测、工件表面缺陷检测、图像分割、工件计数、工件分类等功能;支持无编程基础人员 0 代码开发,也支持 AI 算法工程师基于 Python、C++进行二次开发;可用于生产环节中生产数据的统计;提供多种工件实时生产看板模板;针对指定缺陷种类或指定时间段,提供多种良率统计方式;提供多种数据的保存接口,实现生产可回溯。

该平台具有如下特点:① 功能全面快捷实施,覆盖 AOI 设备开发全流程,包括:相机调试、标定,视觉算法选型调试,深度学习模型训练和部署,硬件通信接口,历史结果追溯查询,操作方式统一,降低工程师学习成本,加快设备上线速度。② 检测范围广,多种缺陷预训练库,适用于不同材质表面缺陷。③ 开发简易,支持可视化多机位结果合并,适用于不同类型 AOI 设备,大幅降低开发难度和调试成本。④ 模型迭代周期短,支持基于 continue learning 的模型增量训练流程,大幅降低训练时间,可在 10 分钟到 1 小时训练周期内提供更新。⑤ 支持小样本,多种缺陷预训练库,可以在样本较少时得到很高的准确率。⑥ 模型分析,提供深度学习可解释性分析,可以自动分析模型局限和样本重要程度,指导模型有关方向。

市场 MARKET

根据 Markets and Markets 统计显示,全球机器视觉行业欧洲市场份额最大,占比 36.4%;其次是北美地区,全球份额达到 29.3%;随着亚太地区的发展,中国、日本、印度和韩国等国家拥有一些大的制造设施,制造过程的自动化已被视为最优先的事项,亚太地区的市场份额占到全球的 25.3%。

竞争 COMPETITOR

与现有的平台相比,中科迪宏研发的深度学习开发平台拥有更多功能,适用于视觉检测领域的全域应用,将先进的人工智能技术融入精密制造,集成了丰富的工具库、工业产品缺陷库、工业产品预训练模型库、深度学习特征模板库等，整体水平处于行业领先地位。

行业内相关平台的特点和优势

公司	计算机视觉	深度学习	跨平台	三维定位	缺陷库	预训练模型库	深度特征模板	组件式开发	工业设备通信库
韩国SUALAB	√	√	×	×	×	×	×	×	×
美国Cyth	√	√	√	√	×	×	×	×	×
美国康耐视	√	√	√	×	×	×	×	√	√
德国MVTech	√	√	√	√	×	×	×	√	√
广东奥普	√	×	√	√	×	×	×	√	×

团队 TEAM

令狐彬，核心创始人，中国科学技术大学学士、硕士、博士。曾任职IBM GSM中心、华为CTM中心和中科院合肥智能所，2017年8月任职中科迪宏CEO。拥有专利与成果转化十余项。

许鹏，核心创始人，中国科学技术大学学士、上海交通大学硕士、荷兰代尔夫特理工大学博士，现任中科迪宏副总经理、CTO。拥有15年计算机视觉领域研究开发经验，曾先后担任爱奇艺视觉算法架构师、欢聚时代机器学习架构师等重要专业岗位，已获得授权专利3项。

周璠，CSO，中国科学技术大学学士、硕士、博士，有10年计算机视觉领域研究经验，精通深度神经网络算法、3D视觉。曾任中国电子科技集团公司高级工程师、科大国盾量子技术股份有限公司系统架构师等职。

胡炳彰，研究院主任，中国科学技术大学学士、英国谢菲尔德大学硕士、英国东英吉利亚大学博士。2018年5月被纽卡斯尔大学聘任为助理研究员。主要研究方向为计算机视觉、机器学习、深度学习等。拥有一项发明专利。

中科迪宏内设研究院，聘请王英俭教授任首席科学家、国际人工智能顶级学者邵岭博士担任首席顾问。目前拥有100多位研发人员，其中算法人员50

多位,包括8名博士。中科迪宏还与中科院合肥物质科学研究院就类脑深度神经网络展开研究合作,打造国际领先的AI算法能力。

融资 FINANCING

截至2021年10月,中科迪宏共获得4轮产业和风险投资。目前股东包括中国科学院合肥物质科学研究院、深圳市领略数控设备有限公司等。

太赫兹激光主动成像安检设备

  本项目依托独有的太赫兹光源和太赫兹探测器,针对安检行业设计了对应的成像光路结构,通过将太赫兹光投射到待检测区域,并收集由检测对象反射回光学系统的太赫兹光来实施检测。主动式太赫兹光成像安检仪主要有整机的供电系统、激光器运行系统和光学成像系统及数据处理系统。本项目设计了整机的电源和相关配器与维持系统,保障整机的稳定运行,通过内置的太赫兹激光器发出 0.89 THz 的太赫兹光为主动式成像安检提供光源,设计成像光路进行安检成像,并使用相关的数据处理技术成像结果。

背景 BACKGROUND

太赫兹波是指频率在 0.1～10 THz（波长为 30～3000 微米）范围内的电磁波。它在长波段与毫米波、亚毫米波相重合，而在短波段与红外线相重合，在电磁波谱中占有一个很特殊的位置。太赫兹这一位置正好处于科学技术发展相对较好的微波毫米波与红外线光学之间，但由于太赫兹波源问题一直未能得到很好的解决，因此形成了一个在研究上相对落后的"空白"。太赫兹技术是尚未大规模开发利用的新技术领域，被认为是改变未来世界的十大技术之一，不但在科学上有重要意义，而且应用领域非常广泛，包括人体安检成像、隐身飞行器探测、航天器材料的无损探伤、6G 宽带通信、食品农残检测、医学 CT 成像、生化检查等领域。太赫兹光的光子能量只有 meV（毫电子伏特），对人体完全无害，是一个绿色波段，利用主动太赫兹光源，可穿透衣物，对人体实现主动成像探测，并且太赫兹的核心波段 0.3 THz 至 5 THz，对于毒品和爆炸物等危险品具有特征"指纹谱"，可有效识别各种危险品，太赫兹光主动成像可以实现对人体和物品的精准、快捷、绿色的安检，是未来公共安全确认可行的，替代 X 光安检的最优绿色安检方案。同时，它适合于对生物组织进行活体检查，不会对生物组织产生有害的电离损伤。据统计，目前 2% 的癌症患者是由于在医学治疗过程中照射的 X 光以及 CT 等设备引起的。而应用太赫兹数字 CT 成像技术，则能将这种照射对人体的伤害降低到原来的 1/1000000。因此，太赫兹成像技术有望在医学检查方面成为射线检测的重要手段。

产品 PRODUCT

太赫兹光主动成像安检仪采用太赫兹激光作为太赫兹源，照射被检人体或物体后，利用高灵敏度太赫兹探测器接收反射光成像，成像精度、分辨率更高更清晰，且受环境、温度的变化影响极小，可很大程度提高国内现有安检的准确度、检验速度。目前，太赫兹激光主动成像安检设备原型样机研制成功。

本项目产品属于安检设备行业领域，主要应用场景是安检，主要客户是民航、海关、铁路、地铁、公安系统、食品药品检测、6G 通信、医疗检测等。

技术 CORE-TECH

中科太赫兹主动源太赫兹早先应用于托克马克的 24 小时监测场景，具有极高的稳定性、精确性和持续性，国内普通太赫兹源工作 8 小时就需要停机且国内技术都是被动源太赫兹，受外界温度等干扰很大，难以在公共场合的场景精确成像。而主动源太赫兹有效解决了这个问题。同时，中科太赫兹与中国科学院苏州纳米所签订了太赫兹成像系统另一关键部件"主动源太赫兹安检成像仪专用探测器阵列"独家合作代理协议,不仅降低了关键部件成本且效果优于国外同类部件,有效避免了中科太赫兹后期高速发展被国外核心部件设置门槛的风险。由此,太赫兹关键三大部件——太赫兹源、太赫兹器件、太赫兹探测器中科太赫兹在技术上都掌握了绝对的主动权,明显领先于国内现有太赫兹企业的技术,且可以和世界上一流的太赫兹企业相抗衡。

产品样机

它具有以下特点:① 属于太赫兹波段,波段 890 GHz,不受环境影响,没有辐射,对人体无害。② 检测精度高,可以做到 1 mm 以下检测精度。③ 设备功率大,设备工作稳定性、功率输出稳定性与技术成熟度都非常高。④ 具有物质识别功能,通过太赫兹吸收图谱与公安部所提供的后台数据库进行比对,轻松识别违禁物品。⑤ 成像原理先进,采用的主动源太赫兹光源,将太赫兹光主动照射在被测物体上,通过探测器接收返回的太赫兹光进行成像。检测精度高,成像清晰度高。

市场 MARKET

太赫兹光主动安检领域,有数千亿元规模以上的蓝海市场。太赫兹成像安检仪,是公共安全必要的确认未来可行的安检设备。单以机场安检为例,国内有 300 个通用机场,未来 5 年国内要建设 1500 个。只考虑国内现有机场,以平均每个机场需要 10~100 台太赫兹安检仪来算,就现有机场来说,市场容量为 3000~10000 台。每台以 200 万~500 万元预估,有近千亿元的市场容量。而在其他公共交通领域,如高铁、地铁、汽车客运、轮渡等应用场景,太赫兹光人体安检设备也有超千亿规模市场。仅在公共交通领域,太赫兹人体安检设备的潜在市场规模就可达到数十亿甚至百亿元的规模。

太赫兹技术是未来公共安全确认可行的、替代 X 光安检的最优绿色安检方案。太赫兹医用诊疗设备具有绿色、健康、快捷的特点,对于人体完全无害,可快捷成像、配合实时手术监测。普通社区日常健康检查的智慧小站等,也是太赫兹数字 CT 成像仪的重要市场,配合 AI 技术,可实现普通人群社区内日常的身体表层的自主健康检查,引领智能社会、高端健康消费升级。本项目的实施,将推动太赫兹技术及应用的跨越式发展,产生巨大的经济和社会效益。

竞争 COMPETITOR

目前国际上的相关太赫兹安检行业的从业公司所使用的技术均为毫米波段的成像技术,分辨率低且容易受外界环境的影响。相关的厂家主要有 L3Harris 公司、TeraSense 公司、Rohde&Schwarz 公司等。其产品的核心波段都是 10~20 G 之间的毫米波段,因此成像的分辨率较低,容易受到外界环境干扰,而且在高温环境下成像性能恶化严重。

国内近几年在绿色成像安检方向发展很快,但基本上都是毫米波段的被动成像,且也同样具有精度差、受环境影响大的缺陷。目前国内推出被动式太赫兹安检产品的厂家有博微太赫兹、同方威视、航天易联、华讯方舟等。

从核心模块和组件产地来说,博微太赫兹、同方威视及 CETC50 产品为自主研发生产,其核心模块和组件大部分完成了国产化。其他公司由于代理国外产品,核心模块和组件均来自国外,这就在产品售后、技术升级等方面带来了不便和风险。从产品性能来说,目前主流被动式毫米波安检设备和主动式毫米波安检设备的分辨率最高在 1~3 cm,成像产品效果并不十分明显,而且在使用当中受到环境的影响很大,因此大规模应用仍然有待提高产品性能。

IP INTELLECTUAL PROPERTY

项目的核心部件已经申请和获得授权实用新型专利 4 个、软件著作权 7 项,项目核心部件全部自研自产,自有场地组装调试,基本实现国内自主生产。

团队 TEAM

刘海庆,董事长,日本九州大学博士,博士生导师,中国科学院合肥物质科学研究院等离子体所太赫兹激光诊断组负责人。长期从事太赫兹激光实验及关键技术研究,所领导的团队在太赫兹激光、太赫兹激光干涉仪技术等领域处于国际领先地位。

王宏北,总经理,法定代表人,大连理工大学博士,国家自然科学基金委青年基金项目负责人,中国博士后基金项目负责人。

张弩,中国科学技术大学博士研究生在读,公司太赫兹成像技术团队负责人。负责太赫兹激光成像技术,太赫兹核心光学器件研制,太赫兹光学成像光路设计、安装与调试工作。

燕慧慧,中国科学技术大学硕士研究生在读,公司太赫兹成像图像处理技术负责人。

融资 FINANCING

项目目前已获得合肥中安庐阳创业投资基金合伙企业(有限合伙)首轮种子期投资 300 万元,另外与中安创谷、中国东方资产管理股份有限公司安徽省分公司、合肥市创新科技风险投资有限公司、北京联想之星投资管理有限公司等多家投资机构同步对接中。

糖尿病遗传学精准分型诊断项目

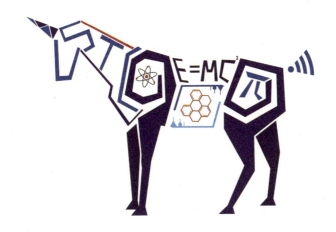

　　该项目能够帮助临床医生及时精准地诊断单基因糖尿病,并制定精准的治疗方案。单基因糖尿病的精准诊疗有助于促进患者血糖控制,降低并发症风险,提高生活质量,降低长期的医疗支出,惠及整个家庭。同时通过有效积累临床数据,可以建立中国人群遗传背景的糖尿病遗传数据库,为我国临床遗传解读提供重要依据,也为世界范围的东亚人群患者提供近似遗传背景参考数据库。

MaidaCarelife 麦大医疗

背景 BACKGROUND

糖尿病（DM）是目前世界范围内影响人类健康的重大慢性疾病之一。据国际糖尿病联盟（IDF）2019年公布数据，全世界有4.63亿糖尿病患者。我国糖尿病患病率仍在上升，截至2019年，我国共有糖尿病患者1.164亿，居世界首位。而我国临床糖尿病患者的知晓率（36.5%）、治疗率（32.2%）和控制率（49.2%）仍处于低水平，导致糖尿病相关的并发症成了临床上糖尿病防治主要的困难，给患者带来巨大痛苦，也给国家医疗体系带来严重经济负担。

据国际流行病学数据推测，单基因糖尿病占全因糖尿病患者人数的2%～5%，并且由于临床专业人士对该疾病认知不足，90%以上患者均被误诊，接受着不恰当的治疗方案。即使是在基因诊断技术最为先进且推广程度较高的英国，据统计和保守推算，至少有80%的单基因糖尿病患者被误诊。

单基因糖尿病是一类因单个基因突变导致发病，以高血糖为共同临床表现的一组特殊类型糖尿病亚型。由于该类型糖尿病分子病因明确，能够指导临床个性化用药，目前学界一致认为该类型糖尿病的发现，是精准医学在糖尿病领域成功应用的典范。

根据患病率数据推算，我国的单基因糖尿病患者总数为313万至784万。根据项目前期的临床数据分析结果来看，需要进行筛选的人群比实际确诊人群数量多很多。这些都是该项目的蓝海市场。

产品 PRODUCT

本团队定位为以学术技术发展为核心，促进临床技术应用为实践目标的糖尿病专病精准医学遗传诊断公司。市场主要为大型临床医疗机构的相关科室（内分泌科、儿科、遗传中心、药物临床试验中心等），深耕临床合作研究，以研究带动临床应用和临床市场。目前，本团队已与一批国家重点学科临床研究机构建立了合作研究关系，并且有了初步的共同发表研究成果。

通过这些科研合作，也促成了本团队在这些医院开展临床检测。未来3年，麦大医疗在完成3000例单基因糖尿病诊断病历积累后，计划建立独立自主的基于我国人群遗传背景的单病种遗传数据库。届时，麦大医疗将成为国内唯一一家针对单基因糖尿病的精准遗传诊断公司。

技术 CORE-TECH

本项目针对单基因糖尿病，采用高通量测序技术（NGS）获得人类全外显子组基因数据（WES），再利用自主研发的针对单基因糖尿病自动化生物信息分析系统对数据进行全面、快速、准确的分析注释，筛选出患者候选基因变异，最后由康斯坦汀·波利克罗纳科斯教授领衔的专家团队（包括遗传学家、糖尿病临床专家、生物信息学专家、分子生物学专家）根据 ACMG（美国医学遗传学和基因组学会）遗传变异分类标准进行遗传解读，并根据各项临床指南和 30 多年的临床经验，判定变异的致病性，最终确诊。

市场 MARKET

单基因糖尿病的研究发现和临床应用时间较短，在国际范围内都是一个新的临床领域。其诊断尚未建立成熟的体系，各个国家和地区均根据临床认知水平和临床医疗技术水平提供相应的遗传诊断服务。

英国 Exeter 大学医学院生物医学和临床科学研究所是最主要的学术和临床应用中心，向全世界范围提供临床诊断服务，并建立了以白种人遗传背景的数据库。而美国等西方发达国家的遗传诊断公司目前也向临床机构提供单基因糖尿病的遗传诊断服务。

随着国内临床医生对该类型糖尿病认知的不断普及和提高，相应临床诊治需求与日俱增。可以预期，糖尿病的遗传学精准分型诊断将会是糖尿病诊疗领域的一片新的蓝海市场。

竞争 COMPETITOR

本项目目前竞争对手很少，主要以提供全病种临床诊疗服务的大型基因测序、诊断企业为主，如华大医学、诺禾致源、迈基诺基因等企业；也有像香港基琳健康这类与该项目相似的糖尿病专病精准诊疗公司。

IP INTELLECTUAL PROPERTY

已与多家医院开展临床科研合作，并参与撰写论文 4 篇，申请软件著作权 1 项。率先开发拥有独立知识产权的针对 MFD 的生物信息学分析软件系统；率先建立针对 MFD 遗传诊断服务的全套临床服务产品线和质控体系。

团队 TEAM

该项目分为国内合伙人团队和国际合作团队。

CSO Constantin. P，国际团队领头人，项目联合创始人，加拿大皇家学会与加拿大健康科学院两院院士；加拿大儿童健康与人类发育项目首席科学家；加拿大麦吉尔大学人类遗传学和儿科终身正教授，儿科内分泌遗传学临床专家；担任《Nature Genetics》《Nature》《Science》期刊的常任评审；浙江大学医学院客座教授、浙江大学医学院附属儿童医院荣誉教授。主要研究方向为糖尿病的分子遗传学和免疫学、复杂特征基因座的功能评估。

李扬兮,国内研发负责人/合伙人,中国科学技术大学博士,麦吉尔大学博士后。

陈红波,联合创始人/学术顾问,副教授,清华大学博士,中山大学博士生导师。

李美航,联合创始人/技术顾问,麦吉尔大学联合培养,西北农林大学博士,青岛大学讲师。

融资 FINANCING

拟引入风险投资1000万元,出让10％股权。融资主要用于建立高级分子遗传学诊断实验室,申报第三方医学检验实验室资质;开展合作临床研究,建立临床合作基础,开拓临床市场;扩充技术团队,适应市场需求。

桐力光电纳米有机硅材料的研发及应用

本项目由中国科学技术大学博士生、国家万人计划人才石东带领团队创办的苏州桐力光电股份有限公司实施，通过研究开发光电显示纳米有机硅新材料、全贴合加工工艺、全自动生产设备等，为光电显示产业提供一体化触控显示解决方案，打破了德国、日本在光电领域纳米材料应用的垄断格局，为光电制造企业尤其是触控模块企业、显示模块企业、玻璃盖板企业提供全套全贴合解决方案，带动国内产业链升级。项目技术在国内处于行业领先水平，尤其是在车载中控显示领域，受到中国汽车行业协会的认可，是车载中控显示全贴合领域排名前列企业。

背景 BACKGROUND

在光电显示行业,常见的显示屏、触摸屏贴合方式分为全贴合和框贴两种。全贴合是指以光学级水胶材料(OCR、LOCA)或者透明光学胶(OCA)将玻璃盖板、触摸屏和显示面板以无缝隙的方式完全粘贴在一起。框贴又称口字胶贴合,即以双面胶将触摸屏和显示面板的四边固定,显示屏和触摸屏之间存在着空气层。"全贴合"相较于传统普通贴合技术"框贴"而言,可以提供更好的光学显示效果和超薄的外观设计。但全贴合的所需核心材料光学级水胶材料过去长期被日本积水化学、美国汉高乐泰、3M等国外公司垄断,甚至很多标准都是国外制定的。国外的垄断地位,使得该材料动辄每千克数千元的价格,且多数这类海外公司的业务模式是通过代理商进行销售,无法形成有效的沟通,提供不了客户真正需要的定制化功能材料。因此,桐力光电创始人石东组建团队,就光学级水胶材料进行开发及应用的研究。

产品 PRODUCT

本项目的主要产品为基于纳米有机硅材料的全贴合光电显示模块,包括全贴合触控显示解决方案、全贴合光学级纳米有机硅胶水、全贴合自动化生产设备。

项目产品

	部分产品图示	产品介绍
全贴合触控显示解决方案		主要通过企业自主研发生产的纳米有机硅胶水将显示屏、触摸屏、盖板玻璃、功能性膜片等部件进行全贴合
全贴合光学级纳米有机硅胶水(OCR)		纳米有机硅水胶由桐力光电独立研发,用以取代现有的UV水胶与OCA胶膜,具有更加优越的光学特性、更高的贴合良率、更低的成本,并具有可重工性。在65℃烘烤下40分钟内可达到固化,对玻璃、PMMA、PC以及几乎所有保护盖板材料具有极好的黏着性能,广泛应用于触摸屏、电绝缘以及其他封装领域

续表

	部分产品图示	产品介绍
全贴合 自动化设备		纳米有机硅水胶由桐力光电独立研发,用以取代现有的 UV 水胶与 OCA 胶膜,具有更加优越的光学特性、更高的贴合良率、更低的成本,并具有可重工性。在 65 ℃烘烤下 40 分钟内可达到固化,对玻璃、PMMA、PC 以及几乎所有保护盖板材料具有极好的黏着性能,广泛应用于触摸屏、电绝缘以及其他封装领域。边缘强化胶由桐力与美国康宁公司联合开发,纳米级的胶分子能渗透到玻璃毛边的裂缝中,并通过自身的固化在玻璃表面发生交联反应,从而达到强化玻璃边缘的目的

技术 CORE-TECH

项目材料打破技术垄断,自主创新的纳米级光学胶黏剂替代了国外进口材料,实现了平板显示行业的全贴合自由。全贴合(Direct Bonding),即以水胶或光学胶将面板与触摸屏以无缝隙的方式完全粘贴在一起。与框贴相比,可提供更好的显示效果。目前常见的屏幕全贴合主要有以原有触控屏厂商为主导的 OGS(One Glass Solution,单片式触控面板)方案、由面板厂商主导的 On-Cell(将触摸屏嵌入到显示屏的彩色滤光片基板和偏光片之间的方法)和 In-Cell(将触摸面板功能嵌入到液晶像素中的方法)技术方案。

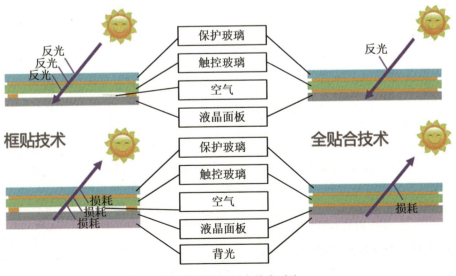

框贴技术与全贴合技术对比

全贴合技术优势包括：① 可消除屏幕间的空气，有助于减少显示面板和玻璃之间的反光，让屏幕更加通透，增强了屏幕的显示效果。② 灰尘无法进入屏幕，触控模块也因为与面板紧密结合使强度有所提升。③ 更能有效地降低显示面板噪声对触控讯号所造成的干扰。

市场 MARKET

平板显示产业按尺寸分可分为中大尺寸应用和中小尺寸应用。中大尺寸应用主要包括笔记本电脑显示屏、桌面电脑显示屏、商业显示屏和电视屏等，中小尺寸应用包括平板电脑显示屏、车载工控显示屏、手机显示屏、智能手表手环显示屏、头戴AR/VR显示屏等。根据CINNO Research数据，2019年全球平板显示市场规模为1399亿美元，2020年上升至1686亿美元，未来随着AMOLED、Micro-LED等新型显示技术占比进一步提升，带动产品单价上涨，预计2025年全球平板显示市场规模将达到2323亿美元。根据CINNO Research数据，就国内市场而言，2019年中国大陆平板显示市场规模为524亿美元，2020上升至755亿美元，预计2025年将达到1152亿美元。由此可见，本项目市场前景非常好。

竞争 COMPETITOR

本项目主要竞争对手是美国陶氏集团、德国瓦克化学、日本三菱及日本住友等国外新材料公司。本项目产品的技术指标与上述企业对标产品技术指标相当，技术指标达国内领先、国际先进水平。

案例 CASE

本项目的实施，促使创业公司桐力光电成为行业内领先的光电显示行业新材料细分领域企业之一，主要产品纳米有机硅胶市场占有率位于前列。凭借技术、品牌、产品质量等综合优势，公司与国内外大众、DS7、特斯拉、通用、尼桑、雷诺、BYD、吉利、长安、理想、蔚来等车载领域，与华为、小米、三一、海尔、Invenco、Raymarine、navico、迈瑞、巨鲨、金立、亚马逊等工控领域，以及与视源科技、欧菲光、海信、思科、长虹、达冠等大尺寸显示领域内的优质客户建立了直接或间接的合作关系，为多家客户高度认可并建立了长期合作关系。同时逐步打破国外厂商对光学胶黏剂市场的垄断，为国产替代提供了有力支持。

IP INTELLECTUAL PROPERTY

本项目的研究开发，已形成近200项的专利申请，授权专利100余件。

团队 TEAM

陈维，材料研发总监，毕业于清华大学和美国明尼苏达大学，美国国家标准与技术研究院（NIST）客座研究员，美国橡树岭国家实验室（ORNL）工业界客座研究员，一直从事纳米有机硅材料的研发与应用。现担任桐力光电技术负责人，带领团队在硅胶的核心硅乙烯基团和纳米级树脂的研究中取得多项突破性创新。

石东，桐力创始人，桐力光电法人代表、董事长，拥有12年光电行业研发、市场拓展及产业化工作经验。入选中国科技部创新人才推进计划科技创新创业人才、国家万人计划人才。获得国家创新创业大赛江苏省赛区第二名、全国决赛八强，入选中央电视台评选的2017年中国年度十佳创业榜样。带头组建3个省市级研发中心，联合江苏省产业技术研究院建立联创中心，共建3个全球领先的纳米实验室，在全国7个制造基地建成了10余条材料应用示范生产线，完成数亿元销售。

华永军，工艺研发总监，作为国内较早从事晶体硅太阳能电池技术的研发人员，成功将太阳能组件EVA压合技术导入触摸屏全贴合领域，研发出纳米级有机硅胶全贴合工艺，广泛应用于高端工控领域，获得美国航空与医疗系统认证。精通自动化装备开发设计到组装应用，实现纳米有机硅核心应用生产设备完全自主开发的能力。

皖科星兴：
基于 AAV 的高效价疫苗制备

  传统疫苗是指使用各类病原微生物制成的用于预防接种的生物制品。通俗地说，就是将灭活病原体或病原体的组分预先让人体免疫细胞识别，等到被真的病原体感染时，机体就会在病原体大量增殖之前识别并将其杀死。

  腺病毒相关病毒（adenovirus associated virus，AAV）是一类单链线状DNA缺陷型病毒。腺病毒相关病毒载体相对于其他的病毒载体（如腺病毒），具有非整合性、机体免疫应答温和、表达时间长、安全性高等多种优势。本团队基于新冠病毒的前期结构分析，设计了使用腺病毒相关病毒这一安全稳定的工具递送改造后新冠病毒S蛋白RBD的方式，使得机体基于递送至体内的病毒受体结合区这一结构，产生强效的中和抗体。目前团队制备的基于AAV的高效价疫苗已经在小鼠和猕猴体内长期有效诱导产生针对新冠病毒的中和抗体。相较于目前已有的新冠疫苗研究来说，本团队项目的AAV疫苗安全性更高，起作用时间更短，持续时间更久，为生产新型冠状病毒疫苗提供了新的技术路线，具有很高的市场价值和广阔的应用市场。

背景 BACKGROUND

虽然目前新冠疫苗已经大量接种，世界各地都在全力开展疫苗研究，但是在疫情全球泛滥的情况下，这些疫苗研究也是远远不够的，中国疾控中心免疫规划首席专家王华庆接受采访时说道："我国要建立免疫屏障，可能需要10亿以上的人接种新冠疫苗，接种率越高，免疫屏障就越牢固。"

首先，新冠病毒不是只有一种，它的种类有很多，变异极快，一种疫苗对特定的病毒有效，但是对于别的病毒，或者说变异的病毒，就不一定有效。其次，不同的疫苗的储运环境要求及价格的差别也是很大的，如目前全球药企研发的新冠疫苗，储运温度要求一般是$-20\sim-8\ ℃$，这远低于目前大多数药品在运输中$2\sim8\ ℃$的温度要求，同时已经研发的疫苗注射人体最长也不到一年，后续疫苗抗体在人体中存在的时间和安全性、有效性、持续性也都还是未知的。为了消灭新型冠状病毒，必须要在全人类进行一定规模疫苗的覆盖，仅仅是一家或者几家公司的生产是远远不够的。

新冠病毒疫苗的安全性、有效性、持续性、社会需求的迫切性、成本和存储条件、民众接种疫苗的意愿、民众接种的覆盖程度、疫苗制备的速度是否匹配病毒突变的速度等都是亟待解决的行业痛点。

产品 PRODUCT

本团队基于新冠病毒的前期结构分析，设计了使用腺病毒相关病毒这一安全稳定的工具递送改造后新冠病毒S蛋白RBD的方式，使得机体基于递送至体内的病毒受体结合区这一结构，产生强效的中和抗体。目前团队制备的基于AAV的高效价疫苗已经在小鼠和猕猴体内长期有效诱导产生针对新冠病毒的中和抗体，相较于目前已有的新冠疫苗研究来说，本团队项目的AAV疫苗安全性更高，起作用时间更短，持续时间更久，解决了目前市场上绝大多数的疫苗行业痛点，具有很高的市场价值和广阔的应用市场。产品特点如下：

(1) 存储要求低($4\ ℃$)。

(2) 持续时间长(半年以上，持续检测中)。

(3) 抗体效价高(高于康复患者)。

(4) 起效快(21天)。

(5) 生产安全。

(6) 应对突变调整快(14天更新产品)。

(7) 产能高(单人注射1012 vg，产品20 L可以注射10000人/次)。

市场 MARKET

根据相关调研判据,全球疫苗市场行业正处于高速发展阶段,市场规模逐年增加,2019年达到了326亿美元,我国疫苗行业同样发展迅速,年批签发量超过6亿支,市场规模达到350亿元,并仍有进一步发展的空间。

竞争 COMPETITOR

目前在全球已批准上市的新冠疫苗包括5条技术路线,分别为灭活病毒疫苗、重组蛋白疫苗、减毒流感病毒疫苗以及基于mRNA的核酸疫苗和腺病毒载体疫苗。这5种技术各有优势,但同时也存在效价低或副作用的缺点,并都有潜在的安全性的问题。

新冠疫苗5条技术路线对比

疫苗类型	疫苗载体	安全性	抗体持续时间
灭活疫苗	灭活新型冠状病毒	存在未完全灭活风险	长
重组蛋白疫苗	重组蛋白	安全性好	短
RNA疫苗	RNA	安全性好	长
腺病毒疫苗	腺病毒	易引起机体强烈的免疫反应	长
腺相关病毒	腺相关病毒	安全性好	长

案例 CASE

目前本团队基于新型冠状病毒相关专利优先使用权已于2020年12月以2亿元的价格转让给长春卓谊生物股份公司。

团队 TEAM

团队主要成员是来自中国科学技术大学神经生物学专业的硕士、博士研究生,长期从事AAV的设计、研发、生产等。

才源,中国科学技术大学附属第一医院(安徽省立医院)博士后,拥有多年生物与医学知识背景,有独立指导学生进行科研任务的能力。主导团队项目《眼科疾病的基因治疗药物开发》获得2020年中国科学技术大学创新创业大赛一等奖,以及第六届安徽省"互联网+"大学生创新创业大赛高教主赛道金奖,是新型基因编辑方法Cas9/RecA的主要发明人(专利申请号:201811144025.3)。

童大力,中国科学技术大学附属第一医院(安徽省立医院)博士后,是腺相关病毒介导的新型冠状病毒抗体诱导物及疫苗组合物的主要发明人(专利申请号:202010903143.9)。

VOCs 在线监测的 FAIMS 微系统

本项目提出的 UV-FAIMS 是 PID 和 FAIMS 技术的结合，旨在利用 PID 对 VOCs 的洁净、高线性度（5～6 个数量级）、宽范围电离效应，以及 FAIMS 对 VOCs 气态离子连续、高效空间分离等互补优势，实现对 VOCs 宽量程、多组分在线监测。

智能微系统

具体而言，UV-FAIMS 技术利用了 UV 源洁净性和超高线性度、且对大多数 VOCs 均有现成的电离效率数据库等优点，结合 FAIMS 技术对 VOCs 离子快速空间分离、谱图具有多维识别高分辨。同时采用 TGV 贯穿、同质键合等 3D 堆叠工艺，研究微通道、多区高效隔离的玻璃基 MEMS 高精度加工方法，研制高集成、高精度 FAIMS 微型化仪器，实现对 VOCs 气体快速高精度检测。本项目研究成果有望为 VOCs 气体区域感知奠定微型化、高分辨 FAIMS 技术基础，为 VOCs 大型安全事故应急处理、区域性泄漏预警等重大需求提供新型检测技术手段。

背景 BACKGROUND

随着我国经济的快速发展,由于人为和自然排放原因所产生的污染物及相应的二次污染问题,特别是影响臭氧和二次有机气溶胶生成的前体物挥发性有机物(Volatile Organic Compounds,VOCs)增加的问题,已经对我们的生态环境和区域气候变化产生显著影响,而大气中浓度过高的 VOCs 严重影响了空气质量、气候变化和人类的健康。大气污染防治与监测是我国当前环境保护工作的重中之重,而针对 VOCs 的综合监测治理则是防治大气污染的关键内容之一。为了应对 VOCs 污染,我国陆续颁布了诸多相关的法规和治理政策,从 2013 年颁布的"大气十条"起,我国开始把 VOCs 污染的治理放在了重要位置上。2010 年 5 月至 2016 年 6 月,有 12 项 VOCs 减排措施开始被正式实施。随着 VOCs 在二次气溶胶和臭氧生成方面作用的凸显,近年来,生态环境部颁布了一系列 VOCs 相关管控方案。防治大气污染的首要任务就是实时准确地监测污染物的浓度,面向国家在环保监测方面的重大应用需求,开展 VOCs 的监测到了刻不容缓的地步。

产品 PRODUCT

项目研发的面向重点行业 VOCs 监测的微型 FAIMS 仪器,具有高分辨、高稳定、高灵敏以及宽适用场合等一系列优势;团队开发的离子迁移谱,不仅检测速度快、灵敏度高,而且可以实现多种 VOCs 的准确区分,有望替代现有 VOCs 总量检测的 PID 和 FID 技术。项目产品在微量 VOCs 气体泄漏检测、重点行业 VOCs 排放监测,以及大型 VOCs 污染事故的应急处理等方面有广泛的应用,因此具有良好的经济和社会效益。同时可以搭载无人机实现 VOCs 远距离探测,解决了检测人员和设备的安全问题。

技术 CORE-TECH

通过理论和仿真分析、实验验证入手,设计满足现场环境 VOCs 检测的高分辨 FAIMS 分析器。同时采用 MEMS 工艺实现该器件的高精度微型化。结合前期研究团队在 FAIMS 分离电压源、离子源、探测器等关键模块的研制基础上,研制出 FAIMS 小型样机。在实验室内配制不同浓度的 VOCs 气体,通过改变电压幅值、温度、压强、流量等关键参数,构建多条件下小型谱图库。模拟检测环境,开展 FAIMS 的开放环境检测能力研究,并根据测试结果对样机进行改进优化。

　　项目的创新性和先进性在于将 MEMS 工艺用于 FAIMS 分析器的微加工，首次实现该 FAIMS 技术的微型化。

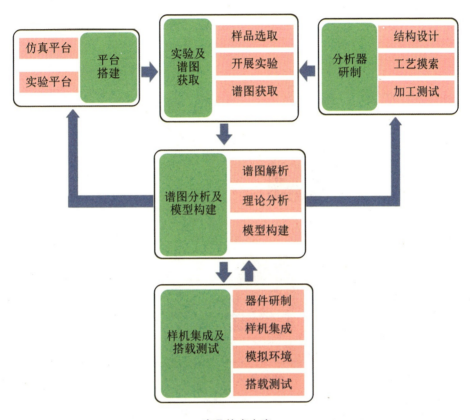

产品技术方案

竞争 COMPETITOR

　　项目在微型 FAIMS 产品核心技术上具有领先优势，特别是在核心器件加工、高分辨率获取、小型化等方面，具有极高的市场竞争力。利用这些技术已经成功开发出了一批试用产品，目前国内还没有其他厂商能提供，为独家拥有，具有极强的竞争力。尤其是团队所开发的高场不对称波形离子迁移谱具有技术优势，与现有技术对比如下图所示。

质谱/色谱/光谱	样品前处理 → 检测	前处理操作复杂 检测时间长 小型化后灵敏度低
试剂条/传感器	采样/溶液配制 → 检测	假阳性高 精度低 检测对象单一
传统离子迁移谱	采样/气化/离子化/检测 — 一维识别	分辨率不足 样品处理复杂 高灵敏度
我们的技术	PID 离子化 检测 — 二维识别	高分辨率 高灵敏度 无需样品前处理 稳定/快速 微型化/高灵敏

竞争产品技术对比

IP INTELLECTUAL PROPERTY

专利：团队已申请发明专利 20 项，已经获得授权 15 项，软件著作权 33 项。在分析器结构、VOCs 现场检测等关键环节均有自主知识产权和专利保护。

论文：团队已发表论文 30 余篇，在行业内获得广泛认同，已毕业博士 3 人，硕士 10 人。

团队 TEAM

团队由中国科学院青年科研工作者组成，现有研究员 2 人，副研究员 1 人，在读硕士、博士 20 余名。自 2007 年开始率先在国内开展 FAIMS 技术的研究，掌握核心技术专利，仪器完全自主研制。

李山，公司法人、联合创始人，中国科学院合肥物质科学研究院合肥智能机械研究所博士，中国科学院合肥智能所微型迁移谱实验室核心成员，主要从事微迁移谱的核心器件迁移分析器的研发、mems 工艺及微型化 FAIMS 仪器的研究,独立完成多套小型化 FAIMS 样机的研制。申请发明专利 8 项,获得发明专利授权 3 项。

陈池来,技术顾问、联合创始人,中国科学院合肥物质科学研究院合肥智能机械研究所研究员、博士生导师。从事基于微机电系统(MEMS)的微迁移谱研究工作;在迁移管迁移分析器设计和 MEMS 加工、快速离子源、多维谱图解析、关键电源等方面做出了诸多原创性研究,研制出了微型化紫外光电效应电离源迁移谱仪器,可实现对环境挥发性有机物、爆炸物、化学毒剂、超细颗粒物的快速检测。

微波等离子防水镀膜技术

镀驰材料科技是一家等离子体技术企业,MPCVD纳米防护整体解决方案提供商,研发创始团队秉承创新、专注、品质、诚信的管理理念,制定整体解决方案,包括等离子体镀膜设备及生产工艺,控制软件、销售和服务,被应用于手机等高端消费电子领域、运动器材、应对恶劣环境下运行的电子产品、医疗产品、军工、特殊配件等领域。

背景 BACKGROUND

随着科技的发展,越来越多的产品存在防水疏水甚至防腐的需求,以便应对复杂的环境。同时,防水疏水也面临的越来越多的挑战,防护要求从简单的抗拒液体进入到抵御盐雾蒸汽的腐蚀,工作环境从室温到高温高湿,需要保护的器件从简单几何形状到复杂异形,甚至有的应用还要求不能影响光电磁信号的传输,与此同时,生产过程中的环保要求也越来越高,对成本控制也有一定要求。

该项目通过自主研发的全面防水镀膜方案,全面满足各种应用对防水甚至防腐的需求,并根据需求,采用单层镀膜、多层镀膜、异构镀膜实现器件、板卡、整机的不同要求,产品质量稳定、环保性高。

产品 PRODUCT

公司以高分子材料技术为基础理论,以微波等离子体化学气相沉积技术为技术路线,以自动控制技术为过程控制手段制备纳米薄膜,属于新材料先进制造领域。公司为模组或者整机的加工制造提供生产服务,属于加工制造的技术和服务供应商,掌握核心技术,有较高的进入壁垒,处于产业链上游。

技术 CORE-TECH

与其他防水技术路线相比,微波等离子防水镀膜具有处理速度快、防水等级高、应用面广等优势。同时,公司拥有完全自主的知识产权,避免了被外国厂商"卡脖子",而且有能力持续研发设备及工艺,以满足新的应用场景带来的更高的标准和要求。目前公司的镀膜产品已获得权威第三方评测机构的认证,达到业界最高的 IPX7 防水防污等级,且各项指标表现优异。

市场 MARKET

纳米防水镀膜领域目前已初见一定的市场规模,且发展势头迅猛。该技术已广泛应用于军工、航天、消费电子、工业电子等领域。据第三方行业分析数据,2020 年中国智能手机出货量为 3.26 亿台,智能穿戴设备为 1987 万副,安防行业总产值为 8510 亿元;2019 年消费级无人机产值为 283.33 亿元,工业级无人机产值为 151.79 亿元。以此可看出,处于产业链上游的防水技术应用空间巨大。

目前项目研发掌握的是纳米镀膜技术中最为先进的微波等离子体防水镀膜技术,极大拓展了应用场景,不仅可应用于智能手机与 LED 显示屏行业,同时也可应用于 OLED 领域的封装工艺上,还可应用于耳机、电子书、无人机、家用电器等消费电子领域,以及汽车、太阳能逆变器、通信基站等电气设备市场。

防水技术种类

竞争 COMPETITOR

目前市场上的防水种类主要有灌胶防水、结构防水、涂胶防水和纳米防水等。

MPCVD 纳米防水技术有诸多优点:高稳定性;低表面性;膜厚度为头发丝直径的千分之一,不为肉眼所见且均匀性好;通过 ISO 10993 生物相容性、REACH、ROHS 等认证,对生物无害,对环境友好;通过 MPCVD 技术沉积的纱网,其气体通过率、声音大小、音频曲线都不会受到影响。竞争优势非常明显。

团队 TEAM

邬明旭，CEO，中国科学技术大学工学学士，澳大利亚 MONASH 大学工学硕士，拥有十几年微波等离子体技术产业化经验。

蒋舸扬，首席科学家，中国科学技术大学工学学士，日本综合研究大学院大学博士，拥有十多年物理功能性高新设备产业化经验。

霍锦辉，CTO，曾任东莞润华广电等行业内知名企业防水镀膜项目技术总监，有十多年真空镀膜经验，拥有大型真空设备（PVD/CVD）工艺、配方研发经验。

于洪威，COO，中国科学技术大学计算机学士，有二十余年市场管理与销售实践经验，曾在著名跨国企业担任营销管理职务。

融资 FINANCING

本期拟引入风险投资 1000 万元，出让股份 10%。其中 20% 用于渠道建设，80% 用于科研投入。

微化工技术的研发及产业化应用

该项目目标是通过一种新的反应模式,实现化工生产的微型化、连续化与自动化,搭建一个个高效的智能化工厂。项目技术属于"高端制造+精细化工"双产业布局模式;主要应用领域是国家重点监管的18类高危工艺;技术核心优势是安全、高效、灵活,易放大;项目主要应用领域为医药、农药、染料、香料中间体的生产过程中涉及高危工艺的步骤;主要客户为医药厂、农药厂、香料厂、染料厂、颜料厂以及军工单位。

针对目前微化工设备价格昂贵、设备类型单一以及工艺开发能力薄弱等特点,在本项目中拟设计一系列具有自主知识产权的微通道反应器,并将其与热、光、电等能量形式结合,开发出同时满足基础研究以及工业化生产的微反应设备。此外,还将发挥团队的专业优势,通过与医药、农药、染料等传统化工企业合作,解决其高危工艺的连续化技改难题,提供"一站式"的交钥匙服务。

背景 BACKGROUND

精细化工是当今化学工业中最具活力的新兴领域之一，具有产品种类多、附加值高、用途广、产业关联度大等特点，直接服务于国民经济的各个领域。当前，我国的精细化工正处于快速发展阶段，但随之而来的安全生产问题也日益突出。重大灾害性化学事故的频繁发生，使得人们开始"谈化色变"。因此，精细化工行业的本质安全水平的提升已刻不容缓。微化工技术依靠其独特的优势成为国内外精细化工行业的研究热点。该技术起源于20世纪90年代，是顺应可持续发展与高新技术发展需要而兴起的交叉前沿领域，涉及化学、材料、物理、化工、机械、电子、控制学等多种工程技术和学科。主要研究对象为特征尺度在微米到数百微米间的微化工系统，具有高效、快速、灵活、轻便、易装卸、易控制、易直接放大及高度集成等优势。

产品 PRODUCT

团队利用精密激光刻蚀技术，开发了第一台高硅玻璃微通道反应器。通过该设备，成功实现了各类高危工艺的连续流工艺改进，包括硝化、氧化、重氮化、锂化以及磺化反应等。值得一提的是，与利夫生物科技有限公司合作的利伐沙班中间体的硝化工艺以及嘧草醚中间体的重氮化水解工艺，已经开始中试工艺优化。此外，团队还开发了呋喃基生物基单体的连续生产工艺，为可降解材料的规模化制备提供了高效且便利的方法。

高硅玻璃微通道反应器

哈氏合金微通道反应器

光催化微通道反应器

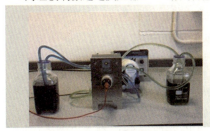
电催化微通道反应器

动态管式微通道反应器

自主研制微反应成套装备

项目组利用机械加工技术,开发了第一台哈氏合金材质的微通道反应器。该反应器单块持液量 9 mL,可兼容常见的高温、高压、强酸、强碱等高危工艺。在该设备上首次实现了温控系统的集成,并利用远程控制技术,进一步增强了其安全性能。

团队设计了第一台多功能光催化微通道反应器,该反应器可实现平推流以及 CSTR 反应器的随意切换,恒温箱可以有效控制反应温度(10~80 ℃),在线取样监测可以有效加速工艺优化,4 通道入口的设置可实现气液以及液液等多组分反应。此外,该反应器满足小试及中试两种规模需求。

技术 CORE-TECH

微化工设备的关键技术——微流道的设计,需要化学、化工、流体力学、结构力学、工程热力学等多学科交叉协同创新攻关。团队依托中国科学技术大学雄厚的科研基础,成功开发了具有自主知识产权的新型微反应流道和反应器芯片。

对于微通道反应器的设计,项目通过 Gambit、Fluent、Tecplot CFD 等软件进行微通道结构的优化以及流体传质传热的模拟,确定适合不同黏度、压力以及流速的通道结构。此外,通过新兴的 3D 打印技术进行微通道结构的加工,提升加工精度,降低加工成本。团队长期从事医药中间体的合成工艺开发,对于光、电催化也有着近十年的研发经验积累,团队成员熟练掌握了气/液色谱、气/液-质联用仪、红/紫外在线监测、核磁共振等多种分析手段,并依托中国科学技术大学先进技术研究院,对于企业委托的项目可以进行快捷高效的开发。

市场 MARKET

2017 年,工信部在《产业关键共性技术发展指南》中明确指出微通道反应技术的重要性。2018 年,石化联合会正式发布的《石化绿色工艺目录》中提倡使用微通道自动化生产工艺。2019 年,国家发改委也提出了连续流工艺在高危工艺改进中的重要地位。此外,连续流技术还被 IUPAC 评选为 21 世纪的十大新型技术之一。目前,国家政策导向明确,行业标准尚未建立,市场倍增效应明显。该团队研发优势明显,能够做到设备与工艺的双栈研发,使得在竞争中具有巨大优势。

竞争 COMPETITOR

目前市场上,国外微化工技术主要设备供应商有美国的 Corning、荷兰的 Chemitrix、英国的 Syrris 与 Vapourtec,国内主要有山东微井、杭州沈氏、贵州微化;国内微化工技术主要工艺开发企业有一正科技、上海惠和化德等。而此项目是业内唯一拥有设备＋工艺自主研发能力的团队！

IP INTELLECTUAL PROPERTY

团队成功开发了具有自主知识产权的新型微反应流道和反应器芯片。

团队 TEAM

王光祖，项目创始人，2018年博士毕业于中国科学技术大学，师从能源化工领域专家傅尧教授。2018年至今在中国科学技术大学先研院从事博士后研究，主要研究微化工技术。

徐清，联合创始人、首席执行官。2007年考入中国科学技术大学化学系，2011年本科毕业并保送本校攻读博士学位，2017年获理学博士学位，现任中国科学技术大学先进技术研究院副研究员。

程驰，首席运营官，中国科学技术大学MBA，连续创业者。

周展如，博士，联合创始人、财务总监，毕业于南京航空航天大学，现任中国科学技术大学特任副研究员，主要研究微流体的传热与传质，发表学术论文17篇，主持中央高校基金1项，参与国家级省部级项目3项。

融资 FINANCING

项目于2021年正式落地，种子轮动用自有资金300万元＋人才项目200万元，正式启动项目。2022年启动天使轮融资，拟引入风险投资2000万元，释放10%股份；拟计划2024年启动A轮融资5000万元，释放10%股份。

无人值守类脑机器人

合肥小步智能科技有限公司成立于2019年，是一家来自于中国科学院团队、专注于为工业矿山领域提供无人值守类脑机器人产品以及以数据采集与处理为核心的智能化产品的高新技术企业。经过多年的悉心研究，公司已成功研发并迭代出无人值守集控平台、类脑智盒、轨道牵引式皮带巡检机器人、狼青-Ⅱ轮式巡检机器人等多款成熟产品。

公司还积累了大量的科技成果和市场资源，并已申报机器人相关专利、软件著作权40余篇，通过了ISO9001质量管理体系认证。目前，小步智能拥有矿山市场资源200多家，在内蒙古、宁夏、河北、安徽、贵州等多地设立了营销中心。

背景 BACKGROUND

随着经济的发展,国内对矿山资源的消耗逐渐增多,包括煤、金属、稀有原料等矿山的开采加工消耗,都需要运输。而运输过程中,输送皮带发挥着主要作用,是企业生产的生命线,关系着整个企业产能和经济效益。但输送皮带运输矿料的过程中存在诸多问题,例如皮带跑偏、撕裂、堵料、鼓包、托辊高温、动力设备异常等,轻者会造成停工停产,严重则会导致人员伤亡。

因此,迫切需要一套技术先进,能24小时实时监测,可以比人工巡检覆盖面更广,发现问题更及时,可以有效避免事故发生的矿山输送皮带巡检机器人,进行更高效的巡检,同时联动皮带控制设备,防止造成更大意外,使皮带运输系统安全稳定高效的运行,保障企业的正常生产,提高企业的生产效益,降低企业的事故发生率。

产品 PRODUCT

无人值守类脑机器人具备超高计算能力,并结合人工智能技术,对矿区进行人员安全行为监管,规范员工作业,同时对皮带机进保护,实现有无料、异物、鼓包撕裂等检测,能够对整个运输线的皮带、托辊、电缆、管路等进行温度监测,对皮带撕裂、跑偏进行检测,同时对巡检路径中的环境进行监测。

项目产品

技术 CORE-TECH

(1) 多系统融合,全方位巡检。公司所研发产品,结合的是固定式和移动式运动控制技术、AI技术、5G通信技术、大数据分析技术,实现对矿山运输系统全方位巡检,真正实现运输系统的无人值守。

(2) 国内首家牵引式双轨机器人。无人值守类脑机器人采用公司独立研发的牵引式双轨技术,解决了市场上机器人的晃动、爬坡度小、续航时间短等问题。

(3) 创新研发全方位一次性扫描检测方法。巡检机器人搭载多台可见光摄像机及红外热成像仪,通过自主设计结构,实现摄像机多高度拍摄及多角度的自由转向,实现皮带设备的全方位一次性扫描检测。

(4) 多算法融合集成技术。类脑智盒产品由于其高性能的计算处理器及图像处理器,实现超高的计算能力,适用于多种环境,成为国内领先的专业化人工智能设备。

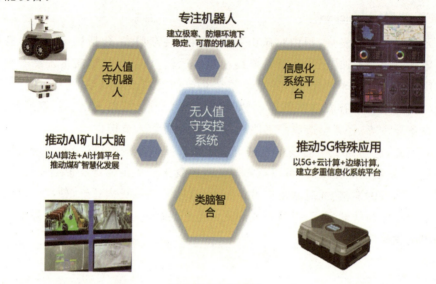

无人值守安控系统

市场 MARKET

据国家前瞻产业研究院调研，2010～2020年中国原煤产量在34.11亿～39.74亿吨，2010～2020年中国煤炭消费量在24.96亿～28.18亿吨，至2019年，大于30万吨以上的煤矿数量为5286个，洗煤厂有2300余座，非煤矿山有3万余座，石油燃气有3000余座。

皮带在煤炭生产中承担着运输的重责，运输决定产能，原矿料从生产到储煤仓再到各电厂化工厂到燃料口，都需要通过皮带运输。根据从宁煤集团、准能集团、神华集团、淮北矿业集团、贵州开磷磷矿集团、中盐制纳集团等100多个矿山企业的调研统计和推理，预计全国皮带总长度已超10万千米，而且还在持续增长中，皮带巡检拥有千亿元级市场。

竞争 COMPETITOR

从产品技术出发，公司研发的类脑智盒产品，在市场上是融合算法数量最多、使用场景更广泛、计算处理速度最快、产品最轻量化的。类脑智盒产品已投入多家矿山集团使用，公司积累数据量庞大，使检测准确度和效率更高，达到国内领先水平。公司自主创新研发的巡检机器人更是国内首例，解决煤矿特种环境下的速度、爬坡角度、稳定性、巡检时间、全面巡检等多种技术难题，具有多项自主知识产权。从产品价格出发，公司研发的产品多为自主设计研发，降低产品成本，针对于输送皮带巡检，是性价比最高的产品。

案例 CASE

神华北电胜利能源：已完成的项目有班组助手机器人，搭载类脑智盒与矿山大脑平台；远程停送电机器人，搭载类脑智盒与矿山大脑平台。洽谈项目为智慧变电站项目，搭载轮式机器人、类脑智盒和矿山大脑平台产品。

无人维修车间

输煤皮带无人巡检

IP INTELLECTUAL PROPERTY

公司已经申请6项发明专利、2项实用新型专利、2项外观专利，出版4本专著。

团队 TEAM

团队是由一支毕业于中国科学技术大学的精英组成的团队，研发人员由3名中国科学技术大学博士、6名中国科学技术大学硕士和5名其他相关高校的硕士学士组成。团队主要成员2013年开始在中国科学院从事智能机器人技术研发的工作，2015年团队开始创业，至今一直从事无人值守类脑机器人方面产品的研发。

李兵，创始人，总经理，中国科学技术大学硕士，副高级工程师；连续创业者，曾就职中国科学院某应用所，曾担任某上市公司CTO。

张志伟，联合创始人，技术总监，中国科学技术大学硕士，副高级工程师；曾就职于杰发科技，曾主持研发激光雷达等多款产品。

陈高灿,联合创始人,产品总监,中国科学技术大学硕士,具有多年产品研发经验。

卢彦,联合创始人,市场总监,具有多年产品营销经验,曾为某上市公司事业部产品经理。

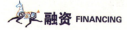 融资 FINANCING

计划融资800万元用于产品的研发投入,加速产品核心竞争力的提高,加速产品的推广落地进度。

西部芯辰 IoT 芯片

四川西部芯辰集成电路有限公司于2018年成立。公司的愿景为"用低成本、高效益信息化手段赋能提升百姓生活的幸福感,提高各行业管理效益及提升全社会风险防控的能力"。公司确定的发展战略是为数字化社会提供从芯片到平台泛场景应用的系列化产品,做各行业信息化应用技术的生态合作伙伴。公司自成立以来,围绕物联网应用中大数据、大链接、低功耗、低延时、高性价比等要素,以及各行业信息化应用中的软硬件分离、集成能力低、部署复杂、对公共通信网络依赖性强、使用成本高等一系列痛点、短板,为实现企业愿景及公司战略成功研制了 xLP&LR-IOT 芯片模组及其 IOT 生态综合应用平台,为各行业物联网技术生态应用提供了优秀高效的解决方案,赋能于各行业及数字化社会的转型。

产品 PRODUCT

本项目是"SOC(System on Chip,系统级芯片)+平台数字化技术"的应用项目,属于云平台、大数据、物联网、移动互联网、人工智能等技术在工业互联网、智慧城市、智慧农业、智慧政务等社会各行业数字化综合技术应用的范畴。项目能够给工业互联网、农业互联网、智慧城市、智慧乡村、智慧社区、智慧政务、智慧军营、智慧文旅等各行业及政府各单位提供基于数字化转型的各项场景化应用。如资产、人员、环境等生产要素的基础数据采集、数字化应用、状态感知、效能联动、企业智慧化管理等。目前该项目已经完成了国内某电信运营商集团所属31个省份的光缆网络智能化运营平台建设,并为2022年冬奥会提供通信保障服务。公司正在实施中国民航某机场航站楼资产移动化定位管理平台建设;已经与海纳云公司合作,在电力、燃气、水务、石油轨道交通等行业的数字化、智能化管理方面开展应用。

技术 CORE-TECH

公司成功研制的 xLP&LR 是一款低功耗、长距离、泛接入 SOC 芯片,可以广泛应用于5G+(工业、农业、智慧城市、智慧军营、智慧社区、智慧政务)等各行业的信息化服务中,市场前景广阔,特别是低功耗、长距离、泛接入、去中心化的自组网能力等技术指标处于国内领先水平。

公司完全自主知识产权的 xIOT 综合应用平台,采用云架构、数字中台、能力引擎及其驾驶舱技术,为各行业场景化提供了集数据处理、可视化呈现、数字孪生应用及智慧化管理为一体的信息化能力服务平台。

芯片特征:可在 1 s 内将远在 1500 m 之外、处于休眠状态(平均功耗小于 3 μA)的通信对象唤醒,使其迅速进入工作状态。

市场 MARKET

智慧农业示范应用场景。应用功能主要有大棚土壤湿度监控和自动洒水,大棚内温度监控和加热系统的自动化,大棚内 CO_2 的浓度监控和通风系统的自动化,大棚内光照监控和光照系统/顶棚开关的自动化。以上均支持前台自动和后台控制。

智慧仓储应用场景。应用功能主要有对贵重资产进行实时定位、追踪、自动盘点;对资产进行防盗安全管理,防止丢失或者泄密。

竞争 COMPETITOR

公司采用的"芯片+平台"的项目场景化应用为主线的技术路线使得产品

应用具有普适性、生命周期具有持续性及生产投入低成本,较国内同类企业产品具有领先的综合竞争力。特别是芯片的去中心自组网能力能够为物联网技术产品在公共通信网络设施覆盖率低的环境下(如森林、山区、海洋等)提供高效、经济的信息传输网络,为物联网技术的普及应用提供了基础条件。同时,平台不但具有多种智能化数据处理引擎及数据中台的架构,还提供了多协议标准化云架构的生态,为各行业现有大量的信息化系统提供了良好的接口服务适配能力,保护了各行业已有信息化系统的建设投资,增强了各行业数字化、智慧化管理能力,最大限度保护了各行业已有的一些信息化系统,节省了各行业及社会各部门数字化转型的成本,提高了信息化投资效率。

团队 TEAM

沙于兵,西部芯辰 CEO,南京大学学士,中国科学技术大学硕士。曾任意法半导体 Audio Division 部门经理,Synopsys 的设计服务部中国区经理,多年的集成电路行业从业经历,丰富的芯片设计管理经验。

唐学书,著名企业家,西部芯辰董事长,青岛海利尔集团董事长,伯恩资本董事长,控股和参股的企业达到 43 家。

沈启东,西部芯辰 CTO,空军工程大学无线电导航系毕业,高级工程师,30 余年通信行业技术及管理工作经验,ICT 技术场景化应用专家。获得多项荣誉称号,拥有多项专利成果。

骆金,西部芯辰研发总监,南开大学学士,北京大学硕士。曾于 MTK 新加坡研发中心工作多年,回国后出任 Synapse 部门经理,为集成电路企业提供设计服务。

细胞外泌体的一体化研发生产服务平台项目

外泌体（Exosome）已经成为下一个生物医药行业群雄角逐的黄金赛场。外泌体产业目前已在欧美国家蓬勃发展，国内尚处在萌芽发展阶段，未来将会成为下一个蓝海市场。

英滄思生物
Enhance

上海英滄思生物技术有限公司创立于2020年1月，由多名来自国内外的知名生物技术公司和生物专业人员共同创立，创立的目标是解决外泌体制备的行业痛点，提供研发小试和产业化外泌体制备服务和解决方案。英滄思生物是国内唯一从事外泌体产业化CDMO的企业，国内唯一实现商业化外泌体专用培养基的企业。

背景 BACKGROUND

2013年,科学家们发现外泌体细胞囊泡运输的调节机制,并获得当年诺贝尔生理学或医学奖,由此人们认识到细胞外泌体的价值。外泌体由于其天然的材料运输特性、出色的生物相容性,成为临床应用和药物研究的最佳药物传递载体,国内外先进的生物技术公司开始发力外泌体药物的研究,有数十个项目进入临床阶段。

在全球市场,外泌体固有特性和优势受到工业界的广泛关注,相应的药物开发也越来越多。在疾病研究中涉及神经系统疾病、HIV感染、癌症、囊性纤维化、败血症等广泛领域。近两年,众多大型制药公司正对外泌体敞开怀抱,例如将外泌体作为难以到达的组织递送核酸疗法的手段。2020年,礼来、武田和拜耳就宣布了超过10亿美元的涉及外泌体公司的交易;全球外泌体工业市场的上下游支持产业,2024年可能有超过10亿美元以上的规模。

国内市场方面,苏州唯思尔康完成亿元级天使轮融资,外泌体新药研发翻开新的篇章。在外泌体科研领域,外泌体制备及其相关试剂的市场容量达到近亿元规模,最近5年CAGR高达50%以上;随着外泌体新药研发企业的发展,外泌体上下游支持产业链不断增大,包括CDMO、技术服务,相关试剂耗材的需求会快速成长。预计2024年,国内市场容量可达8亿元以上。

产品 PRODUCT

上海英洽思生物致力于为外泌体药物开发领域提供全方位、一体化的研发和生产服务,推动外泌体药物研发进程,为患者带来突破性的治疗方案。团队的高性价比和高效的研发服务,助力外泌体研发企业突破行业技术壁垒,降低研发成本,帮助药企更高效研发和生产新药,造福全球病患。

上海英洽思生物一体化的研发和生产服务内容包括:

(1)外泌体研发生产一体化服务,外泌体制备工艺的研究服务。

(2)外泌体培养技术优化,细胞培养放大工艺和个性化培养服务,外泌体专用培养基,个性化定制化细胞培养基。

(3)外泌体纯化工艺开发服务,外泌体纯化放大工艺优化,个性化纯化填料,外泌体分离试剂盒和分离试剂。

(4)纳米粒径跟踪分析,外泌体细胞功能检测等服务。

技术 CORE-TECH

英洽思生物发明的创新性的外泌体制备工艺和无血清外泌体培养技术,解决了目前困扰外泌体领域发展的关键性障碍,保证了外泌体的大量高纯度制备,避免了外源外泌体的干扰,大幅降低了培养成本,提高了制备的效率和纯度质量。市面上现阶段的外泌体制备技术,仅适用于小规模科研需求,本项目的技术和产品完全匹配产业化和规模化生产,为外泌体的生物医药临床研究和产业化应用提供创新性的 CDMO 服务。

市场 MARKET

本项目产品可满足外泌体递送药物的早期研发企业的客户诉求。本项目提供细胞外泌体的一体化研发生产服务平台,解决客户小试和工业化规模的 CMC 工艺开发难题。

(1) 药物发现完成后,公司没有能力推进系统性的药学研究(即药品的化学、制造和控制,简称 CMC,主要是生产工艺开发、杂质研究、质量研究、稳定性研究等药学研究)。

(2) 药物小试工艺完成后,需要 GMP 车间生产药物。公司没有资金去建设和运营 GMP 车间。

(3) 药物小试工艺完成后,需要 GMP 车间生产药物。公司自己完成 GMP 车间设计、建设、验证、人员招聘和培训等,会大幅延迟药物开发的进度。

本项目可为产业化的外泌体药物方向的高校/研究所提供细胞外泌体的一体化研发生产服务平台,提供从小试到大规模的外泌体产品制备,以及工艺优化等服务。

竞争 COMPETITOR

本项目针对细胞外泌体的一体化研发和生产服务,所涉及的药学研究是一个复杂而专业的领域。目前,全球没有成熟的外泌体一体化研发和生产服务供应商,国内外的外泌体药物研发公司没有成熟的 CMC 工艺开发能力,整个行业的早期药物实现了突破,但是 CMC 工艺开发和生产依然是行业瓶颈,亟待发展。

团队 TEAM

杨铸,创始人、CEO,中国科学技术大学生物化学硕士。具有 15 年以上在生物制药领域内的商务拓展、CDMO/细胞培养工艺开发和 GMP 生产等经验。特别对细胞培养和外泌体制备的开发工艺、蛋白纯化工艺、培养基配方研究、质量规范等方面有非常深入的执行经验。

杜金,运营负责人、COO,中国科学技术大学生物化学硕士。拥有超过 15

年全球知名跨国企业工作经验,曾在美国旧金山硅谷工作,回国后先后在思科(中国)、安永(中国)企业咨询公司、IBM等企业工作。在企业市场销售、运营管理等方面拥有丰富的实战经验。

李良维,研发负责人、CSO,中国科学技术大学生物化学硕士,美国佐治亚州立大学细胞分子生物学和生理学博士。具有10年以上大分子药物研究、细胞培养、外泌体制备分离以及性质鉴定的经验。

Mike Liu,应用支持和生产总监,生物工程硕士。在生物制药领域有细胞培养研究和生产经验,熟悉ISO13485质量体系和GMP规范,在规模化细胞培养工艺开发、细胞培养基生产以及细胞培养应用支持等方面具有10多年的实战经验。

融资 FINANCING

公司拟启动A轮融资2000万元,出让股份20%。

小工匠机器人

项目团队原服务于苏州工业园区凯艺精密科技有限公司——华为5G基站供应链中的重要企业。团队在2018~2020年服务于环形器生产线的自动化、信息化建设,助力该项目在与领益智造、顺络电子、横店东磁、武汉凡谷等企业的角逐中脱颖而出,成为2020年度华为环形器项目招标最大份额获得者。

项目创始人通过20年的制造业管理,对产品、工艺、自动化、信息化产生深刻理解,出身于制造业,服务于制造业,是小工匠发展的保障。

背景 BACKGROUND

在轴承行业,零件(比如轴承外圈)在生产过程中需要人工抽样用专业仪器进行检测,可以设计用4轴工业机器人配合视觉和抓取夹具实现在线抽取样品,并且将产品定位到检测仪器上进行检测,最后将产品放回流水线或者样品收集容器中。这样的案例代替了人工抽样,节约了人力,保证了抽样率和抽样时间,和检测设备设计成一体,实现了轴承生产工艺升级。

工业自动化随着社会发展,越来越多的生产环节由人工转化为自动,但是随着行业的扩展或者替代工艺的扩展,替换人力的投入产出比要求越来越苛刻,也就是单位投资能替代的人力越来越少,但是这一类产业或者工艺的范围非常广,甚至目前还是国民经济中的绝大部分,不同于类似汽车和手机生产的高度一致性以及产业资本的聚集性。所以高性价比的工业机器人解决方案是下一波制造智能化的关键瓶颈之一。

产品 PRODUCT

项目产品是工业机器人以及使用该类机器人的软硬件应用解决包,通过研发和生产高性价比及易推广的机器人解决方案来解决这一行业瓶颈。

产品属于智能制造(智能装备)领域,在产业链上属于中游的设备供应类,集合设计、制造和销售。我们应对的应用场景有3C电子制造、传统制造上下料及装配等。举例来说,场景有PCBA异形连接器插件、组装时零件排序上料、注塑产品中的嵌件投料、机加工自动上下料、还有产品毛刺打磨等等。我们的上游是机械加工商、PCBA电路板组装商、镜头模组提供商等,下游主要是电子组装企业、机械加工及装配企业等。

技术 CORE-TECH

伺服系统:根据产品参数需求,自主设计专用伺服电机,在满足性能的同时,优化空间结构,优化散热。伺服系统采用了最新的基于ARM的高性能MCU解决方案,实现高精度、高速控制,以及驱控一体的最新算法。

伺服系统

减速器:兼顾工艺便利性的创新,基于仿

生原理的高精度解决方案(如切向大刚性、径向柔性的新型行星齿轮方案,全程过盈的摆线拟合减速器等)。

一体化设计:在结构上运用了大量的模块化、一体化设计。将齿轮法兰、轴承座、轴、机械臂、电机壳巧妙地设计成一个零件,达到了减少零件、降低成本、增加刚性、增加可靠性的效果。

减速器　　　　　　　　　一体化设计

市场 MARKET

2020年,我国工业机器人销量达到23.7万台,占全球总销量的40%,超过北美、日本、韩国占比之和,同比增速19.1%。预计2025年市场规模将达到1463亿元。

2020年销量占比最高的是6轴多关节机器人,占比约为62.88%;其次分别为SCARA机器人、协作机器人和Delta机器人,分别占比29.49%、4.38%和3.24%。中国工业机器人市场上约85%的减速器、70%的伺服电机、超过80%的控制器被国外品牌占据。

预测三年后SCARA机器人将迎来爆发性增长,除了生产线集成中的运用,该机器人还将成为标准设备中的标准附件,SCARA成为关节机器人销量最大的机种,大量性价比突出的国产SCARA机器人将出现在市场上,其中销量最大的单价区间将会在7500~15000元。国内直线模组的制造水平大幅提高,驱动器的智能化将普及,对于常用规格(长度500 mm左右)的产品,其中销量最大的单价区间将会在1200~2500元。

IP INTELLECTUAL PROPERTY

已经申请专利40多项,获得软件著作权若干。

团队 TEAM

蒋剑,项目创始人,毕业于中国科学技术大学。

魏晓天,软件带头人,网络工程专业毕业,有7年行业工作经验。

居春伟,软件工程师,扬州大学硕士。

心之声：人工智能心电医师

安徽心之声医疗科技有限公司（简称"心之声"）成立于2017年7月，是一家人工智能医疗科技企业，为医疗健康行业提供顶尖心电分析能力，帮助用户实时量化追踪心脏健康，立志于以人工智能和大数据技术改善人类心脏健康。

心之声核心产品人工智能心电医师可以高效、准确地自动诊断临床心电图，目前已覆盖97.5%的临床心电图诊断结论，可以广泛应用于医疗和健康市场，极大缓解心电图检查需求量巨大与临床心电医师数量不足之间的供求矛盾；同时为普通人实时量化追踪自我心脏健康提供了一条可行的技术路线和解决方案。

背景 BACKGROUND

根据国家心血管病中心发布的《中国心血管病报告2018》数据,我国心血管病患者人数为2.9亿,居致死率首位,占居民疾病死亡构成的45%左右。

专业医疗领域:心电图检查是心血管疾病尤其是心脏疾病的基础检验方式,需求量巨大;而供给方面,全国只有约2万名执业心电医师,不足以应对当前对于心电分析诊断的需求,需要新的技术手段来解决这一矛盾。

生活健康领域:我国每年心源性猝死人数高达55万,其中87.7%发生在院外场景,而心源性猝死早期征兆知晓率极低,其本质原因是缺乏对心脏健康的量化追踪;对于绝大多数成年人而言,量化追踪自我心脏健康是预防严重心源性疾病的重要手段。心电图是量化心脏健康唯一成本可控的医学检验方式,而家用心电图机或可穿戴心电设备却不能像血压计、体温计一样普及到家庭生活场景,制约因素在于非专业人士不具备读懂心电图的能力,迫切需要新的技术手段来满足这一需求。

产品 PRODUCT

基于核心技术,心之声推出三款产品和服务:AI心电分析云服务、心电采集芯片、便携式心电仪。产品和服务广泛应用于医院心内、心外、心电科室、体检中心等医疗场景,以及智能手表、智能手环、创新型Holter厂商、智能药盒、养老机构、健康服务机构等院外心脏健康管理场景。

技术 CORE-TECH

心之声通过自主研发国际领先水平的Cardio-learn®深度学习算法,搭载超低功耗心电采集芯片,达成人工智能心电图自动秒级分析诊断,并通过云服务建立心脏健康大数据,以人工智能技术呵护人类心脏健康。

核心技术Cardio-learn®心电分析算法处于国际领先水平,获得第18届世界心电计算挑战赛冠军(PhysioNet/Computing in Cardiology Challenge)。通过百万级国内三甲医院临床心电图数据持续学习,实现心电数据的人工智能分析,可针对43类心律失常疾病进行判断分析,生成可供临床医生参考的心电分析报告,占临床诊断总量的97.5%以上,准确率超过95%。

市场 MARKET

随着国民经济的发展,生活水平的提高,人们对于健康的重视程度日益提升,量化健康的概念逐渐深入人心,其中量化心脏健康更是受到越来越多人的关注。对于30岁以上人群,由于其身体机能开始衰退,量化心脏健康更具有现实意义,而为量化追踪心脏健康服务付费也成为顺理成章的选择。

根据国家统计局发布的《2017年国民经济和社会发展统计公报》数据,我国30岁以上人口数量为7.84亿。按照这些人每人每天花费1元在量化追踪心脏健康服务上来计算,有超千亿元规模的巨大市场,具备良好的市场前景。

竞争 COMPETITOR

市场上没有面向企业端的心电分析引擎和面向消费者的心电读图APP,过去的心电自动分析是由终端设备厂商作为自己设备的附属功能开发的,而且性能有限。AI心电分析是一个新的专业分工领域,这个领域将是心脏健康相关市场的核心环节,心之声将是本细分领域的有力竞争者。

IP INTELLECTUAL PROPERTY

15项发明专利已公开并实审,1项已授权,7项软件著作权,3项外观设计专利、3个商标已授权,团队发表国际国内学术论文20余篇,其中顶级(A类)国际会议5篇、SCI 3篇、EI 15篇。

团队 TEAM

傅兆吉,创始人兼CEO,中国科学技术大学博士,中国计算机协会会员。历任中国科学技术大学学生会主席、全国学联副主席。主持中央高校基本科研经费青年创新基金项目——人工智能心电医师。获得美国"百人会"英才奖。

周荣博,COO兼硬件业务副总裁,毕业于中国科学技术大学电子信息工程专业。曾在华为硬件事业部供职9年,具备丰富的硬件设计和研发经验、项目团队管理经验和生产制造质量管控经验。

洪申达,人工智能技术副总裁,北京大学智能科学与技术专业博士,佐治亚理工计算科学与工程专业博士后。发表国际期刊会议论文17篇,第18届国际心电计算挑战赛冠军队队长,滴滴人工智能挑战赛Best Demo Award & Top-10 Team,获CCF全国青年大数据创新大赛一等奖。

俞杰,IT技术副总裁,毕业于中国科学技术大学信息管理与信息系统专业。拥有国内外IT行业9年从业经验,在IT信息系统和云服务系统方面拥有丰富的技术和技术团队管理经验。

鄂雁祺,市场副总裁,中国科学技术大学研究生,传媒管理专业。有多年公司品牌建设、市场营销和团队管理行业经验。

 **目标** TARGE

至 2022 年底,实现人工智能心电分析在生活健康场景下的广泛应用,通过可穿戴智能硬件和 AI 心电分析云引擎,帮助终端用户实时量化追踪心脏健康。

新型多媒体版权保护解决方案

合肥图溯信息技术有限公司
HEFEI GRAPH TRACE INFORMATION TECHNOLOGY CO., LTD

公司聚焦新型知识产权保护需求，自主研发了AI数字水印嵌入与提取系统、数字版权保护与追溯系统，构建个人多媒体版权保护平台、多媒体电影版权交易支持平台，系领先的新型多媒体版权保护方案提供商，旨在为用户提供整体性解决方案，切实保护知识产权的完整，且针对不同用户需求提供独到的解决方案。

背景 BACKGROUND

知识产权保护是大势所趋，国家对知识产权保护高度重视，正在促进版权保护大环境的形成，推动相关产业加速发展。市场版权维护事件多发频发，版权市场需求旺盛。数字产品版权行业面临诸多困境。

（1）被侵权、盗版、篡改。猖獗的盗图、盗用视频现象，给原创者带来了难以估量的损失，在诸如新闻媒体、设计、摄影、电商、自媒体等领域的盗用现象尤为突出。

（2）鉴别盗用难，维权时间长。由于作品本身存在鉴别是否盗用困难、走法律诉讼时间长、成本高等困难，被侵权者对于图片侵权行为往往选择忍气吞声，这也更加助长了盗用现象的泛滥。

（3）版权保护呼唤突破性技术。急需新技术解决数字媒体内容被部分提取再创意、平台图片合规管理、图片超高速检测等版权保护相关问题。

（4）面临版权保护难题。作品由于本身没有身份信息，难以明确版权所有者，更难以溯源维权，图片、视频市场面临版权保护难题。

产品 PRODUCT

新一代数字版权保护及 AI 检测平台系统，是基于信息隐藏技术和人工智能检测技术开发的新一代版权保护系统，可将版权信息加密隐藏在图片/视频文件中，不改变原有文件展示效果，难以识别破坏，在需要时可快速提取出版权信息。隐形水印无感嵌入，支持 128 mm × 128 mm 尺寸以上图片使用，具有隐写提取技术领先、抗攻击性强，嵌入、提取速度快、防截屏、防篡改、抗攻击、难去除、易兼容的特点。

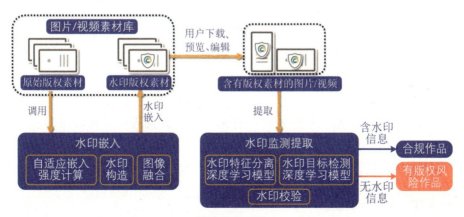

产品技术路线

技术 CORE-TECH

基于信息隐藏技术和人工智能检测技术所开发的新型版权保护系统,适用于商业秘密的版权保护与责任追溯,可将版权信息加密隐藏在图片、视频、文档文件以及屏幕中,不改变原有文件展示效果,不影响屏幕的视觉效果,难以识别破坏。在需要时可快速提取出版权信息进行溯源取证,定位泄密源头。

市场 MARKET

从2013年至2019年,我国网络版权产业市场规模持续保持较快增长,2019年总规模相较2013年的2157.8亿元增长超过3倍。中国图片版权市场实际销售规模已超百亿元,每年仍保持高速增长;视频版权市场实际规模已超1000亿元,且两者正版化率逐年提高。2017年中国版权网络视频行业收入规模达到了725.9亿元,相较于2013年的100多亿元,行业发展可圈可点。随着用户规模扩大,用户使用黏性增加,版权网络视频带来的商业资源不断升值,到2020年已成为近千亿级市场。

竞争 COMPETITOR

软件:AI数字水印嵌入与提取系统;数字版权保护与追溯系统;个人多媒体版权保护平台;多媒体电影版权交易支持平台。

硬件:图溯新型版权保护扫描仪等。

案例 CASE

AI数字水印嵌入与提取系统已在京东集团、视觉中国规模化部署;视觉中国是中国最大的网络版权图片提供商,主要依靠出售版权图片来盈利,大量非法使用其图片的行为使它的商业模式受到挑战,在其自研"鹰眼"网络追踪系统的同时,视觉中国采用了公司的新一代数字版权保护及AI检测平台系统,为其快速精准检测图片版权提供助力。

数字版权保护与追溯系统已在OPPO、寒武纪率先商用,长鑫存储、比亚迪电池POC应用。OPPO公司采购了公司的"新一代数字版权保护与追溯系统",拟在给每个代理商发送的图片、视频中嵌入含代理商身份的隐形水印信息。一旦在市场上发现有图片、视频、文档等外泄情况,可以通过该系统所提供的溯源取证工具提取出隐藏的水印信息,定位泄密源头,对泄密人进行追责。

IP INTELLECTUAL PROPERTY

公司已初步完成知识产权规划:正在申请3项发明专利,已经取得3项软件著作权证书，正在申请5个商标注册，已经发表论文近200篇，其中SCI论文80多篇，EI论文70多篇。

团队 TEAM

公司成立于2020年7月，创始人为中国科学技术大学网络空间安全学院教授和校友，公司团队硕士、博士以上学历占比超过50%，主要为中国科学技术大学校友。

张卫明，联合创始人，中国科学技术大学网络空间安全学院副院长，教授、博导，国际信息隐藏领域著名经典编码理论ZZW算法作者，国际一流的信息隐藏技术专家。

闫劲铎，市场运营总监，中国科学技术大学硕士，先后在中国通服、普天太力从事市场销售工作，负责公司国内市场销售。拥有丰富的市场运营经验。

张志翔，高级架构师，中国科学技术大学学士、硕士、博士，曾供职于中国科学技术大学网络中心等单位，具有丰富的终端、后台系统架构经验。

马泽华，算法专家，中国科学技术大学博士，主要研究领域是信息隐藏技术，尤其在鲁棒性暗水印技术上有深厚的科研功底和算法经验。

彭胜聪，业务总监，中国科学技术大学电子科学与技术系本科校友，具有卫宁健康、平安集团等大型公司医疗影像产品研发管理经验。

融资 FINANCING

本轮融资1500万元，出让12%股权。融资资金用于研发团队建设、核心产品研发、产品运营、市场推广等。

新一代具国际竞争力的抗体偶联药物开发

本项目属于医药领域,开发的产品为抗体偶联药物(Antibody-drug Conjugate,ADC),用于治疗恶性肿瘤。抗体偶联药物是拥有强细胞毒性的化疗药物通过连接子与单克隆抗体偶联形成的,兼具小分子药物强大的杀伤力和单克隆抗体的高度靶向性,相对纯单抗而言治疗效力更强,并且肿瘤细胞特异度高,误杀率小,因而成为肿瘤靶向治疗的研究和发展热点。ADC选择的靶点都是与肿瘤相关的,其选择靶点的标准与其他单抗药类似,要求生物学机制清晰。目前已经上市的Kadcyla(靶向HER2)与Adcetris(靶向CD-30)等均展示出较好的临床效果。

宜联生物
MediLink Therapeutics

背景 BACKGROUND

恶性肿瘤在我国已成为常见多发病,严重威胁着人类的生命和健康。国际癌症研究中心研究报告显示,中国分别约占全球恶性肿瘤新发病例和死亡病例的21.8%和27%,在184个国家和地区中,位居中等偏上水平,但部分恶性肿瘤,如胃癌、肝癌和食管癌等发病死亡病理约占全球的一半。

当前肿瘤的治疗方法有很多,常规的肿瘤治疗方法包括手术治疗、放射治疗、化学治疗和靶向治疗等。传统治疗手段(手术、放疗和化疗)多采用高强度的治疗来争取肿瘤的退缩,治疗过程中常常伴随严重的不良反应,患者的生活质量严重下降。相比于传统治疗手段,靶向治疗药物的诞生为精准"打击"肿瘤细胞提供了可行性。晚期癌症患者接受靶向治疗药物靶向治疗后,大部分患者可在无严重毒副反应基础上保持其疾病的长期稳定,长期带瘤生存,生存期显著延长,生活质量得以改善。

另外,虽然已有单抗类或者ADC类肿瘤药物上市,但很多恶性肿瘤患者的生存期和死亡率并没有明显改善。根据2019年11月国家卫生健康委公布的统计结果,恶性肿瘤五年生存率为40.5%。许多恶性肿瘤仍然缺乏有效的治疗药物,如神经胶质瘤、肝癌、非小细胞肺癌、乳腺癌、肾癌、卵巢癌和膀胱癌等。不同靶点的ADC药物、新一代ADC技术药物有望进一步完善不同肿瘤的治疗手段,给患者带来更多的福音。

产品 PRODUCT

本项目致力于具有国际竞争力的偶联药物产品的开发,聚焦在抗体小分子偶联药物的最新一代技术和产品。本项目研发的产品目标定位于具有全球知识产权的最新一代ADC及相应技术平台,试图提高药物治疗窗口,提升治疗效果,减少毒性反应,解决耐药问题,致力于为肿瘤患者提供更优的治疗选择。

目前,公司已在苏州工业园区biobay产业园内建立起1600平方米的研发中心,以未满足的临床需求为导向,为中国的患者服务,并通过国际临床和合作开展,实现国际市场价值。

技术 CORE-TECH

在抗体确定的前提下,ADC的成功取决于三个因素:① 毒素的活性与成药性;② 连接子的稳定性与高效的肿瘤内释放;③ 偶联技术的先进性。本项目目前在上述三个方面均已建立或即将建立属于宜联的核心优势,为开发第四代ADC奠定了良好的技术基础。

(1) 毒素(Payload)是ADC发挥抗肿瘤作用的关键,也是ADC产生毒副作用的主要因素,发现具备特殊成药性质的毒素分子,是实现 ADC 高效低毒的重要手段之一。本项目开发全新毒素分子,建立技术壁垒。① 已经开发出一种中等活性的毒素分子,其在血液中是一个前药状态,活性和毒性远低于原型分子,以 ADC 运输至肿瘤组织/细胞后,利用其酸性微环境,使得毒素分子由前药状态转变为原型分子,发挥抗肿瘤活性,而后进入血液,再次转化为前药形式排泄。② 正在开发一种高活性的毒素分子,其在血液和肿瘤组织中具备良好的代谢稳定性,而在肝脏中被快速、高效地代谢为低毒甚至无毒的产物,和第一种技术一样,可以很好地达到增效减毒的目的。③ 抛开传统的细胞毒类毒素,开发靶向药物和免疫药物。④ 开发对传统毒素耐药的肿瘤细胞依然有效的毒素分子。

毒素分子

(2) 连接子(Linker)是 ADC 有效递送细胞毒性药物的基础,也是决定 ADC 产物毒性的关键因素。循环中药物的过早释放可导致全身毒性和较低的治疗指数。探索利用肿瘤细胞中高表达的酶(例如溶酶体中的 Cathepsin 家族),实现 Linker 的高效切割,使得毒素分子在肿瘤细胞内更加高效地释放。

(3) 与抗体的偶联技术是影响 ADC 治疗潜能的关键因素。已经开发了一种新型的偶联技术,一方面使得毒素 linker 与抗体巯基进行定点定量偶联;另一方面消除了逆 Michael 加成效应,使得化合物具有极好的化学稳定性,有效阻止毒素/毒素 linker 在体循环中脱落,降低了副作用;同时该技术具有极高的偶联效率、高的载药量、偶联条件温和易于放大生产等优势,是比 Sacituzumab govitecan(IMMU-132)和 Trastuzumab deruxtecan(DS-8201)更具优势的偶联技术。

市场 MARKET

宜联生物的产品市场定位于肿瘤特别是难治的实体瘤领域。恶性肿瘤在我国已成为常见多发病,严重威胁着人类的生命和健康。国际癌症研究中心研究报告显示,中国分别约占全球恶性肿瘤新发病例和死亡病例的 21.8% 和 27%,在 184 个国家和地区中,位居中等偏上水平,但部分恶性肿瘤如胃癌、肝癌和食管癌等发病死亡病例约占全球的一半。

根据 IMS 数据，2015 年全球的抗癌药市场已达 1070 亿美元，其中治疗用药 837 亿美元，辅助用药 229 亿美元，中国的抗癌药市场为整个医药市场的 9.4%，即 690 亿元。抗肿瘤和免疫调节剂是我国医院用药的第二大门类，占 2015 年样本医院采购金额的 15.9%，其中一百余种抗肿瘤治疗用药，总销售金额为 160 亿元。近年来，抗肿瘤药物产值不断提升，根据米内网数据，2018 年中国抗肿瘤药物总产值已达 998.95 亿元，同比增长 21.20%。去年中国抗肿瘤药有望达 1300 亿元。

ADC 作为目前前沿的生物药物技术，有望在肿瘤治疗中取得突破，未来在快速增长的肿瘤药物市场中抢占大的市场份额。

竞争 COMPETITOR

目前公司的产品尚处于早期研发，预计首发项目 2024 年提交 NDA，2025 年陆续有产品进入市场，公司的营销策略和定价策略将围绕所开展适应征的市场情况，同类产品中上市的位次，医保政策的导向，结合国内外临床数据和合作情况进行综合评估确定。根据产品特征考虑自建市场销售团队或者与国内外一流药企进行合作推进产品营销。

团队 TEAM

薛彤彤，创始人，CEO，博士，曾任科伦博泰总经理，管理千余人的创新药研发团队，在生物药和小分子产品的研发、生产商业化以及国内外商务合作方面均拥有丰富的经验。

蔡家强，CSO，博士，在小分子和偶联技术开发方面有近 30 年的深厚经验，历任上海翰森药业副总经理、Merck 英国研发中心高级研发组长等，先后领导、负责超过 100 个项目的研发工作。

肖亮，COO，博士，曾任科伦博泰生物药物研发副总裁、Klus Pharma 首席运营官，在大分子及抗体偶联药物研发和工艺开发方面具有丰富的经验。

强静，博士，总裁，负责资本运作和战略规划。

融资 FINANCING

公司计划主要通过股权融资的形式来筹措发展所需资金。目前公司已完成 3.5 亿元 A 轮融资，后续计划于 2021 年底（对应 1 个产品进入临床申报准备阶段）完成 5 亿～8 亿元的 B 轮融资；2022～2023 年（对应至少 1 个产品取得临床概念验证数据）完成 10 亿～15 亿元的 C 轮融资。

未来三年内，预计公司并不产生直接经济效益，但有望于 2025 年实现产品上市销售。

寻TA千百度：基于区块链的黄金24小时寻人平台

团队提出的产品属于信息服务行业领域，其面向的是社会公益服务技术展开提供寻人推广与匹配服务。针对警方难以对除儿童以外的疑似失踪者立即立案问题，通过基于指纹上链认证的多方签名技术，提出一种允许可信失踪者亲属快速发布疑似失踪信息、周边人群快速响应线索的区块链服务，降低失踪线索遗失可能性，帮助亲人快速找回，打造安全、效率一体化的寻人技术链条，实现更完善的"善度益行"社会治理框架。

面向公安部打拐办、社会寻人组织中存在的失踪者亲属和热心公益人士找寻需求，平台将靶向公安具体需求，通过快速多方签名验证来打通24小时立案盲点，为寻人部门提供技术外包服务。

背景 BACKGROUND

目前,老人走失人口占全国走失人口近一半之众,其占比远高于大众认知的儿童走失比例,占我国国情下走失问题的人头;且老人走失复发率与死亡率都明显高于其他人口,该走失尤其在偏远地区风险加剧;但是公安部门只针对儿童提出了"走失即立案",对于60岁以上疑似走失的老年人(尤其是记忆衰退早期尚未确诊老人),警方无法在24小时内立案。更重要的是,偏远地区基础设施不发达,超出24小时线索找回难度加剧,更降低了老人找回的可能性。

传统寻人技术包括张贴海报、走家串巷寻找、广播等,面临流程长、传播慢、响应不及时、隐私信息泄露等问题,而互联网寻人平台也存在着审核流程复杂、推送消息精确性不足、失踪对象年龄限制等问题。寻亲的难度与年上升,原有的寻亲技术更需要不断突破;被拐卖的犯罪率与失踪人口常年处于上升趋势,且增长率显著提高;寻亲技术创新与突破,迫在眉睫。

针对财产失窃、人口走失乃至被拐卖等问题,传统失踪找回模式暴露出效率与安全双重痛点(包括公众消息推广缓慢、跨平台互通性不足、审核上报程序复杂、缺乏完善激励与奖惩机制、特殊失踪群体找回的二次保护不足等)。

随着群众见义勇为意识不断提高、自媒体渠道快速普及、移动终端设备高覆盖死角,这些优势能够赋能社会安全领域,助力"互联网+物联网+城市安全治理"良性生态三角。

为此,本项目尤其针对老人失踪特征,设计了基于区块链的黄金24小时寻人平台,通过半去中心化"失踪-找回"消息上传、验证、P2P线索传递方式,降低监管成本,弥补警方24小时内不能立案调查的不足并提供失踪线索,提高警方办案效率。

产品 PRODUCT

考虑到除未成年失踪外的案件,立案发布需要24小时,极易错失失踪找回的黄金24小时;并兼顾防范疑似误报案件情况,防止浪费警力资源,平台立足于全年龄段失踪者群体,提出基于区块链的黄金24小时寻人项目。在国产区块链平台(包括FISCOBCOS、梧桐链)上,寻亲平台拟实现的功能包括:身份认证及管理功能;消息分发及订阅功能;智能匹配寻亲算法;物联网设备协同寻亲功能;积分奖励及兑换功能;消息监管与积分溯源功能;全时间列表查询匹配功能;多方签名隐私保护模型。

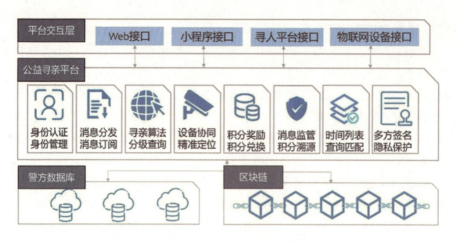

跨平台技术融合服务产品框架

技术 CORE-TECH

因人制宜、因地制宜,建立失踪找回模式分析,打破原有单一匹配查找方法,打破原有圆心推送算法模式。

失踪找回模式

隐私保护下的快速跨平台身份认证,用多方签名建立全新的信任累加体系,简化原有中心平台审核长流程。创新点:将单方 ElGamal 签名方案改为多方 ElGamal 签名方案(指纹私钥);签名者必须互相诚实背书,否则签名验证不通过。

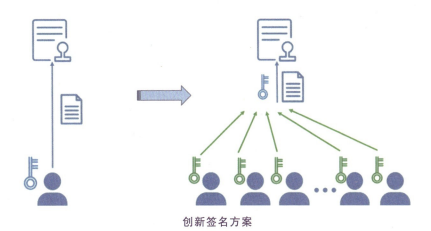

创新签名方案

在开源区块链平台 FiscoBcos 下，本寻亲项目实现的功能包括：身份认证及管理功能；消息分发及订阅功能；智能匹配寻亲算法；物联网设备协同寻亲功能；积分奖励及兑换功能；消息监管与积分溯源功能；全时间列表查询匹配功能；隐私保护功能。

市场 MARKET

本项目主要面向我国基础设施欠发达地区（例如中西部地区中小型城市、偏远乡村等）中 60 岁以上的老人及其家属提供 24 小时内走失寻人服务，并面向该地区公安部门提供老人疑似走失不予立案期间的线索补充服务，面向社会志愿机构与组织提供志愿活动参与服务。

IP INTELLECTUAL PROPERTY

已授权国家发明专利 2 项，已授权国家计算机软件著作权 1 项；已发表 SCI/EI 论文 3 项，已发表中文核心期刊 1 篇。

团队 TEAM

肖睿阳，项目负责人，中国科学技术大学网络空间安全学院 2021 级博士研究生，校区块链协会成员，曾以第一作者发表 CCFA 类论文 1 篇，以第二发明人（导师为第一发明人）获得授权发明专利 3 项，曾主持全国大学生创新训练重点项目结题优秀。

赵一需，团队成员，中国科学技术大学研究生院附属科学岛 2019 级硕士，校区块链协会成员，曾以第一发明人申请登记软件著作权 1 项。

王璐，团队成员，中国科学技术大学管理学院 2019 级硕士，获得 2020 年硕士国家奖学金。

周旺,团队成员,中国科学技术大学网络空间安全学院 2019 级硕士,校区块链协会副会长。2020 年一作论文被 CCFC 类期刊录用,获得 2020 年硕士国家奖学金。

柳溢文,团队成员,中国科学院大学网络空间安全学院 2019 级硕士,2019 年一作论文在 EI 检索会议 IEEESOLI 上宣读。

压电氮化铝 MEMS 传感器的产业化

本项目专注于系列填补国家空白的压电 MEMS 芯片开发。基于氮化铝材料的压电 MEMS 传感器开发与产业化,以水为起点,从工业到民用。

氮化铝薄膜作为第三代半导体的核心材料,也是一种非常优异的压电材料,相比较于其他压电薄膜,其在性能、成本和可量产性上达到了较好的均衡。除了移动物联网时代大发展的滤波器,氮化铝还可用于开发一系列高品质的传感器,满足物联网时代的需求。

背景 BACKGROUND

智慧水务行业的管网检漏是项目系列芯片的首批目标市场,中国每年因为漏水造成的经济损失超过 300 亿元人民币,并且会造成很多严重的生产安全问题。目前市场上主要以检测方案为主,缺乏实时性,亟须一套高性价比的监测方案。本项目主打产品是水听芯片模组及整套监测设备,实现将水听器阵列化安装在管网中直接进行监听漏水,并通过算法实时解读漏点位置。目前这套先进的声学方案主要为国外大公司掌控,主要痛点是设备贵、原始数据不开放、服务跟不上,因此只在一些国家大型正式场合使用,确保现场安全。本项目自研的全国产化的水听芯片和解决方案,可以大大降低成本,实现国产替代和超越,走入广阔的民用供水管网,并且可继续拓展到输油管网监测领域。

本项目团队来自科研院所,希望用压电 MEMS 技术,一方面解决物联网时代行业内普遍存在的传感器较贵、稀缺的问题;另一方面针对特定行业,把国产传感器继续做强,做出真正的价值。目前面向管道漏损检测的国外传感器都很贵,动辄几万元,只能用在一些国家大型重要场合。本项目的传感器在性价比上有大幅提高,可以走入民用管道,进入百姓生活中,真正全面地覆盖管网的监测工作。

产品 PRODUCT

压电氮化铝 MEMS 水听传感芯片和流速传感芯片,可提供实时、准确的漏水定位,大幅减少人力排查成本。高性价比的水听传感器,适合智慧水务规模应用。国产设备能实现替代和超越,可进入普通供水管网,将同类型产品价格降至三分之一或更低,测量精度提高逾 30%,并提供完整物联网解决方案。

目前团队在上海微技术工业研究院搭建了完整的氮化铝工艺平台,开发的芯片产品包括水听器、麦克风、超声测距、超声流速以及声表面波测温等。这些产品都已经有演示,相应开发和营销要素也已基本齐全,将会面对不同行业逐步落地;其中水听传感芯片和流速传感芯片都已可量产,且系统验证已经完成。

技术 CORE-TECH

MEMS 芯片采用半导体工艺,一致性高,起振快,适合高频(4 MHz 以上)、高精度测量;微型化易定制,可高度集成,应用场景广泛。

市场 MARKET

2019 年城市公共供水漏水约为 80 亿立方米,约为 700 个杭州西湖蓄水量,经济损失超过 300 亿元。我国城市供水管道长度约为 75.7 万千米,管道检测费用平均在 30 元/米左右,已经部署自动漏水监测的道路小于管道长度的 20%。2019 年中央全面深化改革委员会审议通过《国家节水行动方案》,到 2020 年,全国公共供水管网漏损率控制在 10% 以内。

竞争 COMPETITOR

主要国际方案解决商：

HWM 公司的 Permalog 产品自 20 世纪 90 年代开始,先后为北京市政供水管网提供国庆阅兵、春节与"两会"、2006 年"中非论坛北京峰会"、2008 年奥运会等漏水监测及报警服务,保障供水安全。除此以外,Permalog 的产品也为上海世博会、广州亚运会、杭州 G20 峰会等大型盛会提供供水安全保障。

Xylem 公司与上海城投合作,2019 年在上海城投水务大口径管道检测项目里,通过安装 Xylem 智慧水务平台高频压力及水听器套件,监控展馆周边管网的微小泄漏及爆管情况。

本项目产品可开发多种仪器组合,以更高的性价比提供更完善的解决方案。

案例 CASE

团队已与江西水务等水务公司建立合作项目。

团队 TEAM

娄亮,博士,项目负责人,中国科学技术大学电子工程学士,新加坡国立大学微机电系统博士,擅长 MEMS 设计,获美国专利授权两项,是 JMEMS、TED 等杂志的审稿人。

"益+"盒子营养计划：
白血病儿童的专属营养餐

  "益+盒子"项目主要面向居民和儿童群体提供健康美味均衡的膳食"益+盒子"，以病患儿童"益+盒子"为特色，兼备其他病患群体。"益+盒子"包含餐前卫生、营养膳食、维生素片、营养液小样、餐后清洁等一次性配套产品，以满足居民和孩童健康而便捷的餐食营养需求为目标。项目立足于中国科学技术大学的"新文科"建设，研究中国特色的本土化社会企业模式，依托原公益组织"中途宿舍"致力于成立合肥市第一家以商业运营实现社会目标的社会企业，在保留原来公益属性的基础上实现社会企业"自我造血"的可持续功能。以"商业为表，社会为本"为宗旨，除满足企业自身运作及生产成本外，将收入利润投入到公益事业，给予病患孩童及其家庭更多的支持与帮助。

背景 BACKGROUND

"十四五"规划中明确提出全面推进健康中国建设,到2035年建成健康中国的重大任务。习近平总书记多次强调,要坚持基本医疗卫生事业的公益性。

白血病是儿童癌症发病率居于首位的恶性肿瘤疾病,具有较高病死率。中国每年新增三至四万儿童恶性肿瘤患者,其中三分之一为白血病。化疗是目前临床治疗白血病常用的方法之一,但在化疗的过程中不仅仅会杀灭癌细胞,同时也会对患者的胃肠道功能造成损伤,直接影响到患者营养摄取状况,整个化疗过程周期较长,这将增加患者化疗期间的营养风险。

探索白血病儿童个性化护理手段可以有效地改善患儿的心理状况,降低患儿的不良反应发生率,提升患儿的遵医行为,具有较高的临床推广和应用价值。因此,对白血病儿童进行全程化营养管理,合理膳食搭配,确保患病儿童从化疗前到整个化疗期结束都能获得系统化、科学化的营养指导,从而使白血病儿童获得均衡的营养以达到改善自身新陈代谢、修补组织及促进疾病康复的效果。

产品 PRODUCT

"益+盒子"项目由中国科学技术大学专家团队、合肥市营养学会以及安徽省儿童医院三方共同合作参与设计,以中途宿舍的营养餐食制作为基础,在进行市场客户调研的情况下,根据顾客不同的餐食营养需求,划分不同人群设计开发"益+盒子"内容。以"品质安心,营养均衡"为目标宗旨,设计覆盖进食前的清洁环节和完餐后的漱口等全过程,搭配适年龄段的每一天所需的微量元素和营养成分。致力于实现各个年龄段顾客放心每一餐,营养均衡每一天。

本产品属于食品产业领域,具体细分领域是特医食品(特殊医学用途配方食品),通过"益+"营养盒子打造健康合理的医护营养餐,对白血病儿童进行全流程呵护、全方位营养、全阶段定制。

技术 CORE-TECH

产业链上游是供应阶段。开创"癌症儿童家庭营养师"项目,引进专业营养师团队，由他们编制每周食谱，同时确定食品原料采购环节的关键控制点，鱼肉类、奶类等从经过卫生监督部门认证的大型厂家直接进货，并备案有关食品安全性证明的资料。中游主要是生产阶段。通过引进区块链技术，追溯物品的生产和运送过程。同时严格规定粗加工的安全，保证成品的安全、卫生、营养和口感要求。下游主要是销售阶段。实行全渠道销售的现代供应链管理，采取实体渠道、电子商务渠道和移动电子商务渠道整合的方式销售商品或服务，提供给顾客无差别的购买体验。

市场 MARKET

据《我国临床营养学科的现状与存在问题》中的统计数据，我国住院患者中约有65%的患者需要临床营养支持，其中没有得到有效营养支持的患者占比70%。国家统计局数据显示，我国2018年住院人数约为2.5亿。由此数据推测，我国住院患者中约有1.6亿人存在营养风险，其中约有1.1亿人没有得到有效的营养支持。患者住院后的营养饮食需求较大，但医院搭配的营养餐往往因其味差价高让人诟病，针对病患的营养配餐店尚未广泛出现。大多数患者现通过医院周边快餐小食等解决就餐需求，但是餐食质量良莠不齐，市场商家鱼龙混杂，毫无品质保障。

中国目前在15岁以下的儿童白血病发病率为每10万人中有4~5人；如扩大至18岁以下，每年新发患儿1.5万人左右。由于化疗是目前临床治疗白血病常用的方法之一，但化疗的过程会直接影响到患者营养摄取状况。

项目产品主要是为解决白血病儿童在治疗过程中的健康饮食问题。"益+盒子"包含餐前卫生、营养膳食、维生素片、乳酸菌奶块、儿童漱口水等一次性配套产品，全方位满足病童的营养调理与卫生清洁需要。项目计划落地成为合肥市第一家以商业运作实现可持续社会价值的社会企业，市场群体主要面向医患群体。

竞争 COMPETITOR

营养特膳餐食品主要涉及两类人群：一是正常生理状况下具有特殊营养需求的人群，如孕妇、乳母、婴儿、幼儿、学龄儿童、青少年、老年人、运动员等；二是病理状况下具有特殊营养需求的人群，如产后、术后、骨伤、心脑血管疾病、贫血症、糖尿病等各种疾病患者。

病患营养餐市场前景广阔，市场竞争相对较小。运作灵活，在医院附近选址，目标明确，便于操作。营养摄入方案可一定程度帮助解决多种健康问题，如帮助病患身体机能恢复(白血病、淋巴瘤等病患恢复)；改善人体机能，降低患病风险(微量元素平衡、体重控制、提高免疫力)；辅助治疗控制预防各类慢性疾病

(糖尿病、心血管疾病、精神疾病、慢性炎症、骨质疏松、其他代谢问题);满足不同生理阶段人群健康需要(婴幼儿、青少年、孕产妇、更年期、中老年);满足特殊职业健康需要(运动员、有害工种、吸烟人群等)。在日常饮食中,要想吃得健康,首先人们通过食物成分搭配及量上的控制,来令餐食更有利于健康;此外,通过选择额外服用营养补充剂等保健品来弥补日常餐食中较为缺失的营养成分。当前营养保健餐的核心市场消费群体主要有都市白领、儿童和老年人。

团队 TEAM

项目计划公司名称为"安徽益路有家商务服务有限公司",经社会企业服务平台认证其性质为社会企业。按照社会企业性质在章程中将明确除满足企业自身运作及生产成本外,将营业利润投入公益事业建设。通过公司章程设置同股不同权,即"AB股结构",股权和管理权分离,保障公司的公益属性。组织初期规模较小,内部为直线式结构,设有公益部、项目部、财务部、研发设计部、采购部等部门,有决策委员会负责重要事项决策,总经理统筹各部门管理。

彭小宝,项目导师,中国科学技术大学公共事务学院MPA中心主任,副教授、硕士生导师。为项目提供设计指导。

张序铭,项目负责人,中国科学技术大学公共事务学院硕士研究生,多次参与支教、献血、贫困帮扶、病童陪护等公益活动。

融资 FINANCING

本项目的前期投资总额由建设投资和生产流动资金两大部分组成,投资总额为30万元。其中建设投资10万元,生产流动资金投资20万元。

拓展 EXPANSION

项目计划落地成为合肥市第一家以商业运作实现可持续社会价值的社会企业,市场群体主要面向医患群体和社区居民。以病患儿童营养盒子为特色,兼备健康儿童和成人营养餐。项目成立安徽省快乐童年公益基金会,服务困境儿童救助、流动留守儿童服务、心理支持及生命关怀公益服务、建立儿童友好社区、扶危济困、恤病助医、同行业社会组织支持及孵化等,吸纳社会资源,服务医院白血病儿童。此外,聚焦社会治理,通过入驻社区食堂,服务社区居民和儿童,通过社区引流反哺公益,实现可持续的公益造血。公司按照社会企业认证要求在章程中明确股权分配和认股计划,充分发挥社会企业"商业为表,社会为本"的优越性。打造公益品牌,以商业反哺公益,创新探索出一条安徽省特色可持续的公益红色之路。

IoT 毫米波雷达

本项目的主体单位成都宋元科技有限公司，是雷达模组及方案提供商，以正向研发为主导，具备从硬件到算法的全链条设计能力。公司推出 Micradar 品牌系列模组，主要应用于物联网家居、养老/大健康、智能交通、安防、工业控制等领域。推出了一系列非接触式的人体行为、生命体征的探测雷达模组，如呼吸心率监测、睡眠质量监测、跌倒监测、轨迹/人数检测、人体存在检测等，主要针对物联网行业中需要非接触模式实现的物与人感知、人健康监测的场景：卧室的睡眠质量监测、浴室跌倒监测、人员存在检测，以及内嵌到各类电子产品中实现的人员轨迹、数量、运动状态、呼吸心率等的探测。

背景 BACKGROUND

随着 5G 技术的商用,1 平方千米内能同时连接 100 万个传感器,超大规模的数据采集和处理成为可能,让万物互联成为可能,真正进入高速信息化时代。

传感器是信息时代的一种基础设施,归属于信息社会的底层架构。毫米波雷达因其低成本、多维感知,将会成为现有传感器的补充,进入生产生活的各个环节。随着 5G+AIoT 时代的到来,数据的多维化、准确化是对新时代传感器的要求。

传统非接触式传感器如声音、视觉,缺少深度信息、速度信息、高精度角度信息等,并且缺少主动感知功能。因此,传统的非接触式传感器,仅能实现被动感知且无法精准识别人员的存在(特别是在人体静止状态下)、跌倒、呼吸心率等。

IoT 毫米波雷达能让搭载雷达的产品(或独立传感器)主动探测人体生理指标、睡眠状况、运动状态、姿态情况(跌倒、坐、躺等),从而实现更智能的响应和看护。

产品 PRODUCT

宋元科技有限公司是致力于物联网行业的雷达模组及方案提供商,助力物联网传感器智能化升级。主营业务为雷达模组研发、相应算法软件研发及销售。公司主营产品为雷达模组,涵盖频段:24G、60G、77G、79FG。现有产品如下图所示。

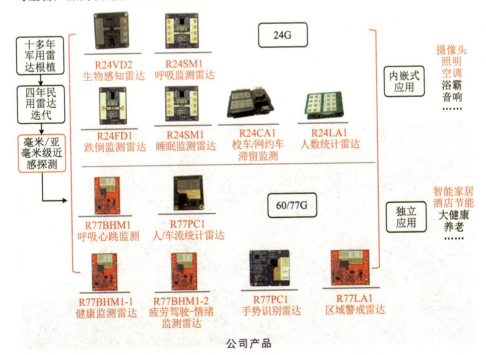

公司产品

技术 CORE-TECH

（1）系统设计能力优势。项目团队多位核心成员曾主导了多项大型军用雷达，并实现列装。有着极为丰富的雷达总体设计能力、产品交付能力。

（2）算法优势。十多年军用雷达底层算法根植，在 SAR 成像、稀疏阵、相控阵、MIMO、超分辨、自适应干扰对消等算法上，有较深积累。基于现有芯片性能及算力推出了抗干扰能力更强、场景适配性更强、性能更优的雷达模组。

（3）天线设计能力优势。核心团队曾参与了北斗天线、导引头狭缝天线、抛物面天线、喇叭天线等多种形态军用天线设计、交付及量产，为提高天线增益于 2003 年起研究军用陶瓷天线，并于 2014 年实现产品化。

市场 MARKET

2018 年全球雷达传感器市场价值为 45 亿美元，随着智能化需求的提升，2021～2024 年雷达复合年增长率为 20.04%，预计到 2024 年将达到 260 亿美元。其中家居需求为 60 亿美元，工业需求为 25 亿美元。根据智研咨询预估，我国未来几年的智能家居规模增速保持在 50% 以上，其中家居雷达从 2018 年的千万元级市场规模，到 2024 预计可达 105 亿元。工业雷达预计到 2024 年可达 42 亿元。

2019 年累计出货量达 2.83 亿台，按 5% 的雷达应用的渗透率，毫米波雷达的初期需求量在千万台级。

竞争 COMPETITOR

项目产品在智慧家居行业的雷达模组综合性能处于国内领先水平；在国际市场，性能与一流雷达企业接近，但价格仅为其 1/3。

竞争产品对比表

	频段	IoT 雷达功能	应用场景	竞争对手	性能	环境适配性	价格	批产	综合
传统触发式微波	5.8G 10G	动目标检测 触发式预警	⑨	隔X、迈X、窗X、模组公司	★★	★	★★★	★★★	★★★
车载毫米波雷达梯队	24G 77G	倒闸防撞 人体存在 轨迹检测	①②⑥	苗X 产品公司	★★★	★★★	★	★★★	★★
	77G	轨迹/人数检测	⑥	Oculii 产品公司	★★★★	★★★	★	★★★	★★★
IoT 毫米波雷达梯队	60G 77G	呼吸心跳检测 人体存在 轨迹检测	①⑤⑥	清X 产品+云（可售模组）	★★★	★★★	★★	★★	★★
	79G	倒闸防撞 人体存在	①②⑥⑦	电X（可售模组）	★★★	★★★	★★	★★	★★
	60G 77G	跌倒检测 姿态识别 轨迹/人数检测	②④⑥⑧	vayyar 产品公司（可售模组）	★★★	★★★	★	★★	★★
天元 IoT 雷达	24G 60G 77G 79G	人体存在 跌倒检测 睡眠质量检测 呼吸心跳检测 轨迹/人数检测 姿态识别	①②③④⑤⑥⑦⑧	模组公司	★★★	★★★	★★★	★★★	★★★

序号	应用场景
①	家居/酒店/办公楼宇等有人无人感知、能源管控
②	道闸防撞
③	浴室跌倒监测
④	卧室睡眠监测、健康监测
⑤	基于呼吸心跳的养老应用
⑥	家庭/公共场景人员轨迹检测
⑦	空调风量人动检测
⑧	家电内置
⑨	公共照明、马桶、门铃等触发开关

案例 CASE

公司携手涂鸦推出全球雷达开发者平台,与美国艾睿电子、Seeed合作,为全球的中大型企业及工程师提供雷达销售及技术支持,同时作为英飞凌、TI等一线芯片公司的方案解决商,为其全球大客户提供雷达方案定制及落地。

生态示范案例——涂鸦智能。涂鸦智能(NYSE:TUYA)是全球化IoT开发平台,打造互联互通的开发标准,连接品牌、OEM厂商、开发者、零售商和各行业的智能化需求。基于全球公有云,实现智慧场景和智能设备的互联互通。产品和服务覆盖超过220个国家和地区。

IP INTELLECTUAL PROPERTY

目前已取得专利2项、软件著作权1项,正在申请中的发明专利3项。2022年拟计划申报发明专利4项、实用新型专利2项、软件著作权5项。

团队 TEAM

项目核心技术团队均来自科研院所,具有主持大型军工项目的完整经历。核心市场团队具备6年以上IoT行业模组运营经验。

唐黎,中国科学技术大学通信技术专业硕士,曾任中国科学院光电技术研究所工艺技术部部长,参与国家重大专项1项、863课题2项,顺利完成某型号任务若干。

杜东平,电子科技大学信号与信息系统专业博士,曾任国恒空间总工程师,主持及参与过多项军工雷达项目研制。获国防科技进步奖1项。

张建伟,中国科学院信号与信息处理专业博士,曾就职于中国兵器209所,已经申请专利10余项。

赵俊炎,电子科技大学无线电物理专业硕士,负责射频及前端设计,完成24G、60G、77G、ka波段系列产品研发。

融资 FINANCING

目前宋元已经获得德迅资本投资800万元,清华启迪等投资机构1500万元。

异构超级计算与量子测控测量

中微达信是一家致力于量子计算测控、量子传感、异构计算技术与产品研发的硬科技企业,致力于服务量子信息产业发展,同时推动相关技术产品在国家安全、金融科技等领域的创新应用。公司是国家高新技术企业、成都市集成电路认定企业、成都高新区高层次"四派人才"企业,已获得GJB 9001C—2017、GB/T 19001—2016等质量管理体系认证证书。

背景 BACKGROUND

当前,世界正处在第二次量子革命前夕,量子计算、量子通信、量子精密测量(传感)等量子信息技术将给世界科技、经济、政治格局带来革命性变化,谁拥抱量子信息技术谁就拥抱未来。量子计算由于其提供终极算力的诱人前景而备受世界各国瞩目和重视。近年来,科研进展迅速,已进入产业化推动阶段,量子计算产业链也已初具雏形。

产品 PRODUCT

量子计算机主要由量子芯片(超导、硅基自旋、离子阱、光量子等)、精密测控系统(物理-经典界面)、量子指令集和量子算法等组成,其中精密测控系统是其核心硬件和关键成本项。2017年成立的中微达信在国际上较早开展了量子计算测控系统研发工作,针对超导和硅基量子计算体系,2018年在国际上首次推出基于二次变频体制的常温测控系统解决方案,并在真实量子计算平台上得到了出色的物理验证。经过持续研发积累,公司已经形成两代常温量子测控系统产品,可以提供应用于硅基量子比特和大规模(>100比特)超导量子比特的常温测控系统解决方案,同时形成了高性能、高集成度、可扩展的低噪声偏置电压单元、高速任意波形产生单元、射频脉冲发生单元、量子反馈测量、低相位噪声微波源、离子阱电控等系列常温测控组件级产品,性能指标达到国际先进水平,获得了诸多量子计算整机公司及科研机构客户的信赖。

测控系统

技术 CORE-TECH

中微达信量子测控技术规划布局覆盖量子计算机发展各个阶段,涉及常温测控、低温测控两大技术路线。

在常温测控方面,在已实现百比特级可扩展量子计算测控的基础上,目前正在持续推动下一代小型化、低成本产品研发,预计两年内实现千比特内常温量子计算测控能力覆盖。

在低温(液氦 4 K)测控系统方面,正致力于低温 CMOS 集成电路测控技术研发,瞄准实现千量子比特以上规模的极低温集成量子计算测控阵列芯片,为具备实用意义的量子计算机硬件服务,当前已完成数轮芯片流片和测试。测控系统的集成化,在提升性能的同时将带来成本的进一步下降,而发展低温测控将与目前低温运行的量子芯片更好地交互。

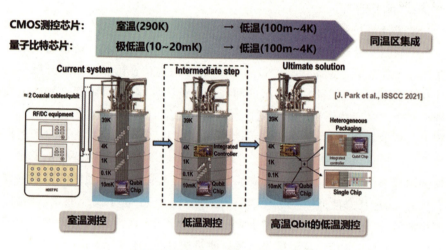

中微达信量子计算测控系统路线图

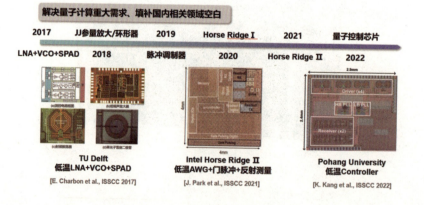

快速崛起的低温 CMOS 集成电路测控芯片

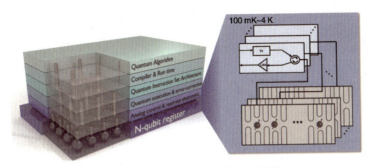

千量子比特低温 CMOS 测控阵列芯片

市场 MARKET

根据金融数据和软件公司 PitchBook 的数据，截至目前，投资者在 2021 年已经向量子计算公司投资了 10.2 亿美元，这比过去 3 年流入该行业的资金总和还要多。IDC 行业报告称：到 2027 年，全球量子计算市场规模将达到 107 亿美元，与 2017 年相比，10 年内增长将会超过 40 倍。量子计算机的建造成本主要在量子计算测控系统上，而且随着量子比特数的快速增加，其成本所占比重越来越大。按照 IBM 的发展路线图，2023 年其将实现 1000 比特的量子计算，据专业人士评估，当量子计算机发展至 1000 比特以上时，成本将达到 1 亿元以上，而其中的重要组成部分——量子测控系统将会占据超过 75% 的成本。

竞争 COMPETITOR

美国、欧盟、日本、韩国、俄罗斯、印度等都已多次公开表示要加大量子科技投入，尤其是美国，不仅接连发布多项文件大举支持发展量子信息科学，还通过立法来保障量子信息科学（QIS）的贯彻实施。当前量子计算机已经步入产业推动阶段，IBM、Google、Intel、微软等商业巨头和罗斯格鲁曼、洛克希德马丁等军工巨头均已花巨资开展产业化开发，已诞生 D-WAVE 等以量子计算为主体业务的高科技公司。

团队 TEAM

公司由来自华为、中国工程物理研究院、电子科技大学等著名企业、科研院所和高校的数位管理和科研核心人员发起，聚集了毕业于麻省理工学院、清华大学、北京大学、复旦大学、中国科学技术大学、电子科技大学等著名高校的 30 余位具有多年研发经验的科学家和工程师，致力于量子测量测控和异构计算技术在安全科技、量子科技、金融科技等领域的创新发展。

曾耿华，总经理（创始人），中国科学技术大学电子信息工程学士，中国工程物理研究院研究生部无线电物理硕士。曾任中国工程物理研究院五所雷达与对抗室组长、微波毫米波室副主任、科研生产处副处长。参与创建中国工程物理研究院太赫兹中心，曾任综合处副处长、中心科技与总体论证部主任。曾任聚利中宇科技联合创始人、副总经理（负责行政与市场）。有十多年的国家高新技术科研与管理经验。

王成，首席科学家，清华大学工程物理学士，麻省理工学院（MIT）博士，电子科技大学教授、博士生导师。曾任中国工程物理研究院太赫兹中心高级工程师，美国ADI公司系统与算法研究科学家。科研成果曾登上MIT年度亮点，发明了全球第一个芯片级分子钟。

融资 FINANCING

预计2025年收入约为4.5亿元，并启动IPO。本轮融资5000万元，主要用于研发、人员等投入。

油池火的克星：
一种抗复燃新型超细干粉灭火剂

  本项目属于公共安全产业领域，涉及一种抗复燃新型超细干粉灭火剂的制备生产及配套产品开发。针对目前石化储罐油池火灾火势猛、燃速快、火场辐射强、复燃性大、扑救难度高、灭火周期长的难题，本项目提供了一种全新解决方案：赋予超细干粉斥油性，实现快速灭火、抑制复燃及高效抑爆的效果。可作为市场同类产品替代品，特别适用于油池火灾多发场所。

  抗复燃新型超细干粉在过去几年中得到了中国科学技术大学、国家自然科学基金委和中国财政部的研究资助。该产品经过了基本性能测试和大量的实际油池灭火验证。目前，正在与国家消防队合作，共同开展更大规模的灭火实验。

背景 BACKGROUND

目前,石油占全球年度能源消耗量的 31% 以上,仍是工业发展的重要依赖。储存或使用不当,会引起火灾甚至爆炸。据不完全统计,全球每年由此造成的经济损失超过 10 亿美元。此外,火灾还会造成环境污染和大量碳排放。

泡沫灭火剂经常用于油池火的扑救,但防护用量大,污染环境。相比而言,超细干粉灭火效率极高,灭火抑爆效果极佳,是一种良好的替代品。此外,它相对于冗杂的泡沫灭火系统更便于安装贮存。唯一缺陷是,超细干粉不能解决油池火灾复燃问题。一旦油池表面有残留火花或外部点火源,油池会迅速重新点燃。

为此,本项目开发了一种抗复燃新型超细干粉,可快速灭火并抑制油池火灾的复燃,弥补了类型产品原本的短板。

产品 PRODUCT

本项目研发的新型超细干粉,除了具有疏水防潮性能外,还具有独特的斥油性。性能测试表明,超细干粉置于油面以及水面上剧烈搅拌后仍可保持 90% 以上的质量。由于优异的斥油性,新型干粉可在油表面形成绝缘层并抑制油蒸发,加速灭火过程。隔离层的存在使得油池上方的易燃蒸气含量更低,降低了重新点燃的风险。

技术 CORE-TECH

本项目研发的新型超细干粉拥有四大技术:独特的改性剂配方、先进的功能化改性方法、快速的灭火效能评估方式、领先的连续化生产技术。该产品满足《ISO 7202:2018 Fire protection-Fire extinguishing media-Powder》规定的各项测验指标。灭火试验数据显示,其灭火效能为 20 g/m³,远高于市场上的同类灭火剂的灭火效能(45 g/m³),可实现 60 s 油池表面高能点火不复燃。有火焰的情况下,超细灭火剂覆盖于油池表面,显著降低火焰扩散速度。

性能对比

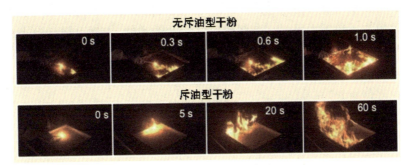

性能对比(续)

市场 MARKET

该产品潜在的应用场景及对应的主要客户有:

(1) 石油化工领域火灾救援:流淌火、油池火的扑救;大型石油储罐火灾的灭火抑爆(通过与消防水枪联合喷射、灭火弹抛投等方式)。主要客户群:消防救援装备生产企业、消防救援队。

(2) 石化储区火灾防护:小型加油站移动式超细干粉灭火装备;石化储罐固定式抑爆灭火系统;石化企业应急救援装备。主要客户群:石化企业、消防设备生产商。

(3) 交通工具火灾防护:汽车、轮船、飞机动力舱等火灾防护。主要客户群:交通工具生产制造企业、交通服务企业、消防设备生产商。

竞争 COMPETITOR

与现有同类产品相比,这款新型干粉具有独特的优势:灭火速度快,用量少;降低油池被点火源二次点火的风险;降低油面火势蔓延速度,为救援留出更多时间。改性后的干粉灭火效率更高。在同等保护成本下,新型超细干粉更具优势。

IP INTELLECTUAL PROPERTY

已获国家授权发明专利5项,发表高水平SCI论文5篇,JCR1区以上论文3篇。

团队 TEAM

张和平,项目指导老师,中国科学技术大学二级教授,火灾科学国家重点实验室党委书记,国务院学位委员会安全科学与工程学科评议组成员、秘书长。

赵军超,博士,项目主要负责人,研究方向为航空超细干粉灭火剂。通过自主创新,解决了超细干粉灭火剂同时斥水斥油的难题,成果目前已发表多篇国际顶级期刊论文。作为主要发明人,已获得发明专利授权 5 项,实用新型专利授权 7 项。作为负责人,领导该项目获 2021 年金砖五国青年科学家创新创业大赛"前五创新者"称号。

融资 FINANCING

目前,该项目尚未进行商业部署。下一阶段,项目拟融资 300 万元,用于支持产品部署、实际应用推广和批量制备工艺开发。

原子层沉积(ALD)半导体薄膜材料及产业化

合肥安德科铭半导体科技有限公司成立于2018年5月,主要从事高纯原子层沉积(ALD)前驱体材料的研发、生产、销售与技术服务等,致力于开发、生产基于ALD工艺技术的高纯薄膜沉积前驱体材料,并相应地研发、优化原子层沉积应用工艺,为集成电路产业、光伏、光电器件及先进显示等领域的客户提供材料解决方案。

本项目以团队拥有自主知识产权的原子层沉积(ALD)前驱体材料及应用技术为基础,进行自主研发成果转化,规模量产高纯ALD前驱体材料,很好地满足国内外先进芯片制造企业对此类产品的需求,填补此类先进电子化学品在国内的空白,助力中国的集成电路制造业发展,赶超世界先进技术。

背景 BACKGROUND

近年来,国内在半导体集成电路方面投资密集,在诸多领域取得了长足的进步,布局了庞大的产能。然而,国际垄断企业对我国集成电路产业各个领域的技术封锁和专利压制同样严重地限制了我国芯片产业的壮大,影响着国内诸多集成电路项目的进一步发展,进而威胁着我国集成电路产业安全,甚至整个信息产业的安全。

本项目致力于解决的原子层沉积(ALD)前驱体材料"卡脖子"问题,该材料是芯片制造关键电子化学品材料的一个重要品类。ALD 技术是一种基于有序、表面自饱和反应的化学气相薄膜沉积方法,是芯片器件生产所需的纳米级薄膜制备的首选工艺。伴随着芯片制程的不断推进,功能器件也不断地走向微型化和集成化。在如此微小的尺度上实现复杂结构的有效、精确的功能薄膜生长,实现芯片器件的核心功能,原子层沉积是当今的最佳解决方案。

产品 PRODUCT

公司作为国内第一支能够根据芯片器件需求和工艺功能要求,自主设计分子结构、自主提出和优化生产放大工艺、自主开发应用的团队,已经成功开发基于近 30 种元素的 60 余种不同前驱体材料,满足从逻辑芯片到存储器芯片,从 28 nm 到 7 nm 制程的诸多需求。

核心产品:高纯 ALD 前驱体材料

技术 CORE-TECH

原子层沉积技术,是一种通过前驱体材料与基底表面化学键吸附后发生反应,以单原子层生长重复进行最终形成目标薄膜的技术。

前驱体材料以气体分子的形式在专用的真空沉积腔体中,通过严格限制的温度、压力、气流量等参数与衬底材料上的羟基通过化学键合,形成绑定;然后通过在氧气、臭氧、氨气等氧化或还原条件下进行加热或等离子处理,将前驱体材料上不相关的官能团去除,留下目标原子的氧化物、氮化物或其他化合物,形成一层厚度 1 Å 左右的功能薄膜。再通过多个这样的周期,根据需求生长出几纳米到几十纳米的功能薄膜。这样的技术原理使得所形成的薄膜具有厚度的高度可控性、极高的成膜均匀性和极优的物理及电学性能。

市场 MARKET

随着器件尺度的减小和形状复杂度的提高,先进的薄膜生长工艺已成为制造环节的关键步骤。未来 5 年,我国计划 12 寸晶圆新增产能超过每月 230 万片,将带来每年超过 100 亿元的市场需求。除了集成电路制造外,显示面板产业同样会越来越多地应用到原子层沉积工艺。随着柔性 OLED 和高清 OLED 显示技术的发展和需求的扩大,对 ALD 封装前驱体材料和高介电常数前驱体材料的需求甚至将大大超过集成电路制造。根据估算,仅国内显示面板产业对原子层沉积前驱体材料的需求,将达到年均数百亿元的规模。

竞争 COMPETITOR

目前,世界薄膜沉积前驱体材料的主要供应被欧美国家的企业垄断,其中美国空气产品公司和法国液化空气公司(Air Liquide)是两家最大的垄断企业,年销售额约为 30 亿美元;另外还有一些规模较大的公司,如美国的 Sigma Aldrich(已被 Merck 收购)、日本的德山等,这些公司占据了薄膜前驱体材料市场的绝对主导地位。

相比国外垄断企业,本项目公司能够提供更高性价比的产品和服务。目前,国内的芯片制造企业由于没有议价权,加上清关、海运等成本,很多 ALD 前驱体材料的采购价格超过国外市场售价的 50%~100%。而本项目公司将要规模量产的同类产品,售价预计比垄断价格下降 20%~40%,同时,更加靠近目标客户。

案例 CASE

已与合肥长鑫、合肥视涯、京东方、华为等重要客户开展产品和技术的深入合作,部分产品已顺利通过客户认证。

IP INTELLECTUAL PROPERTY

截至 2021 年 1 月,团队在合肥研发中心和铜陵安德科铭总计申请专利 16 项,授权发明专利 3 项,授权实用新型专利 2 项。

团队 TEAM

目前,安德科铭正在形成以研发中心为技术原动力、以产业化基地为转化核心、以营销中心为网络支点的完整体系。目前公司研发中心共 28 人,其中博士 4 人,硕士 9 人。核心研发及工程人才来自中国科学技术大学等国内一流大学,并在相关行业拥有多年工作经验。

汪穹宇,创始人,CEO,中国科学技术大学学士,美国德州大学奥斯丁分校硕士,曾任美国 A123 Systems 公司材料科学家,美国 Apple 公司产品工程师、技术研发高级经理,有十余年技术研发、产品开发和团队管理经验。

李建恒,联合创始人,CTO,教授级高工,本科毕业于中国科学技术大学,并获得郭沫若奖学金,后于美国西北大学材料科学与工程系获得博士学位。曾在全球最领先的半导体前驱体材料企业美国空气产品公司从事半导体前驱体化合物的研究与半导体技术的流程开发,后于全球最大的半导体制造设备企业应用材料公司(Applied Materials)从事显示器薄膜工艺开发以及成膜设备的研发工作,致力于硅基介电薄膜、高介电常数薄膜的生长表征以及相应的 PECVD、PEALD 的设备开发。

朱思坤,联合创始人,VP,毕业于中国科学技术大学,后加入赢创特种化学(上海)有限公司,历任工艺工程师、生产经理。多次参与 ISO 9001、ISO 14001、OHSAS 18001、IATF16949 等体系认证工作,具备丰富的小试、中试到大试的扩大化生产经验。

芮祥新,联合创始人,VP,于浙江大学材料科学与工程系先后获得学士和硕士学位,于美国内布拉斯加大学机械系获得博士学位。先后工作于 Intermolecular Inc. (IMI) 和应用材料公司(Applied Materials),近十年来主要致力于 ALD 技术的研发,已获得美国/世界相关专利逾 40 项,是 DRAM 存储器的 ALD 工艺及应用方面世界顶尖的专家之一。

院外护理服务智慧平台

　　大米院外护理(医疗健康)服务智慧平台以院外护理服务为依托,是连接院内和院外的基础信息平台,可以集成各种院外医疗健康服务,处于核心枢纽的位置。应用场景主要包括疾病康复、慢病管理、长期护理、特殊人群(孕产、妇幼、老人等)、健康管理等。平台处于行业产业链的上游,是院外医疗健康服务的基础信息平台,下游是各种具体的医疗健康服务。

背景 BACKGROUND

院外护理体系可以让患者在院外的康复过程被管理起来,患者能得到更好的指导和服务,对患者在院外顺利康复有很大的帮助作用。在目前国家大力推动新医改的情况下,医保支付模式从按项目支付向按质量/价值支付转变,医院的运营逻辑从而发生根本改变。院外护理体系可帮助医院提高病床轮转率和降低再入院率,这可以给医院带来30%~40%的营业收入提升(参考美国历史数据)。同时,院外护理也能满足医保主管部门的需求:做好院外保障工作,使医改能顺利进行。

产品 PRODUCT

本项目基于顶层本体的描述和集成框架——大米模型,描绘大米护理服务知识图谱,将业务实例语义化(数据集成),用业务逻辑的语义化+推理机替代传统后端代码,大大降低项目平台开发成本。在此基础上,构建了院外护理服务智慧平台,管理院外护理路径、集成院外医疗健康服务,形成一个以患者为中心的服务体系。

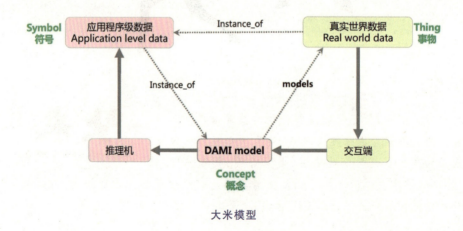

大米模型

技术 CORE-TECH

解决方案一:语义化、智能化、自动化的护理服务闭环。
解决方案二:宽接口、智能化的护理服务流程。
数据加工能力和知识积累是平台的核心竞争力。

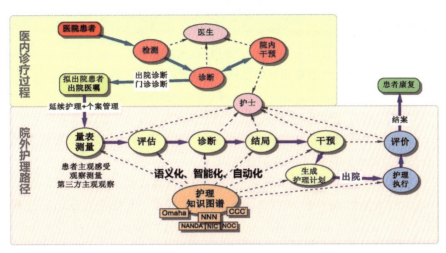

护理服务闭环

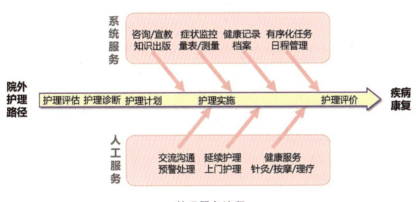

护理服务流程

数据加工能力和知识积累

市场 MARKET

中国院外护理服务具有巨大的增量市场,主要包括:

(1) 医疗机构疾病康复和控制的刚性护理需求。

(2) 重点人群如孕产妇、0~6岁儿童、老年人的刚性护理需求。

(3) 失能老人、完全失能老人的长期护理需求。

(4) 慢病管理如肥胖症、高血压、2型糖尿病、心脑血管病、原发性骨质疏松、慢性腰背痛等满足度不够的护理需求。

(5) 健康管理:个人生活方式的自我管理支持教育需求。

庞大的市场对院外护理服务具有强烈的需求,有望催生万亿元规模的市场。

竞争 COMPETITOR

大米院外护理(医疗健康)服务智慧平台的价值主要在于:支持院外护理领域治理的实现;为医院构建院外核心业务过程(院外护理路径),并对过程进行管理;数据集成,便于实时地应用数据及后期研究工作;开发成本极低,便于集成各种服务、满足医疗健康领域不断变化的需求。

案例 CASE

公司长期护理服务子项目入围无锡高新区2020年第二批"飞凤人才计划"科技创业项目支持对象,获100万元无偿资助。

团队 TEAM

贺建斌,CEO,美国国家癌症研究所(生物信息学者)、中美联合商务公司联合创始人,华盛顿中国科学技术大学校友会会长、华盛顿校友会联合会副会长、NIH华人联谊会主席。

梁文盛,COO,中国长护险开拓者,曾任平安养老保险股份有限公司副总、华苑泰达房地产副总,清华大学、北京大学、浙江大学等高校特聘讲师。

张晓晖,VP,产品负责人,曾任职湖南格尔智慧科技有限公司(临床智慧护理信息系统构架师、产品经理)、湖南创星科技有限公司(HIS厂商、技术总监)。

蒋艳凰,人工智能负责人,国防科技大学计算机系副教授,出版有《机器学习方法》。

云膜科技：纳米云母片改性聚乳酸高性能可降解包装薄膜

  本团队申报人所在的俞书宏院士团队在国际上首次实现了纳米云母片宏量剥离与规模化制备，基于这种纳米尺度的结构基元，首创了一系列纳米云母片/聚乳酸可降解高性能复合薄膜材料。二维纳米填料的加入在大幅度提升复合薄膜对水蒸气、氧气、紫外及油脂阻隔性能和力学性能指标的同时，降低了复合薄膜的生产成本。与此同时，可以通过引入具有匀光效应的纳米填料，进一步提升复合薄膜的光学性能，满足高端包装领域的应用需求。作为一种高性能可降解复合薄膜材料，该材料有望成为现有包装材料的一种绿色环保可持续的替代品，在未来的食品、药品等包装材料领域具有极强的竞争力和广阔的市场前景。

背景 BACKGROUND

2020年,国内塑料包装薄膜市场规模已达3000亿元,食品塑料包装薄膜规模已近400亿元,其中,可降解食品包装薄膜规模已达60亿元。当前可降解包装材料面临价格高、性能差等问题。

纯聚乳酸材料现仍面临诸多缺点:市场价格高(约50000元/吨);力学强度较低(约40 MPa);隔绝性能不足(氧气、水蒸气、油脂)。

随着我国环保政策的收紧,环保将逐渐成为国内主流的生产理念,开发绿色环保产品是未来我国材料行业的主要发展方向。目前包装材料领域所面临的核心问题之一是材料的环保性问题,在城市产生的生活垃圾中,超过三分之一是包装性垃圾,而这类垃圾通常难以回收或降解,其释放的微塑料会对环境造成持续性污染,危害生态系统,并直接或间接危及人类健康。

因此,发展一种高性能可降解薄膜材料至关重要,然而目前的可降解薄膜大多受限于高昂的成本、有限的力学性能和阻隔性能,这极大限制了它们在包装材料方面的应用。针对这个问题,本项目在国际上首次实现了纳米云母片宏量剥离与规模化制备,基于这种纳米尺度的结构基元,创制了一系列纳米云母片/聚乳酸可降解高性能复合薄膜材料。

产品 PRODUCT

该纳米云母片的宏量合成法为世界范围内的首创,团队拥有独立知识产权。基于仿生微纳调控和精细的表面微纳结构设计,提出了一种纳米云母片/聚乳酸复合的可降解纳米材料的设计与制备策略,制备并表征一系列具有高强度、高阻隔性的纳米可降解复合薄膜材料。通过采取剪切力组装合成制备策略,纳米云母片在聚乳酸基质中实现均匀分散和高度取向,形成了"砖泥结构"。通过调控纳米云母片的添加比例可以很好地调控薄膜强度和模量,同时赋予复合薄膜优异水蒸气、氧气及油脂阻隔性能,是一种前所未有的高性能可降解纳米复合薄膜包装材料。

通过技术创新来综合提升可降解薄膜性能,对比纯聚乳酸薄膜价格降低一半,同时薄膜具有优异的力学和阻隔性能,并能在24天内实现完全降解。

技术 CORE-TECH

核心技术:纳米云母片宏量剥离;剪切力变形组装构筑精细的仿生结构。

仿生结构全面提升薄膜性能:拉伸强度约为100 MPa,优于纯聚乳酸薄膜(约为40 MPa);复合薄膜同时具有优异的热学稳定性和韧性;薄膜具备优异的紫外、氧气、水蒸气、油脂阻隔性能。力学性能与阻隔性能远优于传统商用食品包装薄膜。

市场 MARKET

公司主要以提供纳米云母片改性聚乳酸服务为基础,为大型可降解薄膜生产厂家提供技术服务,并帮助企业构建出满足规模个性化定制的可降解薄膜加工产线,逐步实现高性能可降解薄膜材料的连续化生产。目前公司主要利用研发技术人员丰富的经验和自主研发的改性技术以及薄膜成型技术这两大关键资源要素,并与大型薄膜生产厂家以及食品、药品等大型集团公司建立商业合作,为传统薄膜生产线提供技术支持和连续化成膜制备等一系列生产全过程的解决方案以及全方位服务,并通过投标等直接销售的方式来拓展市场,打造品牌,获取利润。

本项目的高性能纳米云母片/聚乳酸可降解高性能复合薄膜材料凭借优秀的性能,突破了可降解薄膜行业的瓶颈,在前期完成了一系列的客户铺垫后,后期完全可以采取投资建厂的方式促进公司的发展。此时其销售对象便是药品、食品及高端包装材料等领域的应用,可以借鉴现阶段合作的企业(安徽丰原集团、黄山永佳集团、合肥恒鑫集团)以及现有薄膜材料销售模式进行产品推广。公司的商业模式是在掌握"原料"和"硬件"的基础上,整合各方的核心需求,来满足下游企业对低成本和高性能产品的需求,已在中国科学技术大学先研院开展相应的产业项目并进行小规模批量生产探索。

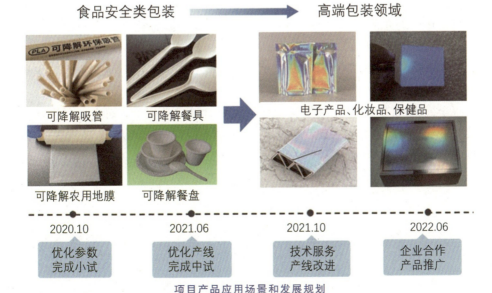

项目产品应用场景和发展规划

竞争 COMPETITOR

主要竞争对手分布在一线城市及京津冀、长三角和珠三角城市群,但目前无可规模化制备高性能可降解薄膜材料的企业,因此本项目具有巨大优势。

同类产品性能对比

	商用石油基塑料薄膜	云膜科技	碳酸钙、滑石粉等可降解复合薄膜
紫外隔绝性能	×	√	×
氧气隔绝性能	×	√	×
油脂隔绝性能	×	√	×
力学性能	√	√	×
成本/元	~8000	~8000	~40000
规模化生产	可大规模制备	可大规模制备	不可大规模制备
可降解性		√	√
市场前景	×	√	√

IP INTELLECTUAL PROPERTY

已授权发明专利8项。

团队 TEAM

俞书宏院士,项目指导教师,现任合肥微尺度物质科学国家研究中心纳米材料与化学研究部主任,中国化学会常务理事,安徽省化学学会理事长。在《Science,Nature Materials》《Nature Nanotechnology》等国际著名刊物发表论文460余篇。2014~2019年连续入选全球高被引科学家名录,获得具有自主知识产权的中国专利60余项。

李德涵,项目负责人,中国科学技术大学材料化学硕士。研究方向为生物质基聚合物可降解材料。创业项目获2021年中国科学技术大学"双创基金"项目立项支持,2021年中国科学技术大学"庆峰杯"创新创业基金支持,2021年"Synthetic Chemistry of Materials"竞赛优胜奖。

云钠科技 RPA 机器人平台

云钠科技属于人工智能赛道机器人流程自动化(Robotic Process Automation,RPA)软件领域。RPA 是一种软件技术,通过模拟人在电脑上的操作,可以在不修改原有软件或系统的情况下,完成大量规则明确的工作任务,包括桌面软件、网页操作、Excel 表格与操作系统以及移动端的自动化,从而把人从重复工作中释放出来,帮助企业降本增效。RPA 与 OCR、CV、NLP 等 AI 技术结合,以其弱耦合、更灵活、更敏捷的方式,为企业数字化转型提供了一种新的方式,大大提升了员工的幸福感,发展空间巨大。云钠科技目前在泛物流行业垂直切入,包括公路、航运、空运、跨境等,客户包括普洛斯、嘉里大通、中远海、东航物流、韵达、极兔、新杰等众多物流企业。

背景 BACKGROUND

RPA 是以软件机器人及人工智能（AI）为基础的业务过程自动化科技。流程机器人软件的目标是使符合某些适用性标准的基于桌面的业务流程和工作流程实现自动化，一般来说这些操作在很大程度上是重复的，数量较多，并且可以通过严格的规则和结果来定义。成功部署企业 RPA 有以下好处：更高的运营效率，节省时间并释放员工能力；增强准确性、可审计性，监视、跟踪和控制业务流程执行；可扩展且灵活的增强型"虚拟"员工队伍，能够快速响应业务需求。

目前全球 RPA 市场的复合增长率为 65%。据 Forrester 统计, 2021 年市场规模将达 30 亿美元。RPA 已帮助许多企业在数字化转型中获得巨大成效，未来三年内将有超过 400 万数字机器人从事办公、行政和销售的相关任务。随着我国人口红利消退，人力成本不断提高，企业势必寻求各种方式降低人力成本。RPA 的发展无疑是一个重要方向。

产品 PRODUCT

云钠科技是一家智能软件技术产品和服务提供商，专注于泛物流行业，以 RPA+AI 技术为核心能力构建行业自动化场景，解决客户人工重复录入和操作的痛点。云钠产品矩阵统称为魔像 RPA，包括魔像数智员工、魔像编辑器、魔像云等，基于云原生架构和爱技术开发，通过 SaaS 方式灵活部署，开箱即用，本地无需购买和部署任何 IT 软硬件。

技术 CORE-TECH

云钠科技在技术上，是目前唯一一家采用云原生架构和 SaaS 方式部署的 RPA 公司。云钠科技的产品具备易用性，区别于市场其他产品面向专业开发者，魔像产品面向最终用户，无开发基础用户通过搭积木方式也可以配置和使用机器人，强调"技术平民化"，开箱即用，投资回报显著。

市场 MARKET

RPA 是目前全球范围内人工智能领域非常火热的赛道，全球范围内领先的公司包括 UiPath、Automation Anywhere 等。2019 年中国 RPA 市场规模为 10.2 亿元，较上年增长 96.6%；2020 年受疫情和宏观环境的影响，增速有所放缓，但仍有 79.1% 的增长。目前，预测 RPA 软件和服务市场未来 3 年增速仍将维持在 70% 以上。

云钠科技对标国外先进行业公司，选择垂直行业切入，专注物流和电商两大行业,打造差异化竞争优势。公司成立一年,已获得了一线基金红杉资本和线性资本的两轮投资。

竞争 COMPETITOR

伴随着企业购买服务的意愿提升、数字化升级的进一步深化、人口红利消失倒逼企业以技术等手段提高人效,以及传统IT搭建成本高,企业更倾向于能够直接应用在底层通用基础设施之上的介于上层标准化产品的中间层产品更能满足企业需求的产品和服务,种种因素为RPA未来的大规模部署埋下了伏笔。

目前,90/95后逐渐成为劳动力市场主力,作为互联网一代的他们,对于数字化运营的接受度也更高,更倾向于用自动化的工具去解决问题,新技术的驱使者也已就位。

传统的RPA沿袭了过去信息化软件服务的方法和套路,面向的使用者一般是专业的开发或者实施人员,以数字化转型为切入点,走销售驱动业务成长的发展路线。倡导"让科技平民化"的云钠科技,瞄准的是信息化薄弱、存在着RPA需求且付费成本趋向于平民化的企业,通过科技的手段让人类从繁杂的事务性工作中解放出来,从事更有价值和意义的事情,这是云钠科技从成立之初就秉承的目标。

专注产品,专注用户体验,是云钠未来的努力方向,也是其成为物流RPA这个细分赛道第一且唯一的核心优势。

团队 TEAM

鲍雨,创始人,中国科学技术大学学士、上海交通大学硕士,上海市优秀毕业生,曾担任世界100强科技企业高管,持续创业者。

陈罡飞,华东理工大学计算机系本科毕业,曾先后担任依图科技(人工智能)副总裁、德国电信(高科技)总监、IBM GBS(高科技)华中地区负责人、汉普咨询(咨询)总监、交大慧谷(高科技)部门经理等职务。

吕仲恒,中国科学技术大学计算机系本科毕业,曾先后担任上海中教信息技术(高科技)CTO、深圳远望软件(高科技)副总经理、技术总监等职务,深圳人民银行黄金交易网等大型系统开发者。

林智勇,赣南师范大学计算机系毕业,曾先后在央数文化(AR)、源略数据(人工智能)、汉普咨询(咨询)、汉得信息(咨询)、方正研究院等企业担任CTO和技术总监等职务。

其他团队成员均来自HP、IBM、阿里巴巴、依图等顶尖高科技企业和物流行业头部企业,具备国际视野和创业双重背景。

智能多云安全应用交付平台

作为国内首家云应用交付产品解决方案提供商,鸿鹄科技拥有国内外最早参与云计算整体解决方案的顶级专家团队。致力于通过云应用交付平台为整体解决方案,为行业企业客户提供有前瞻性、云演进性的专家级行业应用交付服务,是以为中国企业提供全球化IT支持方案领军企业为目标的专业信息化产品公司。

公司以成为生产力公司为目标,秉承IT服务精神,借国产化替代契机,为各行业客户提供专业云应用交付产品,从而提升产业质量、实现数字化平滑转型。同时,以第四代应用交付技术智能化应用交付的领跑者为目标,力争成为专业负载国产化替代第一品牌选择、行业应用交付标准和产业赋能实践者,多云大数据时代应用质量和管理的领导者。

背景 BACKGROUND

在智能应用运维服务领域,进口厂商长期垄断中国市场,运维成本高、交付效果差、多云情况整合难,仍然是客户在应用交付使用过程中面临的关键问题,在国产品牌技术不断追赶的过程中,国内企业对品牌选择必然会逐步国产化。尤其是高端产品市场能够替代的可供选择的国产厂家屈指可数。

新一代网络安全理念激活巨大潜力市场:除专业ADC外,包括SDP、边缘计算、应用网关融合化、API安全、应用智能监控、自动化运维新市场持续增长,预计SDP+专业负载均衡的市场整体规模超800亿美元。基于核心优势的多云智能应用运维服务产业更加广阔。

产品 PRODUCT

鸬鹚多云安全融合架构方案对云平台上的应用进行智能管理,通过应用实时状态和探针感知流量抓取,使企业业务以可视化的形式展现,为用户提供直观的分析。多云智能管理可管理各业务传感器,进行智能应用管理和多云认证,根据网关感知的业务和流量状态,进行智能联动,可以跨公有云和私有云实现数据实时同步和协调管理。

技术 CORE-TECH

公司核心团队成员来自于微软、IBM、HP、金蝶、平安科技等国内外顶尖IT公司,基于十多年底层核心技术的积累与研发,公司推出了具有完全自主知识产权的核心产品——鸬鹚应用交付器(LCADC)。鸬鹚科技提供基于应用访问的快速、安全、高可用、可视化以及灵活智能实时高质量数据方案;对业务的流量、关联、故障、节点状态进行直观的感知和第三方发送;通过SDN架构,控制与转发分离,让应用的管理平台更加灵活智能;实现多功能模块的感知获得WAF、应用实时流量、业务延时、业务抖动等应用交付和Net flow的状态数据;支持多云智能分发和认证,实现多云的策略协调和同步。

市场 MARKET

Markets and Markets的最新数据表明,全球零信任安全市场规模预计将从2020年的196亿美元增长到2026年的516亿美元,从2020年到2026年的复合年增长率(CAGR)为17.4%。

目前国内累计存量市场规模在百亿元左右,信创和国产替代每年会带来20亿元以上的市场增量。

竞争 COMPETITOR

应用交付器作为保障 IT 系统不间断、高质量运行的核心环节，发挥着不可替代的作用。目前国内该领域的高端市场，美国公司 F5（F5 Networks）的产品有着超过 85% 的市场占领率，同时全球市场最大的开源产品 Nginx 也在 2015 年被 F5 收购，达到了绝对的技术垄断。鸬鹚应用交付器的目标就是要打破 F5 在国内的垄断地位，同时在国际市场与全球同行展开竞争。目前鸬鹚应用交付器可以做到在极致稳定运行的同时，性能达到单设备单网口 100 G/s，集群 1.5 T/s 的七层吞吐，处于国内领先地位。同时在功能的完备性、场景覆盖的全面性上不输 F5，甚至在云计算场景下、容器和微服务架构下，能力已经比 F5 有优势。

案例 CASE

业务遍布金融、工业、政务、医疗、教育等行业，已完成各行业客户技术、解决方案实用性验证。

团队 TEAM

陈旂，创始人兼 CEO，广东省计算机用户协会会长，有 18 年行业从业经验，资深信息化安全和云计算专家，曾供职于江西电信、上海安达通、广东省电信规划设计院、广州微软技术中心等公司。

董学帅，联合创始人、CTO，中国科学技术大学硕士，互联网、金融科技行业应用专家、架构师，中科院深圳先进技术研究院算法工程师，迅雷网络前端架构师，东吴领军人才。

融资 FINANCING

本轮计划融资 3000 万元。其中，研发投入 1000 万元，销售和服务投入 1000 万元，市场和品牌投入 500 万元，运营保障投入 500 万元。

智能协作机器人研发与产业化

中科深谷成立于2017年,专注于机器人核心零部件和核心技术研发与产业化,面向不同场景,与"人工智能"深度融合,形成以"协作机器人+行业应用"的应用解决方案。目前,已服务超过200家企业和300家高校科研院所。到2021年底,近三年产值累计可达近亿元。

背景 BACKGROUND

智能协作机器人属于机器人与智能制造领域，产品是协作机器人核心器件研发与产业化应用。应用场景为劳动密集型的换人场景均可，主要客户如服装领域加工制造、玻璃器皿行业的产线应用、新能源汽车整车装配、康养助力按摩与推拿，以及服务业如冲泡咖啡、调酒等。

协作机器人轻量化、成本低的特点，在一定程度上降低了行业门槛，不仅有大型传统工业机器人企业在积极布局，创新型企业也在不断涌现。在国内外企业的不断加码和市场需求及资本推动的作用下，中国市场协作机器人厂商开始逐渐放量，协作机器人销量及市场规模会进一步扩大。预计到2023年，销量将达8万台，市场规模将突破120亿元。

产品 PRODUCT

本项目自主研发的协作机器人含机器人核心器件（驱动器、控制系统）。依托自主品牌协作机器人，形成全矩阵协作机器人产品线，包括六轴协作机器人、七轴协作机器人、双臂协作机器人；形成全矩阵移动机器人产品线，包括两轮差速移动作业机器人、四轮转向移动作业机器人、四驱四转移动作业机器人。

项目产品

技术 CORE-TECH

本项目集6大核心技术、4大核心算法，生产广泛应用于工业市场的自主品牌协作机器人。其已广泛应用于3C电子、汽车零部件、机械加工、五金卫浴、化纤、化妆品、消费、医疗等行业；将机器学习等先进算法与先进传感器、北斗导航、5G（遥操作）、云计算等技术融合，充分发挥"人工智能＋移动机器人＋臂式机器人"的优势，将协作机器人应用于智能巡检作业、智能康复医疗、智能采摘拣选等行业中。

项目核心技术控制系统对标德国 dSPACE,性能达到国际领先水平。项目核心技术伺服驱动器(肌肉)对标以色列 ELMO 驱动器,性能达到国际领先水平。

市场 MARKET

协作机器人又称为共融机器人,可以融合人工智能和传感器技术,使其能更安全、更便捷、更智能化地应用于多种行业。

协作机器人在工业领域,国内协作机器产品主要应用于3C电子、汽车零部件、机械加工等行业。2017年,3C电子应用市场份额缩减;同时,五金卫浴、机械加工、化纤、化妆品等细分市场同比增幅明显。协作机器人可对人类进行感知,安全性高,还被用于服务行业,在服务领域,科研教育是目前主要的应用市场,医疗、物流、商业零售等领域也正在快速兴起。

融资 FINANCING

公司拟出让股权10%,融资4000万元。其中,1800万元用于人员工资及招募高级研发与管理人才,1000万元用于市场品牌建设和销售团队建设,1200万元用于研发设备投入、云服务资源。

团队 TEAM

公司团队共有10位海内外博士,10位机器人领域知名专家顾问,20位985、211研究生,10位来自知名企业、实战经验丰富的市场销售人员。

陈锋,博士,创始人,董事长兼CEO,中国人工智能与机器人教育委员会委员,中国自动化学会委员,安徽省机器人与智能控制专委会秘书长,安徽省机器人学会理事,中国科学技术大学安徽省校友企业家联合会发起人。

陈现敏,博士,联合创始人,CTO,毕业于佐治亚理工学院,是驱动、控制领域的资深专家。

蒋荣慰,博士,联合创始人,CMO,毕业于合肥工业大学,曾就职于美国知名企业产品部。

中国本土化电子大宗气体项目

宏芯气体(上海)有限公司于2019年5月成立,核心业务为电子大宗气体,致力于成为中国本土电子行业领先的气体和工程公司,提供创新性、有竞争力、可持续性、一站式全面电子大宗气体专业解决方案,融合国际专业能力及本土化优势,帮助客户取得更大成功。

背景 BACKGROUND

由于电子大宗气体具有较高的技术壁垒、服务壁垒、认证壁垒、资金壁垒、资质壁垒等,"电子大宗气体"是中国半导体发展的"卡脖子"难题,国内气体公司起步晚,但一旦突破将成为公司的护城河。

国家计划未来15年内半导体自供率从当前的10%提高到70%,将有100多座代工厂新投资,国内电子大宗气体需求强烈但基本上没有合格的国内品牌供应商。过去3年国内气体公司已尝试进入电子大宗气体业务,由于没有成建制的专业团队,进展缓慢,客户满意度总体都不高。

2021年3月,工信部等多个部委召开工业气体"卡脖子"问题协调工作会议,系统梳理我国工业气体现状,协调推进解决制约行业发展的"卡脖子"问题。

产品 PRODUCT

电子大宗气体纯度要求为 $7 \sim 9 \mathrm{~N}(10^{-9})$ 级别,未来还会用到更高纯度的 10^{-12} 级别,远高于工业气体 $4 \sim 5 \mathrm{~N}(10^{-6})$ 级别(工业级气体只是电子级气体的原材料)。电子大宗气体成本仅占半导体单个产品总成本的2%左右,但却参与半导体工厂约85%的工艺制程,是工业的血液,在很大程度上决定了最终产品性能的好坏,因此电子大宗气体的质量高低成为制约电子行业发展的重要因素。

宏芯气体可制备并提供 $7 \sim 9 \mathrm{~N}(10^{-9})$ 级别的 N_2、O_2、H_2、Ar、He、CDA 等气体。商业模式可以是客户工厂内现场制气(onsite)或客户工厂外买地建厂供气(offsite)。公司主要以工程项目 BOO/EPC 以及运维服务为主。

电子大宗气体系统主要由大宗气体供应系统和气体洁净系统组成。

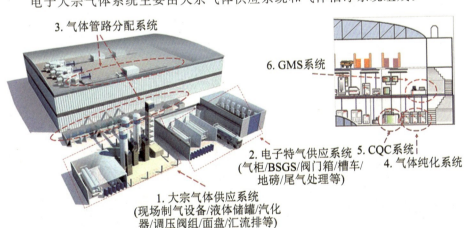

电子大宗气体系统

纯化系统:采用过滤器和纯化器,将氮气从 10^{-6} 级别纯化至 10^{-9} 级别。
CQC 系统:氮气中不纯物分析仪,实现在线监控和报警。
IQC 系统:来料分析仪,检测来料中的不纯物,实现监控和报警。

技术 CORE-TECH

大宗气体系统的方案难点:在设计中,必须在系统安全、供气稳定、连续不中断的前提下,严格保证气体的品质,包括对气体的峰值、压力、露点、颗粒度、流速等都有严格精度要求,且对指标波动范围亦有精准要求;另外在成本方面也应有所考虑,力求达到安全性与经济性的平衡。

电子大宗气体部分技术难点、要点列举:

14 nm、7 nm 代工厂洁净管道只能用顶级的日本 KUZE 品牌 EP 管道,其他品牌都会对产品质量有影响。

氢气纯化后需要用 EP 等级洁净管道,防止萃华。

做 3D NAND 128 层存储器产品,He 中 H_2O 含量必须小于 1×10^{-9}(通常要求小于 3×10^{-9}),否则良率有问题。

制氮机装置应配置 2 台空压机,实现制氮机可半载供应,灵活调整运行模式,同时为配合 N_2 气体爬坡,单台空压机不超过 85% 运行,双机不超过 80%,否则容易出设备事故。

管道 PCV 阀(调压阀组)选型,应采用快速开启阀,在装置突然跳车时满足后备液体系统快速补充,保持供应压力,加强气体工艺稳定性。

在纯化区域管道预留法兰接口,便于客户设备扩充,提升系统增值空间,也能满足客户远期发展需要。

氦检:特气设备在现场就位,管道连接后应对设备的所有 VCR 接口进行氦检;纯化器氦检,纯化器在现场就位管道连接后应对设备的所有 VCR 接口进行氦检。

市场 MARKET

电子气体是半导体材料供应链中仅次于大硅片的第二大市场需求,在半导体材料市场占比达到 14%。未来 5 年"电子大宗气体"市场规模将翻倍增长,超过百亿元级规模。

竞争 COMPETITOR

相比国内竞争对手:精准的客户需求理解、深化的设计方案、高质量的建设方案、安全稳定的运行经验和良好的客户资源等。

相比海外竞争对手：国产化替代的市场机会、更为集中的业务资源、更灵活的商务方案等。

团队 TEAM

白久，公司创始人，前林德中国区电子事业部业务总经理，有林德17年电子气体工作经验，电子事业部10多年全面业务管理经验，过去五年带领团队获得半导体领域电子大宗气站33%的市场份额，业绩在行业排列第一。公司两年内拟建核心团队共20人，其中以前林德工作人员为主，同时吸纳国际公司的资深人士，电子气体10年以上工作经验人员占比50%。

融资 FINANCING

Pre-A已完成；A轮融资2亿元，释放股权15%，用于项目投资、人员招聘、技术研发（关键设备国产化及技术提升）。

中科盾安：国内首创的城市灭火场景新型灭火剂

  本项目团队历经4年研发的面向城市场景的新型灭火剂，可针对不同的灭火基体及灭火应用场景，采用纳米合成、灭火测试、光源测量、计算流体、量子化学等手段，提供相应的灭火剂制备、灭火剂综合性能评估和国家标准化测试的解决方案。产品面向城市典型火灾场景，拥有新型疏水疏油表面活性剂设计与制备技术、固体灭火剂表面修饰技术、新型气固复合灭火剂的设计及制备技术及灭火剂测试评估等核心技术。该产品可以有效解决现有灭火剂本身存在的缺陷，大大提高现有灭火剂针对城市危险性较大的油类火灾、固体火灾、新能源火灾的灭火效率，并可降低火场烟气毒性。产品节能环保，毒性低，可以用于有人场所。产品的配方工艺、生产技术、性能测试均申请了专利保护，在国内外行业顶级学术会议上得到了广泛认可。

背景 BACKGROUND

火灾事故的发生往往导致重大的人员伤亡和财产损失,特别是城市场景火灾风险因素多而复杂,防控城市火灾是世界性难题。灭火剂是及时有效扑灭火灾的关键所在,而现有的城市场景灭火剂,如干粉灭火剂效率较低,对于大部分火灾不能及时有效控制,灭火后易发生复燃再次起火;氢氟烃类气体灭火剂由于温室效应高等问题,随着全球气候环境问题突出及我国"碳达峰、碳中和"目标需要被逐渐淘汰使用。开发高效环保的城市场景灭火剂迫在眉睫。

产品 PRODUCT

本项目采用氟碳表面活性剂对二氧化硅粉体进行改性,制备抗复燃粉体基体。首先,采用气流粉碎工艺制备符合"GB 4066—2017"对二氧化硅进行超细化处理(D90≤20 μm)。其次,选择全氟辛基乙基丙烯酸酯(FEA)、甲基丙烯酸甲酯(MMA)和乙烯基三乙氧基硅烷(TEVS)等单体合成含氟丙烯酸酯聚合物(FPA),作为制备抗复燃表面活性剂的表面处理剂。然后,采用自主研发的微胶囊化技术,对抗复燃粉基灭火剂和环保型气体灭火剂全氟己酮进行微胶囊化复合,成功制备出新型环保高效灭火剂。氟碳链具备低极性的特性,它具有极低的表面能,附着在固体材料表面可以显著降低其临界表面张力,难以被水和油润湿,因而具备斥水性和斥油性,可以漂浮在油面上形成隔离层,隔绝氧气和抑制油类挥发,达到抗复燃的目的。这既解决了原有干粉灭火剂易吸潮结块、难储存、灭火效率低、吸热效果差的缺点,又解决了全氟己酮气体灭火剂存在的固体火灾灭火效果较差、易复燃的问题。

本项目优化了制备方法,所制备的进行灭火剂,其疏水角为128.817°,疏油角值为99.344°,疏水率达95.32%,疏油率达94.6%,各项指标符合国标要求。

市场 MARKET

本产品为国内首创的城市灭火场景新型灭火剂,属于公共安全(消防安全)、新型环保材料领域。

产品位于产业链中上游,项目以灭火产品研发与销售为主要业务,可提供用于充填灭火器的新型灭火剂药剂,也可提供成品新型灭火器材,同时为各类消防研发单位、消防应用单位提供新型灭火剂定制研发和灭火剂性能综合测试评估服务。

由于市场上现有灭火剂产品灭火性能低,环保性能差,无法有效应对城市场景中的新能源电池引发的火灾、易燃液体火灾等,本项目新型灭火剂经过多年的研发历程，采用新型配方工艺，大大改善了现有灭火剂存在的多种问题，低碳环保，灭火效率高。项目产品面向各大消防产品公司（如南京消防、航空工业津电）提供灭火产品充填药剂；消防产品研发单位（如应急管理部消防研究所等）提供灭火剂研发、测试支持；消防产品应用单位（如工程类企业、新能源汽车企业、家庭用户）提供新型灭火设备整套解决方案。

产品上游是灭火剂合成所用化工原料生产厂商，下游是消防产品公司、消防产品研发单位及消防产品应用单位。

竞争 COMPETITOR

根据相关统计资料，2019年我国消防市场容量（包含消防工程、消防产品、消防管网）合计约为3559.65亿元，其中消防产品市场规模是1016.41亿元，约占市场份额的30%。未来几年，基于基础设施建设的加速，我国消防产业将继续呈现快速增长，年增长率预计达到15%～20%。

据报道，我国气体灭火剂市场产值在2016年达216亿元，且每年以10%的增长率增长，市场潜力巨大。目前市场主要使用的是七氟丙烷等哈龙替代灭火剂，而针对联合国气候公约规定，现有的灭火剂在未来20年内都要被新型环保型灭火剂所取代。

目前国内消防灭火剂存在技术档次低、环保型差、性能不稳定、成本高等情况。本产品在成本和技术上具有明显优势。在灭相同规模火灾的情况下，经反复试验，相比竞争产品更高效、更安全。同时竞品具有明显的成本优势。

团队 TEAM

邢浩然，项目负责人，中国科学技术大学安全科学与工程博士研究生，发明专利实质审查4项，申请2项，授权实用新型专利6项；承担了国家级大学生创新创业训练项目和中国科学技术大学创新创业基金。

戚鸣，中国科学技术大学微尺度物质科学国家研究中心博士研究生，化学与会计学双学士。

尹智涛，中国科学技术大学火灾科学国家重点实验室硕士研究生。

施卉，中国科学技术大学火灾科学国家重点实验室博士研究生。

附录 首届全球科大人创新创业大赛参赛项目百强名单[*]

序号	项目名称	赛段
1	的卢深视:三维机器视觉全栈技术	大赛十强
2	高功率Wi-Fi射频前端芯片	大赛十强
3	高效能智能化无耗材空气净化及消毒设备的研发及产业化	大赛十强
4	工程化量子计算机软硬件解决方案	大赛十强
5	瀚因生命:真正的一管血筛查泛癌	大赛十强
6	可交互空中成像	大赛十强
7	全面云端CAD/CAE/CAM一体化研发设计工业SaaS/PaaS	大赛十强
8	太赫兹激光主动成像安检设备	大赛十强
9	桐力光电纳米有机硅材料的研发及应用	大赛十强
10	原子层沉积(ALD)半导体薄膜材料及产业化	大赛十强
11	IoT毫米波雷达	大赛三十强
12	高功率飞秒激光器	大赛三十强
13	高性能可持续透明薄膜	大赛三十强
14	高性能无黏结剂零VOC仿生功能木材	大赛三十强
15	环境大数据AI智能系统	大赛三十强
16	基于AI的智慧养殖、认证、销售供应链解决方案	大赛三十强
17	基于NOR Flash的AI芯片	大赛三十强
18	基于药代动力学的AI模拟技术及生物芯片科创项目	大赛三十强

[*] 注:"大赛百强"包含"大赛三十强","大赛三十强"包含"大赛十强",每个赛段内名单按项目首字母拼音排序。

续表

序号	项目名称	赛段
19	玖熠半导体:芯片EDA之DFT工具	大赛三十强
20	科研精密仪器设备的研发和产业化	大赛三十强
21	量子工业测量	大赛三十强
22	全色激光电视	大赛三十强
23	深圳微言科技有限责任公司	大赛三十强
24	心之声:人工智能心电医师	大赛三十强
25	新一代具国际竞争力的抗体偶联药物开发	大赛三十强
26	原子层级高精度磁控溅射设备	大赛三十强
27	云膜科技:纳米云母片改性聚乳酸高性能可降解包装薄膜	大赛三十强
28	云钠科技 RPA机器人云平台	大赛三十强
29	智能多云安全应用交付平台	大赛三十强
30	中国本土化电子大宗气体项目	大赛三十强
31	"益+"盒子营养计划:白血病儿童的专属营养餐	大赛百强
32	AI智检员	大赛百强
33	TimesAI深度学习开发平台	大赛百强
34	VOCs在线监测的FAIMS微系统	大赛百强
35	半导体测试分选机项目及其产业化	大赛百强
36	半导体激光器芯片测试设备	大赛百强
37	半导体生产线物料搬运自动化系统(AMHS)解决方案	大赛百强
38	铋单原子催化剂用于高效催化二氧化碳还原制备甲酸	大赛百强
39	便携式近红外智能光谱仪的研制和产业化	大赛百强
40	玻璃器件的模具冷加工体系	大赛百强
41	采用联苯-联苯醚的复叠朗肯循环发电系统的经济性分析与应用	大赛百强
42	餐厨废弃物处理的联合生物加工技术	大赛百强
43	灿福科技:全场景光伏除雪解决专家	大赛百强
44	触媒合金阻垢防垢(ESEP)设备产业化	大赛百强
45	大功率固体超快激光器	大赛百强
46	大国装备:超合金技术,国内首创合金解决方案供应商	大赛百强

续表

序号	项目名称	赛段
47	低温高效乙烷催化氧化制乙烯	大赛百强
48	电子氧肺气氛调控解决方案	大赛百强
49	耳聋基因治疗	大赛百强
50	二氧化碳电解制化学品技术	大赛百强
51	复骨重生:基于新型生物材料的个性化可降解骨组织工程支架	大赛百强
52	高耐候涂层型预铺高分子防水卷材	大赛百强
53	高性能电磁屏蔽抗冲击结构材料:次世代电磁环境守护者	大赛百强
54	高盐废水膜法资源化独家方案提供商	大赛百强
55	工业流体过程测量:油气井口混相计量智能装备	大赛百强
56	固态纳米孔测序仪的研发及产业化	大赛百强
57	光量子器件产业化	大赛百强
58	规模化制备高灵敏度压力传感器	大赛百强
59	混合动力外骨骼下肢步行辅助系统	大赛百强
60	基因合成与IVD核酸探针合成平台	大赛百强
61	基于SDN技术新一代网络产品研发	大赛百强
62	基于北斗高精度技术的城市危险源安全预警系统	大赛百强
63	基于人工智能的心理疾病辅助诊断系统	大赛百强
64	基于实时三维重建及AI视觉的开放式大场景多维应用	大赛百强
65	基于知识图谱的RFIC智能调试平台	大赛百强
66	结合量子计算技术的量化金融软件	大赛百强
67	金雀医疗:临床麻醉智能辅助系统引领者	大赛百强
68	金途科技分支无忧	大赛百强
69	巨安储能:为固定式储能提供高安全低成本方案	大赛百强
70	可靠测试护航智能出行	大赛百强
71	锂离子电池全温度区间风险防控装置	大赛百强
72	陆基高精度自主PNT	大赛百强
73	面向柔性印刷器件的电子墨水开发及转化	大赛百强
74	南栖仙策业务智能决策平台项目	大赛百强

续表

序号	项目名称	赛段
75	脑功能健康	大赛百强
76	诺瓦特种新材料项目	大赛百强
77	轻型协作机器人及无人车应用	大赛百强
78	柔性仿生木材	大赛百强
79	锐竞科研采购平台	大赛百强
80	设备预测性维护	大赛百强
81	数连通·数据智能机器人	大赛百强
82	苏州易康萌思网络科技有限公司	大赛百强
83	糖尿病遗传学精准分型诊断项目	大赛百强
84	皖科星兴:基于AAV的高效价疫苗制备	大赛百强
85	微波等离子体防水镀膜技术	大赛百强
86	微化工技术的研发及产业化应用	大赛百强
87	无人值守类脑机器人	大赛百强
88	西部芯辰IoT芯片	大赛百强
89	细胞外泌体的一体化研发生产服务平台项目	大赛百强
90	小工匠机器人	大赛百强
91	小青知大学生就创业能力自适应发展导航平台	大赛百强
92	新型多媒体版权保护解决方案	大赛百强
93	寻TA千百度:基于区块链的黄金24小时寻人平台	大赛百强
94	压电氮化铝MEMS传感器的产业化	大赛百强
95	异构超级计算与量子测控测量	大赛百强
96	油池火的克星:一种抗复燃新型超细干粉灭火剂	大赛百强
97	院外护理服务智慧平台	大赛百强
98	云边协同建筑行业数字化管理平台服务项目	大赛百强
99	智能协作机器人研发与产业化	大赛百强
100	中科盾安:国内首创的城市灭火场景新型灭火剂	大赛百强